出版文化理性再研究

郝振省 著

中国书籍出版社
China Book Press

我为什么推崇"出版文化理性"

（代序）

也许是学哲学出身的缘故，自从进入研究出版的领域以后，笔者就一直比较重视对"出版文化"的研究，在研究"出版文化"的过程中，又更喜欢对出版文化背后的理性问题不断进行琢磨和探究。因为和理性对应的是本质，和感性对应的是现象，理性可以统摄感性和说明感性。因为只有理解了的东西我们才能更深刻地去感觉它、把握它。于是我的第一本文集就叫作《出版文化理性研究》，这第二本文集也就是即将出版的这个集子，又叫作《出版文化理性再研究》。

何谓理性：辞典上讲属于判断、推理活动的范畴，或者是指从理智上控制行为的能力。何谓理性认识，在认识论上，是指认识的高级阶段，即在感性认识的基础上，对所获得的感觉材料进行思考、分析，加以去粗取精、去伪存真、由此及彼、由表及里的功夫（整理和改造），形成概念、判断、推理和结论。理性认识是感性认识的飞跃，它比感性认识高明的地方就在于它反映的是事物的本质和内部联系。而掌握了事物的本质及内部联系，就可以较好地观察现在，予知未来，就可以较好地得心应手地做事，从容淡定地获取，就可以较好地从必然王国走向自由王国。

何谓文化理性，此种理性属于精神领域、属于思想领域、属于理论领域、属于学术领域，而不属于经济领域、不属于政治和宗教领域，更不属于军事领域。当然彼此间的联系是有的，但首先的区别是不同类型的事物。

研究文化理性是必要的，也是值得的，因为相对于20世纪上半叶的国际间军事抗争和20世纪下半叶的国际间经济与科技抗争，21世纪国际间多是文化抗争。也因为我们目前社会出现的种种弊端和问题，大都可以从文化方面找到其最深层的原因，也只有从文化入手，才有可能较好地从根本上得以解决。

何谓出版文化理性：即对文化理性研究的范围也不是无限制的，而是做了相对明确的限制，限定在出版文化范围，是对出版文化说三道四，而不是对表演文化、绘画文化等其他什么文化发表议论，这既是笔者为客观条件所限制（耕作于新闻出版这块领地，已经有三十余年了），也是笔者主观作为的事实（所思考和发表的作品都是与出版相关连，与出版文化相纠结，笔者注）。从这个意义上讲，也许笔者的一些思考或许对于相关的读者朋友有所裨益。

从具体内容上看，这个文集大致分为三个板块：为《出版发行研究》撰写的卷首语是第一个板块，为《传媒》杂志撰写的刊首语是第二个板块，为一些重大科研成果、重要出版物和重大事件撰写的几篇分量稍重的文章是第三个板块。

就第一个板块而言，涉及出版改革与体制问题、出版策划与内容问题、出版市场与消费问题、出版集团与兼并问题、出版国企与民企问题、出版技术与转型问题、出版科研与规律问题、出版编辑与人才问题、出版规范与学术问题、出版精品与保障问题等等，就诸如此类的问题而言，似乎老生常谈的篇幅不在少数，但是笔者以为这些文稿的作用，其实在于其理性，在于其文化理性，在于其出版文化理性，在于其对出版文化理性的再研究。

比如，关于对"核心价值观"与"国民经济支柱产业"在实际运行中两难现象的原因分析及其处理，提出了出版业基本矛盾的概念及国家、行业、企业三个层面的应对策略。又比如，关于对民营书业发展的理论支点之研究，提出了四条规律说：一是文化消费在国民生活消费中比重不断加大的规律；二是"追求超过社会平均利润率"的经济规律；三是相克相生、相辅相成的对立统一规律；四是资本安全与意识形态安全的同心圆规律等。

再比如，从唐浩明先生等身上发现了作家与编辑的共生现象，从共生现象中寻找了编辑演变为作家的三条路径等。还有从国民精神的偏食主义说起，论述了科学理性与人文理性相互渗透的依存关系，对哲学的"生命导师"与编辑的"人文情怀"的关注，对阅读走势与阅读心理的捕捉，对我们党和新闻出版业深层关系的探讨等等，都孕含着关于出版文化理性的经验，读者朋友不妨捡拾若干并品评稍许。

这第二个大的板块，主要是为院里核心期刊《传媒》所撰写的刊首语，但也没有局限于新闻传媒的领地，而是从传媒现象着笔进而从文化理性的层面加以解析和阐释。传媒文化理性，实际也是出版文化理性。这方面的思考和着笔也有一些可提示之处。比如，关于社会主义核心价值观高于新闻真实性和时效性的理念；关于破坏性舆论监督与建设性舆论监督的分野；关于期刊业较之书业的刚性投入、弹性产出呈现出刚性产出、弹性投入的特点；关于互联网的两面性、浅薄症、影响记忆力、思考力、专注力问题的反思，等等。

这第三个板块主要是几篇大文章，其中有一篇是在《中国出版通史》（九卷本）出版座谈会上的主题发言，讲了这部通史研究编撰的大致进程、主要内容、创新特征、特殊质量保障措施等。其实从特定的角度看，绵延三千年的第一部出版通史的完成，其背后恰恰是出版文化理性的支撑及其演变，各个朝代的出版事件、出版巨著、出版人物实际上都表现了出版文化理性不同的运行而已。另一篇叫作《追溯曾经的光荣与梦想》实际上是《出版文化丛书·出版60年》的序，这是我在中国书籍出版社社长的兼职任上，规划设计的一套丛书，共三本分别是《名著的故事》《编辑的故事》《书店的故事》，目的就是寻觅名著、名编辑、名书店背后对于出版文化理性的皈依。还有一篇叫作《我国学术著作出版如何由"大"到"强"》，恰恰是从出版文化理性出发，批评那些在学术出版领域大量的非出版文化理性的现象的。再有一篇叫作《继往开来，潜心科研，为新闻出版大国迈向强国作出新贡献》，这是在纪念中国出版科研所建所25周年暨更名中国新闻出版研究院大会上的主旨讲话。这篇主旨讲话，以十个结合的方式回顾了研究院走过了一条极不平凡的成长之路、发展之路,从时代、领导、业界、职工等四个方面追溯了研究所(院)成立与发展的根本性原因。如果再向纵深追溯,那么对于出版文化理性的孜孜不倦、十分虔诚地追求则是我们全部科研工作的准绳!

  总之,我以为如果这些年自己的文字还有一些思想含量,自己的科研领导工作还有一定的运筹帷幄的话,那么这应归功于我和我的同事们对出版文化理性始终不懈的坚守和追求;如果我自己的文字还经常力不从心,自己所从事的科研领导工作还有这样那样的缺陷和软肋的话,那么这也应归咎于我自己对于出版文化理性的偏离和误判。而出版文化理性则成为理解我和我的文字、我和我的事业的一把钥匙,也恳望业界朋友以此来读懂我、理解我、评论我。

  是为序!

郝振省
2016 年 2 月 14 日

目 录

《出版发行研究》卷首语 ……………………………………… 1

☞ **2009 年** ……………………………………………………… 3

改革攻坚年的三个指向 ………………………………………… 3

"消费券"的联想 ………………………………………………… 6

钟南山的批评与费云良的"锱铢必较" ………………………… 9

研究民营书业的几个支点 ……………………………………… 11

我敬我友，但我更敬真知灼见
——兼议研讨会要真正研讨问题 ………………………… 14

"金黎模式"的成功之道 ………………………………………… 17

为出版界辩护兼自我反省
——就《人民日报》一文作出的反应 …………………… 19

论科学理性之养成 ……………………………………………… 21

谈谈编辑与作家的共生现象
——由唐浩明先生的经历与业绩谈起 …………………… 24

新闻出版行业正在日益"变宽" ………………………………… 27

☞ **2010 年** ……………………………………………………… 30

弥足珍贵的经验 ………………………………………………… 30

1

转变新闻出版业发展方式从哪里着手？ …… 33

一个重要而又紧迫的问题
——再议出版业的"两难"现象 …… 36

薄下来、短下来、精起来
——发展方式转变的一个重要方面 …… 39

从演唱会说到出版物 …… 41

下死功夫 做真学问
——就《故宫问学》稍作议论 …… 44

哲学的"生命导师"与编辑的"人文关怀" …… 46

慢下来，深下去，长久些
——谈对出版规律的一种尊重和保护 …… 48

编辑如何成为学者和大家？
——提升出版文化理性一个重要途径 …… 51

谈谈内容资源的集约化经营问题
——关于"十二五"的一点思考 …… 54

2011 年 …… 56

四个方面不完全适应的问题
——反思"十一五"，筹划"十二五" …… 56

算大账、算总账、算分账、算小账
——推进文化产业、新闻出版产业成为支柱产业的一个重要问题 …… 59

如何协调"支柱产业"与"精神价值"？
——感言"两会"代表委员关于文化问题的诸多议论 …… 62

培养学者型编辑
——谈总编辑应该抓好的一项重要工作 …… 65

关注"中国模式"的几个亮点
——初读《中国震撼》 …… 67

坚持出版的本质与规律
　　——读最近关于潘凯雄同志两篇文章之感受 ……………………… 70

党和他的出版活动 ……………………………………………………… 73

养成辩证思维的良好习惯 ……………………………………………… 76

一本书的作用和对阅读心理的研究 …………………………………… 79

怎么表述出版业核心价值观 …………………………………………… 81

到"十二五"末，新闻出版业如何实现 3 万亿总产出 ……………… 83

☞ 2012 年 ……………………………………………………………… 86

关于学术创新的联想 …………………………………………………… 86

关于学术论文规范问题的议论 ………………………………………… 89

读书，缺少的仍然是深入 ……………………………………………… 92

多元化与专业化
　　——辽宁翰文企业集团给我们的启示 …………………………… 94

口子小些，研讨深些
　　——主持 2012 年深圳文博会数字出版高峰论坛有感 ………… 97

一个出版人应有的"四力" …………………………………………… 100

学术带头人应该做到的"三个结合"
　　——2012 年第 1 期院士专家理论研究班的学习收获之一 …… 102

"引文"的尴尬及其他
　　——出访韩国有感之一 …………………………………………… 104

制度·技术·政企关系
　　——2012 出版传媒集团主要负责人座谈会有感 ……………… 107

☞ 2013 年 ……………………………………………………………… 110

企业强、行业强，方能托起新闻出版强国的大厦
　　——参加新闻出版总署十八大精神培训班的一点认识 ……… 110

从傅高义那里可学到些什么？……………………………………… 112

请把一本书读完
　　——读《邓小平时代》有感 …………………………………… 114

中国梦与新闻出版强国梦………………………………………… 116

要重视群众文化的"菜篮子"工程
　　——听伯海同志讲读刊史 ……………………………………… 119

申报项目要"志当存高远" ……………………………………… 121

出版业要重视"母书"的编辑出版
　　——在《出版词典》编纂工作培训会上的讲话摘编 ………… 123

《传媒》刊首语 …………………………………………………… 125

☞ 2009 年 …………………………………………………………… 127

实施集团化战略的注意事项
　　——美国论坛报业集团申请破产给我们的些微启示 ………… 127

为"职业经理人"呼吁 …………………………………………… 130

选择"社会主义+市场经济"之真谛
　　——评看不见的手与看得见的手之作用 ……………………… 132

改到深处是产权
　　——评《舟山日报》经营骨干持股改革 ……………………… 135

报纸要注重培养思想家
　　——读尹明华文有感及对相关党报的希冀 …………………… 138

一个基于新媒体的文学物种
　　——感言"网络文学"十年盘点 ……………………………… 140

让"他们"对中国的发展习惯起来 ……………………………… 142

"男为悦己者容" ………………………………………………… 145

记者节的考虑 ……………………………………………………… 148

感恩传媒：我生命中的亲密伙伴 ······ 150

☞ 2010 年 ······ 153

慎用媒体的放大作用 ······ 153

为"慎用"支三招
——再谈媒体放大作用 ······ 155

做永不迷失的记者
——感悟《给年轻记者的信》 ······ 158

研究一下浙报集团的路子 ······ 161

问题的两极 ······ 163

且看华商报如何走市场 ······ 166

一个比较成功的跨媒体传媒集团 ······ 169

期刊业有自己独特的亮点 ······ 171

悼念"文化"范老 ······ 174

☞ 2011 年 ······ 177

全媒体业务与意识形态功能
——在第七届"共和国党报"论坛上的点评与感受 ······ 177

市场与导向 ······ 180

互联网有无"浅薄症"？ ······ 182

记忆力、思考力、专注力
——关于网络是否造成浅薄的再思考 ······ 184

"树木与森林"及"唯负面是从"
——漫谈西方媒体的两种新闻非理性现象 ······ 187

党的早期活动和党的早期报刊 ······ 190

一笔难得的财富
——谈"默多克帝国"的轰然倒塌带给我们的启示 ······ 193

为什么人与做什么人
　　——刍议"走基层、转作风、改文风"活动 …………… 196

应对公信力面临的挑战
　　——关于整治虚假报道和信息的议论 ………………… 199

我国科技期刊存在的问题及解决思路 ……………………… 202

关于新闻行业核心价值观的讨论 …………………………… 205

☞ 2012 年 …………………………………………………… 208

从革命理性到文化理性 ……………………………………… 208

选择哪一种舆论监督？ ……………………………………… 210

春晚是年夜饭和驿站 ………………………………………… 212

好的新闻人应该是很好的文化人 …………………………… 214

三组关键词　一部创业史
　　——评李庆文同志和他的优秀团队 …………………… 216

研究一下"社区报" ………………………………………… 218

涉足新媒体，要抓好突破口
　　——论"户外媒体"成功的意义 ……………………… 220

关于纪录片生产的一些原则 ………………………………… 222

报业发展三问题 ……………………………………………… 225

媒体要传播正能量
　　——兼评《新商报》"城市家书"活动 ……………… 227

品牌是新与旧的结合
　　——兼谈期刊品牌 ……………………………………… 229

唱盛不唱衰
　　——评介贾长华和他的今晚报团队 …………………… 231

☞ 2013 年 ······ 233

新闻出版工作是我们护身看家的法宝 ······ 233

论"春晚"的功能
　　——在 2013 年研究院春节联欢会上的致辞 ······ 235

你能娴熟运用祖国的古典诗词吗?
　　——谈改进文风的一个重要方面 ······ 238

请陈平原教授讲讲读书的学问 ······ 241

梦想与辉煌 ······ 244

让另一个舆论场更好地释放正能量
　　——怎么看待社会化媒体的地位与作用 ······ 246

有限还是无限,崩溃还是发展?
　　——也谈"互联网走在崩溃边缘" ······ 248

负面报道与"坏消息综合征" ······ 250

其他文章 ······ 253

不辱使命负重前行
　　——关于《中国出版通史》研究编纂和出版情况的汇报 ······ 255

追溯曾经的光荣和梦想
　　——《出版文化丛书·出版60年》序 ······ 264

一幅延续数千年的绚丽多彩的画卷
　　——《中国彩印二千年》序 ······ 269

继往开来,潜心科研,为由新闻出版大国迈向强国作出新贡献 ······ 272

我国学术著作出版如何由"大"到"强" ······ 279

《出版发行研究》卷首语

☞ 2009 年

改革攻坚年的三个指向

柳斌杰署长在刚闭幕的全国新闻出版（版权）局长会议上提出，今年是改革攻坚年，我以为攻坚年至少有三个指向：扩张、巩固、提升和创新已有的改革版图。

关于扩张已有的改革版图。这是既定方针，也是艰巨任务。总署党组根据中央要求，已经做出具体部署，到2009年年底，所有地方社、大学社完成转企任务；到2010年年底所有中央部委社完成转企任务。以这么大的气魄、这么大的规模来扩张已有的改革版图，最终实现改革没有空白点，确实鼓舞人心，催人振奋！当然，振奋之余也要看到，还有相当数量的出版单位的干部职工，特别是"当家人"，对于在这么短的时间内完成这么艰巨的扩充任务，缺乏必要的思想准备、组织准备和工作准备。不仅出版社的当家人，就是作为出版社主管、主办的部委领导们恐怕也没有足够的准备。这就需要通过一切可能的方式与手段，加快预热速度和力度，形成上下、前后、左右一条心，积极稳定促转企。

关于巩固已有的改革版图。所谓巩固，是指改企后的脱钩与转制等方面的工作。脱钩工作做得好不好，在很大程度上取决于转制工作的质量是否有保障。不少同志在讨论中提出改企、变换身份、完成工商注册登记虽然也难，但更难的是转制，是建立现代企业制度、完善法人治理结构，而建立现代企业制度和完善法人治理结构，就涉及产权制度的改革问题。再进一步追溯产权制度改革，就回避不了两个问题：一是投资主体多元化即产权多元化问题；二是一定程度的财产人格化即股权激励问题。产权多元化可以从根本上解决一股独大、政企不分的问题。具体可以考虑与社会资本、其他国有资本、民营资本的合作问题。在金融海啸、经济危机的形势下，他们对投资出版传媒行业有一定的兴趣，有的在这个行业也积累了一定的投资与经营经验。股权激励问题是已经完成改企的集团和出版社的当家人议论比较多的一个问题，他们都认为这是大势所趋、势在必行。笔者以为至少有三个理由可以增强我们推动实施股权激励的决心。其一，保存已有的生产力迫在眉睫。改革开放三十年来，一些大集团、名牌社的领军人物已经成为出版业决定性的重要财富，成为出版生产力中最重要的部分，股权激励可以防止他们的得而复失，防止生产力链条的突然断裂。其二，要留住这些年已经上路的人才，股权激励是高薪酬难以替代的一个重要办法。其三，这是经济运行规律所要求的。与政府的换届制不同，企业的经济运行要求连续性，甚至要求继承制。为什么国外不少家族企业历经百年而不衰，就是这个道理。我们当然不能搞世袭制，但可能的选择就是股权激励。

关于提升和创新已有改革版图。这次改革方案中提出组建专业化集团是提升和创新已有改革版图的一个亮点。实事求是地讲，我们不少出版集团所辖的出版社，彼此间的资源缺乏关联性、互补性、相容性，实际上这有悖于组建集团"舍出异类、兼并同类"的原则，这很可能成为下一步发展的瓶颈。由此来看，专业化集团方向的提出具有很强的针对性。这次中国出版集团把商务、荣宝斋等出版社作为几个子集团推出，就体现了这种设计和追求。已有的集团在调整中应注意体现专业化。新组建集团则是一开始就应注意解决好这个问题，比如以人民卫生出版社为龙头成立的卫生出版集团、以中国经济出版社为依托成立的经济出版集团，等等。提升和创新还有一个亮点就是组建资产过百亿、销售过百亿的超大集团，因为无论从国际、国内两个市场来看，还是从提升中华文化的影响力来看，都有其紧迫性、现实性。但基于发达国家特别是美国等国家最近一些传媒集团破产的教训，我们要始终坚持以出版传媒业务为依托，而不是单纯追求资本的跳舞和显示所谓收购的艺术；要最大限度地追求业务种类的兼容性、互补性、关联性，而不是一种包罗万象，单纯追求规模的拼凑；还要注意整合后的不同单位之间企业文化、历史背景的融合期、成长期问题，过于频繁的购并整合会增加内耗、加大成本，最终事与愿违。

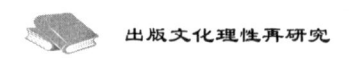

"消费券"的联想

面对金融海啸，面对经济危机，今年年初一些地方政府开始向市民和居民发放消费券，以拉动内需，刺激经济。譬如杭州市已纳入社会化管理的企业退休人员，享受城镇或农村养老待遇的老年居民，享受生活补贴的征地农转非等八类人员共67万，在春节前夕领到了政府发放的消费券，总额为1亿元。由于消费券几乎涵盖了杭州市所有的家庭，因而引发了杭州人的消费热潮。手持消费券排队购物成为今年春节杭州的一道风景线，超市、书店、电影院……凡跟使用消费券有关的场所处处人潮涌动，成了节日期间人气最旺的地方。

据统计，截至2月8日，杭州市政府指定的535家商户共接受消费券价值近5千万元人民币。不仅如此，据该市财政局长介绍，市民用消费券购买商品，商家就要加大供应商的供货数量，工厂就要向材料商购买材料，材料商再向原料商订货，由此产生了对物流和服务等相关行业的拉动。此即所谓消费券在产业链条上产生的"乘数效应"。于是，杭州市政府准备继续扩大战果，深度推进，从市领导的工资福利中切出10%，以消费券形式发放，然后再扩展到所有公务员中，进而扩展到特殊群众的各种补贴当中，最终刺激本地的企业生产。

正当人们对杭州等地发放消费券的做法肯定有加的时候，也有人在媒体上提出异议，如《文汇报》2月12日的一篇言论云，要警惕消费券变味，理由是有违宪之嫌，宪法保证公民自由支配财产的权利，政府不能干涉，更无权支配个人的工资收入；有违反《劳动法》之嫌，如果将工资福利的一部分转化为消费券发放，就是以牺牲劳动者自由支配合法劳动报酬的权利为代价，这是不可取的。

究竟如何看待消费券问题呢？笔者以为，还是给予鼓励、肯定、提倡为好，理由有四。

其一，这是政府的宏观调控经济职能的体现，这是看得见的手在起作用，即用看得见的手引发和拉动看不见的手来运行，根本目的是保持经济稳中有升，抑制经济下行，为全社会的劳动者提供更多可自由支配的劳动报酬和有效财产，使劳动者享有的财产权更有实际意义，也更加丰富和饱满。这是凯恩斯经济学开宗明义的主题（他曾经主张经济危机时期，让20万工人用铁锹挖坑，然后再填起来，从而拉动整个经济走出泥淖，步入复苏轨道）。

其二，这是克服国民消费不足的有效对策。与西方国家崇尚消费、轻视储蓄的习惯相比较，我们的国民则恰恰相反，是崇尚储蓄、节制消费。加上我们目前在拉动经济发展的投资、出口、消费三驾马车方面，更关注对消费的拉动，此时消费券的发放，就是自然而然、不言而喻的事情了。因为你不论如何加发补贴，只要是直接发现金，那么绝大多数人会将其存入储蓄所、银行，基本上还是起不到扩大消费、拉动内需、刺激经济的目的。所以，在经济危机时期发放消费券，扩大实际购买力，激活整个产业链，不失为一个转危为安的"高招"。

其三，特别是当笔者看到消费券繁荣了书店、影院等场所的营销业务之时，就不仅是肯定，简直是叫好了。老实说，我们这么大的国家，即便是有数字出版、网上阅读的发展，但对传统书报刊的消费还是比较弱的，与发达国家相比，差距更大。如何能借着克服经济危机的大势，引导并扩大国民对书报刊、声光电等出版物的购买、阅读、消费，依笔者看，消费券真是再好不过的事情，因为这种消费背后，是整个出版传媒业的真实繁荣，是整个国民文化、科技、思想素质的全面提升，是综合国力包括软实力的切实增强。于是，我们倡导整个行业所有的出版发行部门都应在节假日发放的奖金和福利中，拿出一块不很大的比例作购书券发放；甚至全社会的所有单位部门都可以这样做。

其四，由消费券问题联想到礼品券问题。逢年过节，单位总要给上下、前后、左右的关系单位、关系个人送一点礼物，以联络感情，加强友谊，促进合作，但究竟送什么为好，一直是大家感到头疼的一个问题。送购物卡有违规之嫌，送蔬菜卡往往价实不符，吃亏颇多；如果送购书券呢？也许是文明之举、文化之举、健康之举。

用"消费券"刺激一下消费，不妨一试，从我开始。

《出版发行研究》卷首语

钟南山的批评与费云良的"锱铢必较"

从网媒上看到,当有人对全国人大为节约经费而采取缩短会期的做法提出疑义时,广东代表钟南山却直抒己见:"我觉得安排的会议时间足够用了",问题是"我们并没有充分利用这些时间"。这位平素间温文尔雅的院士非常严肃地说:我观察了一下,领导不在时,我们的发言很踊跃,而且讲得很深刻;但只要有领导在,我们相当多的时间都是在歌功颂德!这个很不应当!……大部分的发言基本上可以这样形容——每人发言10分钟,其中8分钟是歌功颂德的,1分钟自己歌功颂德,剩下最后1分钟来不及讲问题了……

另一则消息是山东费云良代表在审议政府工作报告时,建议修改加大对三农资金投入一段话中的标点符号,从而改变"跑步(部)前(钱)进"的现象,赢得了笑声和掌声。

一个是痛快淋漓的批评,一个是诙谐幽默的建议,异曲同工、殊途同归。按理说无论是政府工作报告,还是人大常委会的工作报告,乃至预决算报告、两院报告等等,会前都作了比较充分的调查研究,又有专业写作班子的精雕细琢,总体上是代表了民意的,代表、委员给予这些报告等文件一定的肯定和褒扬也在情理之中,但是"两会"如此精心的设计,如此大规模的花费,乃至在这个时段"悠悠万事,唯此为大",恐怕主要不是给灶王爷贴对联——"上天言好事,回宫降吉祥"。主要是什么呢?就是总理说的请代表、委员审议。何谓审议?审查评议之谓也。具体地说,就是要看一府两院的工作报告总结评估得是否得当,是否公正,对新的一年的发展规划、政策指向、运筹帷幄是否科学，是否可行，还有什么问题需要提及，还有什么缺项需要弥补；甚至还要对一府两院的施政纲领、工作作风进行批评与提醒。如果一味地评功摆好，"厚爱"有加，就背离了"两会"的宗旨，也就难以实现"两会"的初衷与意图了。在一定意义上来讲，我们的代表及委员应该牢记全国人民和各党派、各阶层的重托，在政府工作报告等重要文件已经比较成熟的基础上，履行自己的神圣职责，经过比较深入的审查、研讨，提出肯定、否定或加以修改的意见，这正是我国人民代表大会制度和政治协商会议制度的真谛所在、使命所在、生命力所在。

再进一步追究：为什么领导在场便歌功颂德，而领导不在时，反倒能比较深入地探讨一些国计民生的问题？这对领导者的体察民情和把握国情是一种敷衍，对一些代表、委员的素质也是一种诘难。同时在更深的层面上，表明我们求真务实、实事求是仍然是一道没有完全破解的难题！推而广之，扪心问之，我们在总结三十年改革开放的巨大成就的同时，是否也冷静严肃地、充分足够地总结了我们存在的软肋和面临的压力？我们在总结建国60周年的曲折道路与辉煌业绩时，能否也花相当大的气力来反思我们的过错与失误，甚至以鸡蛋里挑骨头的苛刻来预测我们的瓶颈与软肋，来设计我们的蓝图与规划？

作为新闻出版人，在为行业的改革与发展感到由衷高兴的同时，是否意识到了我们的脚步蹒跚，我们在诸多方面的裹足不前；是否意识到了我们的不少举措还停留在表面，我们的前方仍会有许多意想不到的困难……"生于忧患，死于安乐"——让我们永远记住孟老夫子的这句教诲。

研究民营书业的几个支点

在昨日闭幕的第六届全国民营书业高层论坛上，与会者对总署最近发出的《关于进一步推进新闻出版体制改革的指导意见》格外重视，对其中提出的"引导非公有出版工作室健康发展，解放和发展新兴出版生产力"的条款更是高度关切，不遗余力。鉴于出版科研所多年来一直关注这一问题的解决，并为这一问题的解决付出了自己的努力，业界希望继续加大对于整个民营书业的研究，最好能对这一条款的具体实施作出新的探求。我以为，对于民营书业的研究，最少有四个支点应予确认、确立，或者说有四个维度需要予以坚持和深化。

第一是"历史"。大概有这么几个"三"是应该把握的：1982年国家出版局提出的"（一主）三多一少"，即以新华书店为主体、多种流通渠道、多种经济成分、多种购销形式，少流通环节。1988年5月中宣部、新闻出版署颁布的"三放一联"，即放权承包、放开批发渠道、放开购销形式和批发折扣，推进横向经济联合。1996年6月发出的"三建一转"，即建立图书批销中心、建立代理制、建立发行企业集团，转换企业经营机制。2003年9月1日生效的"三取一提"，即取消了（发行单位的）所有制限制、取消了上级主管单位的限制、取消了与此相抵触的行政法规及其他条例，提高了资金准入和专业资格准入的门槛。2009年3月在"指导意见"中刚刚要求的"三点一展"（原谅此处的简单化概括），即让民营文化工作室先浮出水面，再平台试点，又鼓励抱团（联合），促新兴生产力的发展。这五个"三"依时间顺序先后出现，各有不同侧重点："三多一少"是开始准入，

"三放一联"是搞活市场,"三建一转"是重塑主体,"三取一提"是做大做强,"三点一展"是出版开放。

第二是"理论"。大概有这么几个"规律":一是文化在国民、居民生活消费支付中的比重不断加大的规律。这条规律表明,当解决温饱后,人们的物质消费尽管绝对值还在增加,但在消费中的比重却在逐步减少,与之相反,包括出版传媒业在内的整个文化消费的比重却在不断增加,这就使得出版文化市场的空间越来越大,人们到这一领域寻求商机的冲动势所必然,也就决定了民营业者在此施展拳脚的追求。这是民营进入文化产业的根本性依据。二是"追求超过社会平均利润率"的经济规律使然。这是民营书业为什么从书业的下游营销环节开始进入,后来逐步地也是顽强地要向上游出版环节延伸的根本动因。三是"辩证法的对立统一规律"。这一规律表明,即便是从国有书业的长远发展、规模发展计,也应毫不动摇地发展民营书业。因为两者实际上是相辅相成的,先是民营从国有的体制弊端和人力资源中找到自己生长、生存的空间,然后又是国有从民营的体制机制中寻求国有改制的借鉴,现在则是国有的快速的成建制的发展,在一定程度上挤压了民营的已有地盘,又成为民营发展的新课题、新动力。四是资本安全与意识形态安全的一致性规律。从传统的观念看问题,总担心民营书业在意识形态和政治导向上出问题,这种担心可以理解,但有"误区"。不排除民营书业在原始积累期和一些个体、游商的不规行为,但是后来,尤其在改革开放 30 年后的今天,留存下来、并且发展起来、特别是有一定规模和影响的民营书业企业它的资本安全追求与党和政府关于意识形态安全的追求是一致的,是完全吻合的,是殊途同归的。

第三是"贡献"。这一贡献大致表现为:通过在教育出版、大众出版、专业出版方面的努力,对文化建设的贡献;通过灵活的市场主体的体制机制,对国有书业的示范作用从而最终对生产关系调整的贡献;通过吸纳就业、提供税收和转化为软实力,对生产力的贡献;通过跻身于公共出版文化服务等行列,对社会建设的贡献,这些都是不争的事实。

第四是"弱点"。任何事物都有两面性，民营书业也不例外。它在管理上有一定的看重家族、血缘的缺陷；在产品上的低端和单一特征；在交往中的某些不够信用的毛病；若干社会责任不到位的现象；对文化理性修炼的功力不够的问题；人才队伍后继实力较弱等等，都是我们所应顾及的。

我敬我友，但我更敬真知灼见

——兼议研讨会要真正研讨问题

笔者有幸出席了在肯尼亚首都内罗毕召开的国际信息与文献标准化研讨会，身临其境，感慨良多。尤其是那种研讨会真正在研讨问题的现场氛围，给笔者留下了深刻的印象。

参加研讨会的有来自英、美、德、法、瑞典、日、韩等发达国家的代表，亦有中国、肯尼亚、印度等发展中国家的专家。老实说，这个国际会议不像我原来想象的那样一定有好多人出席，但会议的研讨却是激烈的、苛刻的、真实的、深入的、和谐的。比如研讨信息与文献标识符的标准问题时，先由项目组的主要起草人报告这个标准的来龙去脉、研究过程、时下成果、所余问题、面临困难等等，然后由在场的来自不同国度的专家、学者从不同的角度和方面提出问题，进行商榷和修改。研讨中既有对整个项目必要性提出的诘难，也有对一些细节问题的提醒；比较简单明了的问题当事人立即在报告上改正，若干深入的关键性的见解则留待会后去消化、去吸收。有些问题提得很尖锐，但仍不失儒雅风度；有些似乎刁钻问题很多的代表不断地"发难"，但回答者总是"彬彬有礼"，却也"不屈不挠"。这不由得使人想起洛克那句"我坚决反对你的意见，但我誓死捍卫你发表意见的权利"的名言。由于争论的激烈与发言的踊跃，几天的研讨会每每延时，推迟用餐，但与会者却从无怨言且格外坦然，这又让人发出几番敬意来。联想到国内、业界的一些研讨会的开法，确有反思、反省之必要。

首先，一些会议根本不属研讨会，却冠之以研讨会的名分，搞混了研讨会应有的内涵与外延，有挂羊头卖狗肉之嫌。明明是一个安民告示的新闻发布会，是一个评功摆好的总结会，是一次也算重要的演讲会，是一次很有必要的培训会，是一种联络感情的交友会，等等不一而足，却硬要使用"研讨会"的头衔，昭示天下，集纳宾客，既冲淡了自己的主题，又贬损了研讨会的神圣，还在某种程度上制造了"混淆"乃至"混乱"。

其次，一些会议确属研讨会，围绕的也是一个大主题，但却没有思想上的交锋和学术上的争鸣。发言者也做了一些准备，讲起来也是言之凿凿，抒之滔滔，乃至于长篇大论也非鲜见，但充其量却是各说各话、自说自话，只阐明自己的观点而不去辨明问题本身的是非曲直。这就把研讨会蜕变为一种信息与观点的交流了，虽也不乏其一定的相互启发之效，但仍非研讨会的题中应有之义。没有进入研讨会的神圣主题，也就难以完成研讨会本应有的任务。

再次，一些研讨会也能围绕着主题，有些新的观点的交流，有不同见解的相互披露与介绍，但仍达不到"交锋"的境界，有顾左右而言他的现象。明明是不同意对方的观点，甚至找出了对方观点的明显破绽，但是在发言中总是先说上一番肯定之类的言词话语，然后再很有节制地、很委婉地讲出一点所谓自己"也许并不正确，只是个人不成熟看法"的意见。此时，即使发言中有若干真知灼见，也已是强弩之末，气息奄奄了，加上对方若又不善于反话正听，则就使研讨会的成功不知会打多大的折扣了。如果是好朋友的心得成果，则会不好意思针锋相对，据理力争；如果对方是有声望的学者或老前辈，则对其观点更是不敢造次了。其实，这恰恰是我们要否定的传统文化中的糟粕成分。

"吾爱吾师，但吾更爱真理""我敬我友，但我更敬真知灼见"，这才应该成为研讨会的圭臬。也许我们的研讨会一下子做不到这个程度，达不到这个境界，但我们绝对要向这个方向努力，要为研讨会正名：研讨会就是研讨会，不要张冠李戴，混淆定位；要有精心的设计、有限的邀请，最大限度地就一个问题深挖、深究，穷追不舍；要提倡争论、保护争论、培育争论，在争论中彰显水平，升华友情，推动创新。

须知,"研讨会要真正研讨问题",绝不应该只是一个技术层面的命题,它具有方法论、世界观层面的价值与意义。笔者甚至想提倡那么一种研讨会模式:通过不同的方式,鼓励与会者千方百计地寻找对方观点中的问题与纰漏(也许并非真有问题),然后绞尽脑汁地提出自己的见解与主张,甚至以其之矛攻其之盾。这是否可以成为一种学术发展、科学繁荣的路径呢?"矫枉仍需过正"嘛!

"金黎模式"的成功之道

在我们研究所的"中国出版网"上下载了一篇文章,叫做"无书不畅销:'金黎组合'有秘密"。金者,金丽红也,时任长江文艺出版社北京图书中心总编辑;黎者,黎波也,时任长江文艺出版社北京图书中心社长。"金黎组合"策划了一本又一本的畅销书,掀起一次又一次的书业浪潮,创造了神话般的经济效益和社会效益,实际上在业界早有了"黄金搭档"的口碑与美称。借着撰写卷首语的机会,稍稍地研究一下他们的成功之道,也算是向两位畅销书大家学习的起步吧!

一曰抓名家书稿,但不迁就作者。都知道"金黎模式"瞄准的是名流,走的是成功人士路线。但究竟如何"瞄准",如何"行走"?好多人则未必清楚。从这篇文章得知,他们是从社会需求出发,为名人策划选题,让名人服从选题,心服口服地就范于"选题"。好多时候,并非名人有了选题、有了作品后,他们去争取作品,包装出版;更多的时候是名人亦非写作圈的名人,作品也只是潜在的形态,一切多处于虚无或朦胧状态。是他们捕捉名人、定制名人、挖掘名人,以信誉和责任心赢得名人。特别是在名人自己找了好多理由拒绝合作时,他们能够以自己独特的战略战术让名人"就范"于自己的选题。如果没有一定的"道行",这是绝对难以如愿以偿的。问题还不止于此,你好不容易说服名人服从你的选题,开始写作,并且已写出了好大的篇幅或章节后,你又吹毛求疵,要求他按照你的设计,忍痛割爱,甚至推倒重来,这是多么不容易的事情!但"金黎"竟然做一个成一个,能不让人钦佩他们的人格力量?能不让人服气他们的策划智慧?

要不，仅就崔永元的《不过如此》一书怎么会有通电话100余次、面谈30余次？这种毅力和决心了得！

二曰客观上帮助名家拓展，主观上成就自己策划。当名家尚未和他们合作时，开始也不易接纳他们，但是一旦和他们合作成功了一本畅销书，就愿意把后来的新书稿继续交由他们来做，这是为什么呢？这就是他们的长远观点与思路所结出的果实。具体地说，他们不是"一本书主义"，不是做完一本书就"拜拜"，而是着眼于长期合作、长远合作。即使一本书，也要千方百计拓展它的覆盖空间，为争取它的效益极限不遗余力。"金黎"对知心姐姐卢勤的《告诉孩子，你真棒》一书出版后的宣传策划令人叹服：先是让媒体适时连载，后让央视的《实话实说》做节目，乃至进入《焦点访谈》，市场一下子铺开，发行到一百万册，直惹得卢勤赞不绝口，说"他们做人做事非常到位，一次合作一生朋友"。看起来他们有点犯傻，"一本书"这么做，谁受得了?! 但这正是大智若愚的辩证法。名人们被感动、感染后，也通过自己的影响，在不同的场合为他们搭桥牵线，从而使"金黎模式"的效应成倍数放大，成倍数扩张。

三曰眼观六路，耳听八方，最大限度地占有选题策划的高质量信息。这是一个基本功，也是一项长期职责，乃至成为一种强势习惯，成为一种职业敏感。金丽红说，大到国家政治，小到柴米油盐，都需要知道。他们是这么说的，无疑也是这么做的。金丽红至今还保持着一个习惯，每周到三联书店（门市）去跑两三次，许多选题信息，包括新书出版动态、图书封面材质、流行因素等等，她都能及时掌握。看到一个人风头正健，就开始为他量体裁衣，打造选题。"洞悉潮流，与时俱进；号准脉搏，获胜选题"，这就是"金黎模式"占领信息高地的秘密所在。

作为一个出版人、一个出版当家人、一个出版策划人，你能从"金黎模式"中学到些什么？

作为一个出版传媒界的科研人，我们又能从中得到何等启示呢？……

为出版界辩护兼自我反省

——就《人民日报》一文作出的反应

7月15日的《人民日报》第11版就刘心武、毕淑敏、周国平、史铁生等作家接连遭侵权一事，刊出了《出版界"挂羊头，卖狗肉"何时了？》的大标题，着实让笔者吃了一惊，同时也伴随着几分不快。

首先，使用了"出版界"这个整体概念进行报道，就未免打击面过宽了吧！具体说周国平与史铁生诉称《知音》杂志今年最新一期，在没有得到他们授权的情况下刊登了关于他们两人的"文字肉麻、多处失实"的文章。还有毕淑敏诉称，在自己明确拒绝后，《知音》杂志仍然于今年四月刊登了署名"毕淑敏"的文章，这不仅系"人为造假"，而且侵犯了其隐私；再有刘心武的冤枉：看到一大箱未与他签约却印着他之肖像和名字，由他主编的经中国对外翻译公司出版的样书云云。事情很清楚，假如认定他们确定侵权的话，也就是这么几家出版单位，怎么能代表"整个"出版界呢？怎么能以偏概全、以点带面，说"整个"出版界在"挂羊头，卖狗肉"呢？须知，出版界仅刊物就有近万种，仅图书出版社就有近600家。再说"挂羊头卖狗肉"也经不起推敲，试问它挂了谁家的羊头，卖的又是谁家的狗肉？似有自我贬损之嫌吧。即使加上"很多出版社负责人和报刊编辑的法律意识淡薄"，也不可以给出版界都加之罪名，从而导致打击一大片的错误；而且在某种程度上还会造成"保护极少部分有错者"的客观后果，因为这一小部分出版单位完全可以法不责众的托词来减轻或推脱掉自己的法律责任（假如真像几位作家所诉说的那样）。况且，这几位名作家朋友在控诉"出版界"的同时，是否还记得当年自己的第一篇成名作，挖掘到的"第一桶金"？其中也有出版界"慧眼识金"的功劳，是否也应有几分感恩的情愫表白出来。把出版界一股脑地打翻在地，冠上"罪名"怎么了得！也不公道。也许是编辑朋友在名作家义愤填膺的情绪影响下制作的标题？那也需要斟酌再三呀！这里，笔者有个小小的建议，即不如直呼其名，加以批评，这样来得更直接、更爽快、也更有针对性，对问题的来龙去脉、是非曲直也容易理顺。

话说回来，出版界这些年的维权意识总体看提高了不少，但是确有一些出版单位让人怒其不争，哀其不幸：为了一时的眼球经济，不尊重作者的合法权益，不履行应该履行的沟通手续，"霸王硬上弓"，强行刊登有关名人名家的稿件；或者仗着自己是名刊、名社或名报，强行编写，一意刊登，甚至以我们刊登他的文章是看得起他为由，屡屡侵犯他们的合法权益，这是相当恶劣的行径，也是令人为之汗颜的。不说创新是出版界的本质特征，不说著作权对于创新的底线保证，单就一家出版社、一家期刊社、一家报社而言，如果没有诚信，其生存空间能辉煌多长时间，能保住多大的地盘？尽管在作家、名家成才的过程中，你成全了他，扶持了他，但他一旦成长起来，就处在我们出版业界的上游，是我们的衣食父母，是我们的活水源头，我们保护他们还来不及，为什么还要侵权于人，这不是在犯傻吗？

论科学理性之养成

在谈到出版编辑人的文化理性修炼时，我曾经提出，至少要具备六个性能：文学的感性、史学的智性、哲学的悟性、艺术的灵性、科学的理性、伦理的德性。其中，就科学的理性也说过一些话语，写过一些文字。我认为，无论你是哪一类出版社的哪一种编辑，怎么也少不了"科学的理性"这一要素。只不过因为你是这一类出版社而非别的什么出版社，是这种编辑而不是别的什么编辑，你的科学之理性可以多些，也可以少些。现在看来，这种说法并没有把"科学之理性"放到应该置放的位置上。特别是在我读了复旦大学胡守钧教授在复旦大学的讲演之后，感觉紧迫。他讲演的题目是：《在科学与人文之间保持必要的张力》（载于《文汇报》2009年7月11日第6版）。文中强调科学精神与人文精神有共同的起源，后来逐渐分野，形成各自特点，其实，两者之间的彼此渗透与彼此影响从来就没有停止过。

文章在分析了"求真"是科学精神的内核、"崇善尚美"是人文精神的本质之后，既讲到了人文文化的科学效应，比如，毕达哥拉斯的哲学影响了一代又一代的天文学家，还影响到现代数码技术，拉美特利"人是机器"的理念对于后来人体科学和人工智能研究的影响，马尔萨斯《人口论》对达尔文创立进化论时灵感的激发，爱因斯坦相对论的伟大发明中有他哲学思考方面深厚的积淀；又讲到了科学理性对于人文文化的效应，比如，牛顿力学对伏尔泰、狄德罗、爱尔维修、卢梭、孟德斯鸠等法国启蒙学者的启发，斯宾诺莎借助欧几里得几何学的公理方法创立自己的哲学著作《伦理学》，达尔文的《物种起源》对马克思、恩格斯创立历史唯物主义世界观的影响，相对论关于时空观念的革命对哲学及许多人文科学的强烈震动，量子力学引发关于因果论的论战对于人文文化产生的深远影响，特别讲到系统论、控制论、信息论、博弈论等现代自然科学技术方法已成为现代经济学、政治学、社会学、法学的重要支撑，等等。

由上述见解可以大致看出，就总体科学而言，人文精神与科学精神其实是分不开的。人文学者论证人文精神对科学理性的引领和提升，在自然科学家看来，有自作多情之嫌，但说科学理性对于人文精神的重要滋养，在我们人文学者来看，则绝对是必要的。岂止必要，简直是我们人文学者的大度了。我们在这里强调出版编辑队伍对于科学理性的追求与修炼，主要有几个方面的考虑：一是以往笔者把科学理性只作为文化理性的一小部分——六分之一显然是不充分的，如果把六性作为百分之百的话，科学理性应占到百分之五十，而其他五性是百分之五十，这是物理划分。如果加上化学划分的话，"那百分之五十"有"这百分之五十"的影子。二是现实和历史的需要。在历史上，无论是科举制度，抑或是偶像崇拜，都更多是讲究文章的谋篇布局、辞章的华丽秀美和书法的有力圆润。在近代和今天，尽管我们对科学精神一直在强调和追求，但这一块一直是短腿确是不容争辩的事实。有调查表明，国民的科学知识与科学精神存在着相当的不足。三是编辑的社会责任使然。编辑对国民人格与精神成长负有天然责任，因而对国民的偏食主义要进行检讨，要对自己的偏食主义进行反省。

检讨和反省的方法首先需要对科学理性的自觉。由于传统和习惯的力量，人们研读科学著作或阅读科普读物确有一定难度，不像一些人文读物读起来那么流畅、那么赏心悦目，它需要抽象思维、需要逻辑推理，甚至需要繁琐的计算。这就需要知难而进的精神。世间哪有那么多轻松获取、娱乐致至的事情！"谁怕用功夫，谁就无法获得真理"，列宁这么忠告我们。其次，单位得做些事情，因为个体的惰性太强了，另外，工作与生活的头绪也太多了。要有针对性地选些科学和科普作品，提出阅读要求，进行阅读考量，促使编辑逐渐地把进补科学理性之营养作为习惯动作。再次，社会好像也应做些努力，比如媒体就应经常性地刊登科学知识、提出科学问题、报道科学事件，为全社会形成科学理性的浓郁氛围推波助澜。领导同志或领导机关的人们则可以借助一切可以借助的场合动员人们或率先垂范地付诸行动。当然，从事自然科学技术和从事科学编辑的人们也要向人文学者请教。

真正想在科学或科学编辑岗位上有所成就的人们必须要具备足够的人文修炼，不信，你试试看。

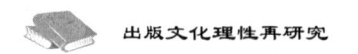

谈谈编辑与作家的共生现象

——由唐浩明先生的经历与业绩谈起

研究所承担了中央国家机关工委与新闻出版总署的"强素质，作表率"读书活动的主题讲坛工作。最近一次邀请的嘉宾是湘人唐浩明先生。唐先生是如今国内外研究曾国藩的第一人。笔者在主持讲坛时讲到，曾国藩因唐浩明之潜心研究而恢复了其在中国历史文化建设中应有的地位，而唐先生则因为曾国藩而确立了其在中国历史文化研究中独特的地位，两者水乳交融且共存共生。其实还可以从主业、辅业的角度来延伸这个说法：唐先生因编辑曾国藩全集而成就了其长篇历史小说《曾国藩》三卷本等，从而跻身作家行列，并领衔湖南作协，成为海内外名人，反过来，因创作"曾国藩"历史小说等，又促使他更投入地、更痴迷地研究曾国藩，编辑好、修订好《曾国藩》全集，这又是另一种类型的文化共生现象。而这又使人联想到湖南籍的已故毛泽东主席的一句名言：感觉到了的东西，未必能深刻地去理解它；只有理解了的东西，才能更深刻地去感觉它。由此也引发我来思考这么一个问题：主业与辅业的共生现象，编辑与作家（或专家）的共生现象，是否为一种可以重复出现的有规律的现象。如果回答"是"的话，那么还要追溯这种现象得以存在的条件。

第一，必须要全身心地投入主业。作为编辑，当然首先是要醉心于编辑职业，编好书，编值得耗费心血、事功文化的书。唐先生正是如此去做的。接受任务时，他就意识到这是一项很大的文化事业。后来他发现曾国藩是一个档案意识很强的人，他的所有文字都留有副本，这是一个非常难得的基础。唐先生搬一部复印机到省图书馆，在文档老、霉味重、喉鼻呛的环境中足足印了三四个月，才把要收入全集的资料大致复印完毕。接着，先生先编撰了曾氏部分家书，结果招致了为"反革命头子来树碑立传"的风波。但他先对曾的1400多封家书读了四遍，又一字不漏地啃读曾本人所留下的一千多万字的原始资料。笨拙的读书方式让他触摸到历史的细枝末节，他和他的团队最终完成《曾国藩全集》的编辑出版工作，被美国《纽约时报》誉为其重要性完全可以和中国发射一枚新的导弹相比拟。还有《曾国藩全集》《胡林翼全集》《彭玉麟全集》等，他在编辑方面对中国历史文化的贡献是卓著的和广泛的。

第二，由于对编辑主业的投入和痴迷，他有不少的质疑、感悟与心得，并随时将质疑、感悟与心得凝结成文字陆续发表出来，最终由量变引起质变，构思并完成了影响民族精神家园建设的多部长篇历史小说，成为享誉中外的大家、名家。

从1980年到1993年，他写了十多万字的研究曾的文章，认定曾实际上是一个充满着深刻的悲剧内涵的历史人物，他的悲剧表现在他自己的理想与他所处的时代的矛盾上：他生于一个百孔千疮、行将就木的封建王朝，而他却幻想在这片残破的河山上重建汉唐盛世，这难道不可悲吗？他开始构思一部以曾国藩为主人公的长篇历史小说。于是他白天编《曾国藩全集》，晚上写曾国藩小说，基本上没有休息日，也没有过年过节的概念，有时甚至不知道"冬天已到，夏秋已去"。他在《曾国藩全集》付诸出版的过程中，于1990年、1991年、1992年先后写作并出版了曾国藩历史小说的一、二、三部，香港《亚洲月刊》将它列为20世纪华文小说百强之一，2008年它获首届姚雪垠长篇历史小说奖。这三部小说功力非同小可，其内容辐射政治、经济、文化、社会、官场、民间、中国、外国等等，其价值观与方法论具有很强的当代性、深刻性、规律性。难怪人们有"经商要看胡雪岩，从政要读曾国藩"的口头禅。

可以肯定地说，正是他在编辑工作上的孜孜不倦、穷根究底、深思熟虑，为而后的小说预制了骨架，夯实了底蕴，奠定了基础。小说的出版问世，在某种程度上是对编辑过程形成的价值判断的实现与扩张。没有过人的编辑工作，就不可能产生过人的小说效应，这里的相互关系是值得我们深思的：一是有没有把自己融入编辑工作、编辑对象中去；二是融进去以后，有了新的发现和新的思考之后，有没有下决心把这种副产品或者是主产品的延伸效应实现出来。

第三，上述两条的前提是，是否为一个有传统文化修炼的对所从事职业有某种感情的人在从事传统文化方面的编辑工作，是否在从事这项工作的时候，对继续自己的人文理性修炼有着明确的追求，并且在编辑实践中锲而不舍，先是本职工作的模范，然后才是他业的翘楚。从这个意义来讲，不是什么人都可以摊上这种共生现象的，这就对我们的诸位编辑朋友提出一个问题：你要成为一名真正的编辑，究竟具备不具备文学的感性、史学的智性、哲学的悟性、艺术的灵性、科学的理性、伦理的德性，以及对我们这个社会的责任感，以及对自己在事业发展中的自我设计愿景，这是共生现象的原动力。有了这个原动力，我们才有可能对所从事的编辑职业有一种献身精神，在献身中实现自我人生价值的追求；有了这个原动力，我们才能在编辑工作已经相当投入的情况下，把其效能凝聚下来，实现出来，成为另一个相关联领域的大家和专家。

唐先生描述并总结自己的编辑与写作工作时说，需要"深入一个人物的心灵，破解一个家族的密码，探求一个民族的文化底蕴"。我们能否和一下他的这句话：重大选题、深入编辑、破解密码、酿造底蕴、争创佳作、提升品牌。

新闻出版行业正在日益"变宽"

国务院学位委员会委托新闻出版总署和南京大学，就出版硕士专业学位的设置问题进行论证，我应邀出席会议，并被要求发表意见，从而引发了我对行业"摆幅"的一些思考。我突然意识到：我们诸位所赖以生存的新闻出版业，正在日益由一个比较窄的行业变成为一个比较宽的行业。有标志吗？我尝试着朝这个方向梳理下去，先提出几条，以抛砖引玉：

其一，从媒体报道的消息数量来看，今非昔比。在我的记忆里，改革开放前，共和国的这些主要纸质媒体——《人民日报》《光明日报》等；主要的声屏媒体——中央电视台、中央人民广播电台等，对新闻出版方面的动态也时有报道，但相对较少，有时甚至很少。这些年来，特别是近几年来，媒体关于新闻出版业的消息发布简直成几何级数增加，随便打开哪家报纸，随便观听哪天新闻联播，总有好几条新闻出版方面的动态：长动态或短动态、小动态或大动态、中国动态或外国动态、直接动态或间接动态，遇到北京国际图书博览会、法兰克福书展，那就连篇累牍，简直是信息爆炸了。

其二，产业发展了、壮大了，在国民经济格局中的地位强化了，份额增加了。媒体毕竟是现实的反映。当新闻出版业从纯事业转而兼有产业功能的时候，就完全是另外一种情形了。这五百余家出版社，两千多家报社，近万家期刊社，十几万家发行单位，十几万家印刷厂家，几百万的就业人口，每年近30万种图书，产值逼近一万亿元人民币，版权贡献率占到GDP的6%多，怎么可能不引起媒体的高度关注和追踪报道呢？

其三，服务面拓宽了，服务对象扩大了。过去新闻出版更多地服务有文化基础的人群，甚至是高文化水准的人群，也倡导对缺文化人群和低文化人群的文化关怀与出版服务，但总的看服务还属局部的、浅层次的、短期的、不够规制的。而现在呢？是全局性的、全覆盖的、深层次的、一直到最底层的，而且是成体制的、有制度做保障的，因而是长期的，是可持续运行的。比如，农家书屋，不是有选择地在一些村子各建一处，而是全国64万个行政村在规划时间内要全部建成，而买啥图书、订啥报刊，更多是由农民说了算，而且建造书屋大院，选聘管理员，都做到了有效规范。这既是对农民兄弟文化权益的有力保障，又是对行业发展永久市场的节点再造。还有对少数民族新闻出版服务的政策、措施都仔细周全，且可操作性较强等等。

其四，在文化体制改革中，整个行业走得较快，特别在三个部委的率先改制的试点中，占到2/3的比重，并且多数改制成功，或兼并，或上市，或走出去，或转型，大多显示了骄人的业绩，在业内外造成了较大的影响，理所当然地为媒体所关注、所追踪，为读者所信服、所支持。

还可以找出一些标志，不妨暂且打住，转而追溯其动因。那么是什么原因使得行业日渐由窄向宽拓展呢？理由也至少有：

其一，是时代和背景使然。我们走过了农业社会、工业社会，已经进入信息社会及知识经济社会，阅读越来越成为人们的生存方式和生活方式，以内容为根基的出版传媒业，在社会生活生产中扮演愈来愈重要的角色。正如中央领导同志所讲，过去讲文化只是社会建设的一个段落，现在文化建设则成为与经济建设、政治建设、社会建设并列的一个十分重要、不可或缺的方面。没有这一条，后面若干条款均难以奏效。

其二，中央领导高度的文化自觉与身体力行产生了很强的牵引作用。总书记提出了"大繁荣、大发展"的战略任务，中央领导倡导和推动全民阅读，进行全局发动，就新闻出版业的改革与发展亲自听取汇报，在最高层会议上研究部署新闻出版工作，彰显了新闻出版是事关全局的那个局部。中央领导指示党和国家重要媒体要经常性地积极宣传媒体自身改革的典型及经验，产生了很强的辐射功能。

其三，行业领导机关的审时度势，正确决策，努力工作是关键环节。前几任总署主要领导都做了不懈的努力，但近几年尤为突出。柳斌杰署长多次讲到，要把新闻出版总署的工作，从行业内部推向社会大舞台，从脚下推到天下，新闻出版工作要成为党和国家工作全局中的重要方面；每年要干几件让党和国家，让全国人民认可的好事情，有切实效益的实事情。总署领导是这么说的，也是这么做的，让人尤为感动，进而由感动转化为行动。

其四，出版队伍的忠诚和理性及勤勉是重要保证。30多年来，甚至时间可以追溯到更早一些，在党和人民的培养和关怀下，在改革发展实践中逐步成长起了这么一批忠诚于党的新闻出版事业，有本事、有能力的同志，在这些同志的组织与引领下，我们成功地分阶段地进行了改革，并且形成了一批核心竞争力较强的出版传媒企业或团体。在这些团体或单位的奋斗下，我们做出了前人尚未，也不可能创造的业绩。这支队伍和团体，是我们全部工作的依托。这正是今天我们之所以要评60年来优秀出版人物，评优秀出版企业家，评优秀出版专业人员的根据所在。

从我们走过的路来看，这种由窄变宽，是多么的来之不易，又是多么骄人之业绩；但从人类历史发展的长河看，它只不过是由窄变宽的开始，我们还要克服种种的瓶颈性问题，加快由窄变宽的进程，拓展由窄变宽的途径。

☞ 2010 年

弥足珍贵的经验

1. 出席全国新闻出版工作会议，聆听到长春同志、云山同志对这次会议的批示和对全系统"三个一百"人物的祝词，聆听了延东同志长达两个小时的讲话。批示、祝词都很长，有话说，说得很实在，要求得很具体，同时又高屋建瓴、立意深远。延东同志的讲话也富有理性和激情。可以从中清晰地感触到新闻出版工作已经成为党和国家工作的重要组成部分。过去这么说似乎还有些不踏实，现在这么讲还是有些底气的。

由此想到我们这个行业正在由窄变宽、由薄变厚、由小变大、由弱变强，只要看一看今天主流媒体新闻报道的板块构成（《人民日报》《光明日报》等媒体经常性的从一版到 n 版关于新闻出版的资讯竟有十几条之多）就可以得出这个结论；只要想一想党和国家的大事、喜事、难事的运筹帷幄，就可以得出这个结论；只要听一听人民群众关于基本文化权益不断得以维护和保障的心声，就可以得出这个结论；只要捋一捋新闻出版业改革发展的一项项成果，就可以得出这个结论。

2. 新闻出版工作取得了如此骄人的业绩，受到了党和国家的高度重视，原因是什么？笔者以为，归纳起来不外乎客观和主观两个方面：客观上，我们由农经社会经过工经社会，现在进入了信息社会和知识经济时代，这个时代和社会的主要资源是信息，以信息为中心，形成了一整套科学技术与人文社科相结合的创新体系。我们新闻出版业的主要原料和产品，都是信息、资讯和内容，这就决定了我们这个行业发展的巨大潜在空间。主观上，历届总署（署）党组领导班子的审时度势与全行业干部职工的艰苦奋斗是根本原因。特别是这几年，斌杰同志和党组一班人抓住历史机遇，拓展行业内涵，进一步从脚下到天下，由相对自我循环进入到更大的业务空间，使得新闻出版业呈加速度发展态势。

3. 为了巩固这种发展，由出版大国向出版强国迈进，就有必要认真总结一下这几年的经验，使我们处在一个更加富有理性和更加高度自觉的状态。总结哪些经验呢，我想至少有三条。

第一，紧紧地把新闻出版工作和中央工作的大局有机结合起来，找准着力点，彰显地位和作用。从中央工作的大局中找新闻出版业可以有所作为的项目与环节。比如在金融危机中抓产业发展，抓逆势上扬；在保民生方面抓农家书屋、全民阅读；在保稳定方面，抓少数民族文字出版工程，抓良好文化环境建设等等。从新闻出版工作的角度寻找中央最关切的项目和环节。比如，法兰克福主宾国，如按照常规思维，它是行业的活动，但总署党组把它与中央的文化走出去大战略连结起来，使其成为中央工作的大项目，这就超越了行业层面。中央领导同志出面协调十几个部委的工作，习近平同志出席开幕式并发表讲话。如此规格和运作，弘扬了浓厚的中国文化元素，提升了我们在国际社会的形象和软实力。

第二，把服务中央工作大局与行业的实际发展结合起来，追求良性循环，推进可持续发展。比如农家书屋是中央的民生工程，又是新闻出版业的发展工程，仅去年中央财政就拿出十几个亿，加上地方配套资金约30多个亿来实施这项工程，从而引发了我们诸多出版社编好书、出好书、发好书，星夜兼程，保证供应，也拉动了报刊业与音像电子业的内需。又比如国家出版基金近4个亿的规范使用，配套中华民族积累文化、传承文明的历史性工程，又成为众多出版单位新的增长点和新的发展空间。

第三，把发挥新闻出版业自身的能量与借助业外的力量有机地结合起来，把事业做大、把产业做强。从工作空间来考察，现代社会分工呈高度细化趋势与紧密依赖协作相结合的格局，同时，出版业要为党和国家工作大局服务，往往会涉及多个部门、多个方面的因素，而且新闻出版业自身又具有很强的服务业性质，因而它必须借助于其他行业、其他部门、地方政府才能做成事情，做好事情。比如借助文学艺术界，借助作家协会等，胜利完成了法兰克福书展主宾国的重要任务；借助金融业、证券业进行资本运作，推动企业上市，做大做强；借助与地方政府的合作，搞好产业园区和产业基地的建设，以调整产业结构，促进产业升级。

4. 从出版科研所这些年的实践看，也有类似情形。科研课题由"吃不到"到"吃不了"，由"吃不了"到"吃得好"，由"吃得偏"到"吃得全"；课题经费额度由几万元、十几万元、几十万元、上百万元、几百万元乃至几千万元直至上亿元；服务的部门有中宣部（包括社科规划办）、国新办、科技部等；服务的课题类型，由基础理论到数字技术、到全民阅读、到产业评估、到标准制定、到版权战略、到国际趋势和动漫出版，乃至公共服务与改制流程等等。一些课题已经产生了较大影响或较长影响，成为品牌和拳头成果。这一系列课题既反映了行业发展的深度与广度，又是上述"三个结合"的方法论原则在研究所上行下效的成果，来之不易，弥足珍贵。

转变新闻出版业发展方式从哪里着手？

胡锦涛同志在年初的省部级主要领导干部专题研讨班上，就加快转变经济发展方式的问题，进行了深刻的全面的论述，其中特别强调了"三个转变"：要促进经济增长由主要依靠投资、出口拉动向依靠消费、投资、出口协调拉动转变；由主要依靠第二产业带动向依靠第一、第二、第三产业协同带动转变；由主要依靠增加物质资源消耗向主要依靠科技进步、劳动者素质提高、管理创新转变。这"三个转变"是管全国的，具体到新闻出版业，至少可以有以下几个方面。

总书记讲到的第一个转变就是把消费提到第一的位置，相应的，新闻出版业要把"过度市场营销"向从根本上建设"出版物消费市场"方面转变，要把出版物消费市场建设放在突出的位置。何为"出版物消费市场"？就是全民阅读问题。这些年我们在全民阅读方面做了大量的工作，取得了公认的成效，但是还没有上升为国家战略，还没有成为国民的基本生活方式。因此建议总署向中央申请加挂全民阅读促进委员会的牌子，出版管理司加挂全民阅读促进办公室的牌子（法国文化部就下设图书阅读局），配备专属机构和专职人员，统一协调全国的读书活动及相关科研学术活动；对不同的人群做出不同的制度安排（譬如广东规定处级以上干部每年必须有五天时间脱产读书等），而且要考虑在国民教育系列中，把培养青少年阅读能力与阅读习惯作为重要目标；考虑设立国家阅读基金。把全民阅读作为国家意志加以培植和推广，可能会更好地扩大内需、拉动消费，并且具有长期性和持之久远的特征。这与我们推动繁荣发展、提高综合国力、增加软实力、扩张硬实力的方向是完全一致的。

总书记讲到的第二个转变是，一、二、三产业协调发展，相应的，在新闻出版业发展的界域上，就要推动狭义的出版向信息经济时代的大出版观念转变。从国外看，大众出版正在和娱乐业日益紧密地结合在一起，成为娱乐信息服务提供商；专业出版正在日益成为专业信息服务提供商；教育出版也日益成为学习信息提供商。考虑到新闻出版业在文化产业中的基础性地位，因此，建议把新闻出版业放在服务业的大格局上进行考量和安排，对出版的概念重新定义，要突破传统的狭义"出版"，确立与服务业相关连的"大出版"；要借助自己对内容资源的掌控，延伸到一切可以延伸的地方与空间。

尤其是应该把扩大公共服务，加快产业发展作为新闻出版业转变发展方式的重要内容。公共服务不是产业，但它需要产业来实现。目前紧锣密鼓的"农家书屋"建设工程，为少数民族地区服务的"东风工程"等等，在保障农民、少数民族群众基本文化权益实现的同时，也已经和正在为新闻出版业提供着前所未有的发展空间。今后的问题是全部建起来以后，如何形成生产、流通、服务、消费的良性循环。

总书记讲到的第三个转变是，强调科技进步、管理创新等问题，与之相应，新闻出版业在业态上要加快由主要依靠传统出版向传统出版与数字出版紧密结合的方向转变，更多地关注数字出版。从这几年和往后几年看，数字出版、网络出版势头很猛，特别是一些发达国家的出版传媒集团，其收入的一半以上，甚至70%多是来自数字出版业务的，有的数字出版商如爱思唯尔甚至处在垄断地位。我国这几年数字出版的收入增幅很大，增速很快，出版物的电子商务也颇有影响，形成了数字文学出版商、数字音乐出版商、数字美术出版商等有影响的龙头企业，形成了同方知网、科信万方、龙源期刊网等网络期刊龙头企业。但我们的总额度中狭义的非出版成分较多，真正作为出版之根的文化含量还明显欠缺，国有单位数字出版尚未形成气候，民营数字技术商正在或者已经演变成典型的数字出版商、内容提供商，但它们又没有相应的出版资质。面对此情此景，就要求我们要站在高起点上，对数字出版做出总体规划，并适时推出相关政策。可借助大型出版传媒集团和专业出版集团的规模、实力等要素，有计划地打造数字出版高地；同时可经过考察，不失时机地为实际上已经是出版企业的数字内容提供商提供相应的资质，把它们收归到我们的旗下；再有，要把国家数字基础工程尽快地高质量地建起来，借助市场机制和公司化运营，发挥其带动和示范效应。

一个重要而又紧迫的问题

——再议出版业的"两难"现象

最近一个时期,新闻出版总署署长柳斌杰同志在不同场合,多次讲到出版物内容方面存在的问题。在全国新闻出版工作会议上,他讲到了我国出版业"内容创新能力弱,有影响力的精品不多"的问题;在"两会"之前与中央电视台崔永元对话中,又提出"我们出书的文化品位有所降低",对"没有能够创造出能够影响世界的书"很不满意,提醒"文化比的主要不是块头和数量,比的是它的影响力,比一种文化对世界文明进步的贡献",强调"毕竟要有一部分图书要保持我们民族深刻的思想""应该有我们这个时代文化的创造和文化的积累"等。在总署系统传达"两会"精神的大会上,他又提出目前"创新的东西很少""一些专家、学者创作源泉的枯竭""这个系列、那个系列,实际上是一个系列""改头换面的东西过多",进而提出"要生产一批代表先进水平,体现人类文明发展的作品"等等。

从斌杰同志这一系列的讲话中,可以看出,在我国新闻出版业体制转型和技术转型的过程中,内容创新问题显得是多么的重要,又是多么的紧迫!如果说我们每年生产27万多种图书,却拿不出几本在国际上叫座的书(意识形态的偏见除外),则无论如何是一件相当尴尬的事情;如果说改革开放以来我们的出版产业发展很快,比重增加,影响日盛,却没有一批(哪怕是一小批)在国民中有口皆碑的书,那再怎么掩饰也是很难为情的事情。其实,问题还不限于尴尬和难为情,它关系到出版产业之魂、之根的问题。我们确实应从出版业的永恒使命、本质特征的角度思考和缓解问题。

当然也要看到我们的整个出版界都面临着一个无法回避的矛盾：一方面，从文化软实力的角度，从出精品力作的角度，要求"淡泊明志，宁静致远"，要求"耐得寂寞，抵得诱惑"，要求"拒绝浮躁，追求深沉"，甚至提倡"十年磨一剑""只要功夫深，铁棒磨成针"等等；但是另一方面，从市场经济的本性来看，从市场运行的节奏来看，则要求我们的出版企业，每隔几天就要有新书出来，甚至每天都要有几本新书出来。总之是要求新书不断地问世，不断地上市，才能维持一个出版企业的市场主体形象，也才能表明一个出版企业及其经营者的真实存在。否则，社会简直可以把它遗忘，而它也就似乎失去了某种存在的依据。

这就使得我们的出版人和出版社陷入了两难境地！不快节奏地出书，市场不答应你，员工不答应你，经济不答应你；只快节奏地出书，社会不答应你，国家不答应你，历史不答应你……这如何是好呢？恐怕还要从"结合论"方面找出路，找对策。何谓"结合论"？就是"整合各方，统筹兼顾"的方法论，这恰恰是科学发展观所要求的。我们现在的经济体制恰恰是把社会主义基本制度与市场手段有机结合在一起的，虽然从一开始就有人非议，但今天谁都承认它显示了旺盛的生命力，发挥了巨大的作用。这就给我们以启示：作为出版人、出版社，既要组织好力量，快节奏地出书，出快节奏的书，满足人们的多样化需求，包括浅阅读需求、娱乐性阅读、消闲性阅读、快餐式阅读等（当然也要适销对路，有用有趣），从而最大限度地赢得市场，保持自己的形象与活力。同时，更要建设一支好的团队，去殚精竭虑地策划选题，千方百计地遴选作者，精益求精地进行编辑，慢节奏地出书，出高文化附加值的书，出积累文化、传播文明的书，满足人们的深阅读需求、修炼性需求、鉴赏性需求、超越性需求，从而彰显出出版社作为人类灵魂工程师团队的存在，并最大限度地实现应负的社会责任，赢得广泛的尊重，塑造在民族和世界精神家园中的崇高地位。

一个文明的出版人、一个有所为的出版团队，应该并且能够处理好这两种产品、两种市场、两种团队、两种机制的关系。其实，无论是历史上有影响的出版社，抑或是今天若干在业界做得较成功的出版社，已经在自觉或不自觉地处理好这两种关系，我们不过是把这种关系再拎出来议论一番就是了，或许会有些用处。

薄下来、短下来、精起来

——发展方式转变的一个重要方面

如今,爱读书报刊的朋友大多遇到了一个差不多是共性的问题:本来就已经读不过来了,可是图书的页码仍在增加,报纸的版面仍在扩大,刊物的文字仍在"挥洒",至于说到网络上的信息,简直更是在"爆炸"……如果是货真价实,倒也罢了,可惜的是,这样的图书能够真正让人读下去、读完全的情形不是很多,或者干脆是少之又少;这样的报纸读者飞速地翻阅一下,就算完事,要找一点比较值得"咀嚼"的东西,倒比过去要难出许多,甚至有一点故意设置"跨栏"的感觉;这样的杂志,也是令人有仔细看的心事,却没有仔细看的本事。这难道真是人类进入信息社会和知识经济时代的症状?——一方面读完这些出版物的可能性越来越小,另一方面这些出版物的页码越来越多。人类难道真的要把自己赶入一个不能自拔的怪圈之中?君不见我国正式出版的长篇小说年产已达1500多部,日均4部还多,甚至篇幅达四五百万字的长篇小说也问世了,而在某网站,仅半年就收到应征长篇小说上万部,……呜呼!

回顾悠久漫长的中国出版史,倒是让人心生几分向往。古人最先把文字刻在龟甲、钟鼎、竹简上,书写的困难和搬运的不便迫使他们必须用简约的文字表达自己的思想和情感,也使得当时的读书人能够专注攻研,水滴石穿,从而积累起底蕴深厚的传统文化,构建起神奇瑰丽的精神家园。

多就是少,少又可能是多。看来真需要我们借助转变发展方式的契机,坚决地把书报刊薄下来,把文章短下来,把出版物内容精起来。鲁迅先生说，无端地消耗别人的时间和精力，无异于谋财害命。盲目地把短篇拉成中篇、长篇，把栏目变成专刊、专版，借助网络海量的空间，大量地炮制注水文字和信息垃圾，能说没有"谋财害命"的嫌疑吗？

把我们的思想创造与文字写作由粗放型向集约型推进，由泡沫型向精粹型转变，由外延型向内涵型聚合等等，绝对是文化事业和产业的大发展、大繁荣目标所要求的，绝对是增加文化软实力，增强综合国力，提升国际竞争力的任务所要求的，绝对是文字家们、文学家们所肩负的时代历史使命所要求的！

不仅如此，在我们挤出文字水分，减少虚胀篇幅专刊、专版的同时，实际上我们就在降低能耗、降低排放、降低污染，就在追求低碳经济和环境保护，就在由资源的消耗型向资源的节约型转变，就在把一味地追求速度和数量转向产业运行中的质量提升和结构优化。

至于说到薄、短、精的具体方式，除了要向我们的先贤学习（比如老子的《道德经》只有五千余字）之外，恐怕在评价体系和体制、机制方面还得想点办法，比如不提倡甚至反对不恰当地追求著作的字数和图书的厚度；不提倡甚至反对那种不恰当地追求文章的起承转合的八股风格，却放松了乃至放弃了对创新点和真知灼见的关注度及考量；不提倡甚至反对那种过度的阐释性的文字和出版物，而倡导和鼓励人们与前人相比，与他人相比，更多地提出自己的新见地、新创意。

从演唱会说到出版物

五一节晚上，到人民大会堂看了一场音乐会，是朋友送的票。音乐会的主题是"我的祖国"，名称是"中国歌坛著名歌唱家成名作原人原声大型交响演唱会"。老实说，拿到票时，只是想和家人稍微放松一下，但没有想到演出效果有这么好。黄华丽唱《我的祖国》、聂建华唱《怀念战友》（电影"冰山上的来客"插曲）、卞小贞唱《太阳最红，毛主席最亲》、刘秉义唱《我和我的祖国》、德德玛唱《美丽的草原我的家》、耿莲凤唱《祖国一片新面貌》、尤泓斐唱《卖花姑娘》、杨洪基唱《滚滚长江东逝水》、李光羲唱《祝酒歌》……几乎每一支歌从开唱就有观众发自内心的热烈的掌声相伴随，观众时而把掌声汇集成同一个节奏为台上的歌唱打节拍，时而又屏住呼吸静静地欣赏。看到德德玛拖着病躯真情演唱时，我几乎感动得要流出眼泪。

也许是文化人的职业习惯在要求我追寻这么好的演出效果背后的原因。我在想：

其一，是原创的歌词富有感染力。一曲《太阳最红，毛主席最亲》、一曲《美丽的草原，我的家》，那是多么优美的词章，又蕴含着多么真挚的情感。作者切实是把自己摆进去了，歌词就是作者想要抒发的真切心声，想要表达的深深感情。我想象，作者一定是在一种深陷其中而不能自拔的状态下，达到这种原创艺术境界的。

其二，是为歌词配写的曲子富有感染力。与歌词相匹配的每支曲子也是优美的，以至于问世了半个世纪仍有久经不衰的魅力。歌词浸透着一种爱祖国、爱人民、爱社会主义、爱美好生活的真挚感情；而曲子则努力把这种感情表达了出来，或深沉、或激越、或舒缓、或壮丽。词为心声，曲为心经，以至于它产生于歌词却又能脱离歌词而存在，而且成为一种优美的存在。每每在许多场合，只要听到这曲子就令人着迷、令人陶醉，因为它已经把词的心声溶化进曲子的意境里面了。

其三，是歌唱家们的表演艺术富有感染力。这几位歌唱家，多数已有半个世纪或接近半个世纪的舞台艺术生涯，少数也有数十年的表演工龄。当初他们几乎投入了自己的全部感情和努力，来把这歌曲奉献给观众，奉献给祖国和人民。没有想到回报，没有想到索取，只是想到成功和使命，从而有了自己的成名作，有了自己的品牌和影响力。这些歌词、歌曲连同他们自己已经融为一体，而深深地扎根于亿万观众的心中。最终，这种歌唱和表演或许已经成为他们全部的生命；成为他们的生存甚至比生存、生命还要重要的表现方式。正是这样的缘故，德德玛在十二年前患脑溢血后，今天仍能站在高高的舞台上展现出自己独一无二的艺术魅力和人格魅力；正是因为这个缘故，杨洪基七十有五，李光曦八十有余，仍能精神矍铄地屹立在大众面前，唱出时代的最强音。

由此，我想到自己所供职的书业领域。曲波的《林海雪原》、金敬迈的《欧阳海之歌》、马烽和西戎的《吕梁英雄传》、罗广斌和杨益言的《红岩》、路遥的《平凡的世界》等等，事过半个多世纪，或数十年，为什么这些出版物仍有强烈的感染力呢？其实，这和这次音乐会有着异曲同工之妙，隔行不隔理嘛。可不可以用这么一个公式给以简洁表达：创作者（无论词作者、曲作者、表演者、写作者）的人格魅力＋作者的生活实践＋作品（无论是歌曲还是小说）的价值取向＋情节的艺术魅力＝感染力。自己没有人格魅力，怎么能写出具有人格魅力的主人翁；自己没有生活体验，即便好人品，也难出好作品；作品的价值取向偏了，再怎么写也在读者心中立不起来形象；情节缺乏艺术魅力，容易远离艺术殿堂而沦为说教。

时下，在我们的诸多出版物中，就其数量来说，有感染力的作品也不在少数，大致也遵循了这个公式；但就其比例而言，实在是少之又少，以至引起了业界的普遍担忧和着急。不少作者、编者既缺乏人格魅力，又缺乏生活实践，既不重价值取向（指健康向上的方面），又不在艺术的造诣上下大功夫、下长功夫，怎么可能写出、编出划时代的品牌作品呢？在今天的社会主义市场经济体制下，创作、编辑为数可观的娱乐读物是合理的，也是必要的，人们毕竟不能每天都是生产而不去生活，生活不能只是吃喝拉撒而没有文化这一角；但是一个国家、一个社会，毕竟不能没有崇高，不能没有神圣，不能没有坚强，也不能没有核心价值观念，当然也就不能没有一批担承崇高、神圣、坚强和核心价值体系建设任务的作者、作家、编者、编辑家、出版人、出版家。恰恰在这方面，我们仍有很大差距，我们面临着更为严峻的挑战。在诸多出版泡沫面前，难道不值得我们深思之、明辨之、笃行之吗？

下死功夫 做真学问

——就《故宫问学》稍作议论

晚上睡得早些，早晨就起得早些，想多补些觉都不容易，只好阅读一些手边的文字，于是就拣到了《编辑之友》增刊上的几篇文章。其中一篇叫作《板凳宁坐十年冷，文章不著一字空》，是刘光裕、汪家熔、陈静几位学者围绕章宏伟先生新近出版的《故宫问学》而展开的议论。此书刚刚入围2009年度全国文化遗产十佳图书评奖。也许因为章先生是出版科研所书籍出版社老同事的缘故，此文引起了笔者的格外注意，尤其是其中也有章宏伟先生自己的体验与感悟，更让人有几分的亲近。

章先生实际上是由编辑而学者的。他在中国书籍出版社曾任职数年，后来调至紫禁城出版社，入了故宫这座"深宅大院"，与故宫结缘。用他自己的话说：很庆幸自己供职在故宫，且走上了治学之路。为什么故宫容易使人向学者方面发展呢？因为故宫藏有大量的延至明清的我国古代文化遗迹，构成了今天意义的故宫文化整体，丝丝缕缕、方方面面展露出来的都是学问，尤其是其学术资源的独特性和唯一性，为求学的人们提供了得天独厚、难出其右的条件与基础。当然这些属于客观方面的条件与基础，只有与当事人的主观努力结合在一起，才会形成实际的学问与见解。笔者猜测，章先生当年舍研究所书籍出版社而就紫禁城出版社，是否就是冲着这种独特的学术资源去的，而这种选择也表现出他对史学方面浓厚的兴趣。实际上他只拣取了别人很少问津的《嘉兴藏》《满文大藏经》《全唐诗》等来研究中国古代出版史，他在这种潜移默化中不知不觉地形成了自己的治学之道：占有第一手资料，注重文物与文献资料之结合，做好考据文章，得出自己的结论。

兴趣和资源只是做好故宫学问的必要条件，而非主要条件，真正要"究天人之变，成一家之言"，没有死功夫，是难以做成真学问的。章先生自己讲，为了问学，他放弃了应酬，舍弃了休闲娱乐，每天晚上熬到深夜，第二天还要早早起来上班，没有节假日；为写一篇论文而购买书刊资料的费用远超过稿费所得；为了一条难寻觅的材料，甚至求到了日本、台湾，请友人帮助购买、复印。这样日复一日，年复一年，他把自己交给了学问，学问也成了他生命中的重要组成部分。其中有一个事例很能说明问题。为研究一万多卷的《嘉兴藏》，他把有关资料包括每一卷的施刻原文，都录入电脑，百余万字，不久，电脑出现故障，百多万字全部丢失，无法恢复。尽管前功尽弃，万分懊恼，但他矢志不渝，全部重新录入。这需要多大的毅力！可见他的死功夫下得是如此之深。

下死功夫，还有一层含义，就是较真，不唯前、不唯名、不盲从、不轻信，他对于"妙喜庵"的否定，对于"妙德庵"的坚持，对于毛晋有没有为《嘉兴藏》主持刻经的澄清，对于"明代杭州刻书之业，凋敝不堪，无足称述"的辨析，对于"扬州诗局与《全唐诗》关系"的修正，对于"拱花始于唐，锃版肇自宋"的勘误等等，都彰显了他作为学问家的底蕴深湛，功夫独到，特别是他的究根问底，探溯求源的学术精神，更为笔者所叹服、所称道。

由此，我们不难寻觅到一位编辑向学者转化的真实轨迹：主观兴趣的滋长，客观环境的追寻，研究方向的定位，有利条件的借助，拒绝浮躁的寂寞与"锱铢必较"的风格等等。

同时，需要特别提到的是，几位学者朋友的议论中，还对出版科研所主持的已经问世的九卷本的《中国出版通史》提出了一些批评性意见，我以为这是一种对历史十分负责的态度。应该听其言、查其弱，为这部填补空白的项目的修订做好必要的准备工作。因为《中国出版通史》的研究编撰、修改和问世，也有这几位朋友的智慧和心血在其中。

哲学的"生命导师"与编辑的"人文关怀"

周六早上醒过来,没有急着起床,随手翻阅了手边的一期《新华文摘》,果然有收获,主要是哲学专栏的有关中国哲学的文章吸住了我。准确的栏头是"中国哲学的话语体系与未来走向笔谈",作者有陈来、刘笑敢、颜炳罡等。陈来、刘笑敢既是笔者的北大系友,更是当今中国哲学史学界的大家,他们的观点自然要引起笔者格外的注意了。陈来认可古人做学问的主张,"心知其意""述其大意""发明其意",同时也谈到了这一过程如今受到了新哲学话语的制约。刘笑敢则力求"采众美而酿新说",他尤其提出了关于中国哲学的两重身份、两种功能及两种角色。关于两重身份,一是"现代学科",二是"民族文化"。所谓"现代学科"即哲学与物理学、化学一样,是全世界共同的学科,正如我们没有必要讲中国的物理学和中国的化学一样,我们也没有必要讲"中国"的哲学。所谓"民族文化",是说这种学说的领域性和民族性特征,正如古希腊哲学、德国哲学、法国哲学具有地域性和民族性特征一样,中国哲学是对人生、社会、道德、政治方面根本问题的反思,也彰显出它的地域性和民族性特征。关于两种功能,一种是客观地探求历史、文献以及古代和当代已有的思想之功能;另一种是为当代和未来创建新思想、新理论。关于两种角色,他认为中国哲学扮演着"生命导师"和"世界文化资源"这两种重要角色。笔者尤其对刘先生所强调的"中国哲学"作为"生命导师"的角色感兴趣。刘的见解是:以儒释道传统为核心的中国哲学不仅是民族文化的整体象征,同时还是普通中国人安身立命的精神营养,是获得生命力量和方向的源泉,担当着人生指南的责任。他进而认为,与西方基督教的庞大实体机构及众多神职人员的情况相比较，中国哲学作为民族文化和生命导师的身份及角色都没有明确的实践主体和推广的行为载体。这引发了笔者极大的不安与深深的焦虑。

如果说中国哲学具有"生命导师"的角色与功能，那么我们的编辑是否具有"文化选择"的职责与使命？答案无疑是肯定的。也许这种引申和推理的跨度是稍微大了一些，甚至还有几分唐突的感觉，但是难道我们的编辑不是在自我决定着策划什么、不策划什么，编发什么、不编发什么，这样去编发而不是那样去编发，这个时候出版而不是另外的时候出版，难道不是我们的编辑实际上在掌控着我们社会的话语权吗？难道不是我们的编辑在事实上这样或那样潜移默化地影响着读者的人生观、价值观、世界观吗？看起来，编辑是在考虑着市场的需求和社会的趋势，实际上他通过自己编发的出版物在暗示和引导众多读者按照他的选择来塑造自己的喜好与追求，修炼自己的情操与胸怀。在中国三十多年的改革开放进程中，社会的文明进步肯定浸润着编辑的智慧和心灵，而面对社会的邪恶及落后，我们的编辑也难脱干系。为什么古往今来的名编辑往往都是在社会享有盛名的思想家、文化家，而诸多思想家、文化家则选择以编书、写书、出书等为职业？道理和奥秘就在这里。由此，如何借鉴中国哲学"生命导师"的定位，培养担当"文化选择"重任的编辑、出版人才，就如此迫切地又一次摆在我们的面前。

还有上面说到的中国哲学缺乏实践主体和行为载体的情形，也使笔者对我们社会主义核心价值体系的主体和载体备感焦虑。在笔者住家的社区旁边，有一所教堂，每逢周日（礼拜天）人流如潮，车流如涛，都赶来虔诚地与上帝对话，接受上帝的洗礼。这时我就想，我们社会主义核心价值体系的实践主体和行为载体为什么就没有如此这般地让人顶礼膜拜呢？有人会说我们有人民英雄纪念碑，有烈士陵园，有爱国志士仁人的纪念雕塑等等。但是我们不断接受到的信息却是，不少的烈士陵园已被开发挪作他用，而我们的纪念碑和历史纪念设施远没有西方宗教那样的"神圣"规格。我们的爱国主义教育基地似乎也没有达到让国人从心底里"朝拜"的地位，这难道不应引起我们的思索与焦灼吗？

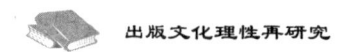

慢下来，深下去，长久些

——谈对出版规律的一种尊重和保护

署里组团到欧洲四国考察几家跨国出版传媒集团的发展情况，有一些小小的意外收获。譬如在马德里，我们所乘的中巴或大巴总是在长长的地下隧道里穿来穿去，而隧道上方并无河流湖海的"负担"。为什么不采取高架桥的设计思路呢？那样不是施工更快捷、更简便吗？原来，马德里人认为，高架桥固然可以缓解交通的拥挤状况，但缺乏美感，看上去不舒服，且会有不安全的因素，于是他们最后还是确定开挖地下。他们延续数年，历经曲折，终于修成了这无水之托的地下隧道长城，让世人注目，令今人叹服。如是去施工，不是会大大地延长施工周期，且有着比地面更复杂的各种管线吗？随团的当地向导告诉笔者，马德里人为了追求建筑艺术和建筑寿命，认为以慢作代价是值得的。对艺术和质量的追求不只是马德里，在巴塞罗那，我们在考察了一家大书店后，顺道去参观了圣家族大教堂。令人难以置信的是，这所教堂历经100多年的建设，至今依然没有完工，据称将在2026年建成。更让人钦佩的是该教堂的设计总工程师是西班牙著名建筑艺术家高迪，他在世时主持圣家族大教堂的整个工程质量及进度达42年。前20年，他还兼顾别的一些不算很大的工程项目，如"石头屋"和"不和谐社区"等，当他意识到在他有生之年也难以使圣家族大教堂竣工的时候，他辞去了其他所有的工程项目，全身心地投入此项工程。他每天步行去施工现场监督与管理，后来干脆在教堂附近找了一间工作室，住在工地，夜以继日。许多人认为教堂永远不可能完工，高迪却说"我的顾客并不着急"，他心目中的顾客就是上帝。高迪于 1926 年 6 月 10 日遭遇车祸，撒手人寰。联想到希腊有名的连接爱奥尼亚海和爱琴海的科林斯运河，它 6000 米长，开挖了近 100 年才完工；一些神殿的修复，过了几十年乃至上百年，仍在有条不紊地修建着。

看来欧洲的一些景点，之所以有着顽强和久远的生命力，与其建造时的"慢"有着直接的因果关系。且这种因果联系具有某种普遍的性质。这种舍快求慢的速度与其创造之初的目标有关系，一开始追求的就不是短期效应，而是长期效应；不是单一效应，而是多元效应；不是近期的认可，而是历史的承认。

由此再拐过来说说我们的书刊出版业，是否也只有适当地慢下来，才能深下去，也才能长久些？最近，比较热推的长篇纪实小说《苦难辉煌》，是国防大学金一南教授先后用了 15 年时间得以完成的。获得茅盾文学大奖的《白鹿原》，作者陈忠实在做了数年准备后，1982 年开始酝酿，1988 年着手正式动笔，1992 年完成，不可谓不慢。王树增的《远东战争（原朝鲜战争）》十年后，仍在修订。一些大工具书，如大百科全书第一版、第二版，《马克思恩格斯文集》《列宁文集》等，更是一个偌大的团队攻关若干年的心血结晶。历史经验表明，只有创作速度、编辑加工慢下来，才会从容些，才会有可能向深度掘进，才会不断地提升和加厚作品的文化附加值，强化出版物的感染力和说服力。慢下来，是对出版规律的一种尊重、一种遵守、一种保护。现在的问题是我们的出版物由毛坯到成品的加工周期太短了，有时短得越来越没有底线了。我们的出版人、编辑人就像游戏者手里拿着的一根鞭子，不断地抽着陀螺转，陀螺又牵引着持鞭人追随它转，于是就陷入了一个怪圈，陷入了一种恶性循环，我们越要出版社快出好书，多出好书，出版社就越是难以快出好书，多出好书。于是乎，每个人都忙得团团转，大家都被绑在一个赶时间、抢进度的战车上不能自拔，不能自已。这真是一个无言的悲剧。

在笔者写这么多文字之时，恰好看到著名电视节目主持人白岩松的《幸福了吗？》一书，在书中他说："随着年岁的增长，幸福在减少，我更多地在回顾小时候的时光。""获得幸福，尤其需要我们放慢脚步，这个时代太快了，快得可怕，人的终点都一样，为什么那么着急呢？"

　　慢下来，这是精品战略之节奏；深下去，这是精品战略之通路；长久些，这是精品战略之追求。

编辑如何成为学者和大家?
——提升出版文化理性一个重要途径

眼前有一篇徐柏容老前辈的文章,叫作《编辑治学与编辑治学之道》(载《编辑之友》2010年第6期第92~94页)。在夜灯下求读不免生发出一些感悟。先生显然是主张编辑是必须治学的,理由是你编辑的是学术性的文章,是学问家的心得,至少也是学子们的求索,不治学何以当编辑?"问渠那得清如许,为有源头活水来。"先生还根据自己深厚丰富的经历,提出了若干治学的方法,甚至对治学的追求,也应是"高山仰止,景行行止。虽不能至,然心向往之"(《史记·孔子世家》)。

关于如何治学,先生又唯恐走偏了道,主张立足于编辑工作来治学,选择与编辑工作关系密切的邻近学科来治学,还举了不少例子来循循善诱我们。徜徉在如此这般的文字中,一种敬佩之情油然而生。同时,也想沿着先生所指出的路径再议论一些事情。

依笔者看来,编辑要治学应是不言自明之理,然究竟如何治学,把治学的目标定在何处,却大有从深探讨之必要。一般地给编辑朋友讲讲治学之道,鼓励甚至勉励他们"用一桶水保障一碗水",总有不过瘾、不解渴的感觉,总有底气不足、说服乏力的感觉,不如说治学就治学,干脆把治学的目标敲定在成为专家、学者的层面上,更显得有底气,有说服力,也值得在编辑朋友面前重重一提。古人云"追乎其上,得乎其中"嘛,而且把目标定得稍微宏大一些,往往容易产生出一种感召力,使人们会在那一刻悟出专家、学者舍我其谁的英雄情结,这就是所谓理想的力量,这种理想的力量会反作用于确立了理想的人们，最后变成一种物质的力量。

当然，理想也不能脱离实际，就像"安泰不可以脱离大地"一样。努力成为什么样的专家、学者，成为哪一门类、哪一方面的学者、专家，则以自己的编辑领域、编辑工作环境为转移，否则，成为专家、学者的目标可能是空中楼阁、海底明月，这实际上和我们经常提倡的"岗位成才"是十分吻合的。把"想干什么"与"能干什么"结合起来，事物就具备了某种必然性。

实际上，目标确定下来以后，不是整日苦思冥想地去"城头变幻大王旗"，而是要把编辑工作进行到底，把编辑工作做到极致，这就逼着你去求助大家，求助大作，认真思索，反复咀嚼。遇着不懂的，借助编辑工作的便利，总要想它个天翻地覆，无处逃遁，问它个清澈见底，人到南墙，再加上脚快手勤，日积月累，你就可能成为大家。如此，想不成为专家都由不得你了，如闻名于学界和文学界的唐浩明先生，就是因为对编辑整理《曾国藩全集》深度痴迷，乃至走火入魔，不能自已，最后成了曾国藩问题的研究大家，他的《曾国藩》三部曲历史小说实际上是他对曾氏学术刻苦研究的文学化表现方式。这里的关键是不要把正在从事的编辑业务工作当作外在的东西，去勉强地应付它，而是要把这种业务姻缘看作是上帝的礼遇，去全身心地"爱恋"它，"拥抱"它，使它成为生命中有机构成部分，须臾不可分离。于是乎，不论是文科编辑还是理科编辑，也不论是经济编辑抑或是技术编辑，都有自己成长的绚烂多彩的空间。

如果不仅是把成名成家的目标与自己实际从事的编辑业务工作有机地结合起来，而且能够义无反顾地坚持下去，锲而不舍，那么成为专家、学者的可能性又会增加好多。这不仅因为任何事物都有一个从量的积累到质的提升、飞跃的过程，而且是因为在努力奋斗的过程中，往往会遇到来自内部的和外部的种种干扰与破坏性因素，而这就又是一种"苦其心志，劳其筋骨"的考验了，经受得起，你的心性就上了一个台阶，经受不起，你就前功尽弃。必须做好随时接受负面情况冲击的心理准备，才有可能达到希望的顶点或者成功的彼岸。

总之，提出编辑应学者化、专家化的目标，从个体讲，你也许成不了什么大家、学者，但学者化、专家化的目标一定会使你更多地具有学者、专家的修炼和素质；从总体讲，我们肯定不可能都成为专家、学者，但至少有可能产出若干或一批专家、学者，而这对于出版物的品位质量和学术质量，一定是有百利而无一害的。同时，在成才的目标下，强调把编辑工作进行到底，也会使我们的建议更切实际些，也更具有可行性，容易受到业界的响应和欢迎。在此，强调锲而不舍、金石可镂，是想说明一个道理——"总选择等于不选择"。

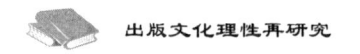

谈谈内容资源的集约化经营问题

——关于"十二五"的一点思考

这几年数字化的发展大致上给我们这样一种启示，新闻出版行业走向数字化，肯定要在数字技术方面有所作为，但它更核心的竞争力和最本质的特征却仍在于内容，在于内容资源的集约化、规模化经营。浙江出版集团在未整合自己集团的出版资源之前，由各社自己单枪独斗经营时，2009年的数字化经营成绩是60多万元，2009年12月份集团成立数字公司后，整合了集团内容资源，和数字技术运营商开展合作，经营成绩一下子就提升到了260多万元。中华医学会100多家刊物原来的年收入加起来也就60多万元，后来以自己优质论文资源的集约化，通过招投标对万方数据公司整体销售三年，总收入是2400万元，年收入一下子增加到800万元，提高了12.3倍，三年期满后，今年又续签，合同额为3000万元，年均1千万元。这是正面例子。

从不理想的方面看，一些品牌出版社，虽有着大量的比较成规模的内容资源，但在数字化方面的业绩很不理想，主要是对数字传播的版权保护及版权收益心里没底，不敢撒手；而一些较大的品牌数字技术公司因为拿不到足够的内容资源，也处在亏损或不景气状态，这已经成为传统出版单位向数字化转型的一个瓶颈。

再看同方知网、重庆维普、万方数据、龙源期刊等之所以能够在数字化的浪潮中彰显身手，与它们前些年对内容资源的苦心经营和整合打包是直接相关的。

所以"十二五"期间，在内容资源的集约化经营方面，应当有大的动作。

可以考虑以重大集团为依托，组建中国最大的大众出版内容资源数据库、专业出版内容资源数据库、教育出版内容资源数据库。一些大的集团可以和上市的出版传媒公司结成对子，进行经营。为什么要结为对子呢？因为一些大的集团是国字号的，有可能成为内容资源的最大集约者和拥有者，但数字化、集约化需要大量资金，而上市集团公司恰恰上市后融到的巨额资金正发愁找不到足够的投资方向。我们有了这样的集团，就不至于让 iPad、iPhone、Kindle 等搞得措手不及了。相反，我们比较从容，因为这既能确保我们出版人的利益（因为这是我们的根基和根本），也能确保我们在与国内外各类数字技术公司交往中处于主动地位。

这里讲的是传统出版单位的内容资源整合问题，也还可以考虑组建真正意义上的国家知识资源数据库。

关于期刊，因为自然科学期刊与人文社会科学期刊（包括综合性文化期刊），基本上已形成了比较好的内容集约商，就没有很大必要大量另起炉灶了，而是要采取一些扶持、引导的政策，使其成为我们民族的数字品牌。

关于报业内容资源，没有想好，是否也可以由政府撮合，并采取鼓励若干大的报业集团联合投资的方式，成立报业内容资源经营公司。

总之，总署及总署领导下的整个行业的基本特征是加工内容、经营内容、管理内容，因此我们在整个产业格局中，说话的分量及根据都应以内容为轴心，尽管我们也必须具备数字化的必要素质。

提出这个思路，也得益于我们今年对欧洲一些大的国际出版传媒集团的考察，爱思唯尔、施普林格都走的是内容集约化的路子；另外我们还基于这样的考虑，"十二五"期间集团化必须与数字化结合起来，集团必须在数字化方面有大的作为，才能真正起到中流砥柱的作用。

☞ **2011 年**

四个方面不完全适应的问题

——反思"十一五",筹划"十二五"

在刚刚闭幕的全国新闻出版工作会议上,柳斌杰署长在回顾了"十一五"巨大成就的同时,讲到我们行业还存在着四个方面不完全适应的问题:一是产品的质量和数量问题;二是产业的集中度问题;三是微观主体的打造问题;四是国际传播力的相对较弱问题。这应该引起我们足够的思考与注意。

首先应对这些问题有一个客观的把握。关于第一方面的问题,其实是有质量的出版物的数量不足问题。不是说我们没有精品,从绝对数来看,精品也不在少数,只是从我们三十多万的出书品种来看,从人民群众不断增长的精神文化需求来看,我们的精品的确是太少了,而且严重的是我们还有不少的泡沫,加上市场节奏的穷追猛拽,数字网络的推波助澜,形成了一定范围的"浮躁、浮夸、浮肿"的现象,甚至还存在着某些与出版工作本质相悖的低俗、恶俗产品,为了吸引眼球,鼓我钱袋,顾不了那么多了。我想这也许就是中央提出"三加快,一加强",特别是一加强——加强对精品生产的引导所提出的实际背景。

关于第二方面的问题。产业集中度的确是我们要从新闻出版大国迈向强国的一个瓶颈性问题。在国际大市场的汪洋大海中,没有能够稳健从容游弋的"航母"和"舰队"确实是不可以的,缺乏为国际社会所承认的大型出版传媒集团,强国目标总有那么一点底气不足的感觉。而且不少出版、发行集团由于其某些计划经济僵化体制的先天因素，至今没有很好地走向大一统市场，反而画地为牢，变得更封闭了。当然，对产业集中度的理解，也不能简单化，因为我们这个行业的特殊性之一是资本要求有较高的集中度，经营要求有较高的集中度，但出版物的生产则要求个性化、分众化、小众化。这就要求我们既要高度重视大集团的组建，战略投资者的打造，核心出版单位的培养，也要有足够的精力关注中小出版传媒企业的成长，促使其向着"精、特、品、优"的方向发展。就是在集团内部也要注意处理经营集约化与生产分散化的关系。在当前乃至整个"十二五"期间，要特别注意借助数字网络工具，实施优质内容资源的集约化、规模化经营，这极有可能，或者也应该是"十二五"期间产业发展的重要增长点和产业转型的重要着力点。

关于第三个问题即微观主体体制机制的改革深化问题，即转企后，现代企业制度的建立问题。这的确是一个涉及整个出版业原动力的根本性问题。应该看到转企只是改革的第一步，更重要的还在后面，这就是能否形成一个充满活力的机制问题。柳署长在报告中提出了股份制改革，包括在上市公司中进行股权激励试点等，一语中的。现在的方向很清楚，不仅是股民对上市公司高管层持股有长期期待，就是非上市的出版传媒企业也一直在酝酿这个问题，可见其必然性和紧迫性。这是因为经济运行与政治运行的规律不同，政治运行讲究任期制；而经济的发展则讲究延续性、继承性，甚至是世袭性，这就使得我们对股份制的推行相对建立在了比较客观的理性基础上。

关于第四个方面的问题是国际传播力不够强、不够广的问题。这实际上是对前三个问题的一个逻辑呼应。国际传播力是否有效增强，涉及我们产品内容的优良、精湛与对其需求的吻合度问题、开发度问题，也涉及产品营销的集约化、规模化的能力问题，更涉及出版传媒企业的内在动力对于不断扩张的市场需求的追逐问题。当然，在今天的技术条件下，还有一个尽快建设传播快捷、覆盖广泛的传播体系的任务，要尽最大努力推动传统出版发行向现代数字出版发行转型。

总之，在我们全面总结"十一五"巨大成就、科学分析"十一五"宝贵经验的时刻，认真地梳理我们行业目前存在着的主要问题，深入地追溯这些问题的主观和客观原因，应该是我们更加卓有成效地设计、规划"十二五"，更加有针对性地做好今年工作的不可或缺的重要元素。在某种意义上讲，洞察问题可能比总结成绩更重要。

算大账、算总账、算分账、算小账

——推进文化产业、新闻出版产业成为支柱产业的一个重要问题

十七届五中全会以后，呼应中央关于推进文化产业成为支柱性产业的要求，有专家提出文化产业要成为支柱产业的产业规模问题：根据"十二五"我国GDP约为62万亿元或66万亿元的目标，推算出2015年我国文化产业增加值必须超过3万亿元（预计2010年文化产业增加值将达1万亿元），才能达到GDP的5%这一支柱产业的底线，而这就要求"十二五"期间文化产业每年增加值的增量要达到4000亿元（几乎相当于2005年一年的文化产业增加值），才能有望实现战略目标。毫无疑问，这是在算账，算的是全国文化产业这笔大账。我们还应算算作为文化产业重要有机构成的新闻出版产业这笔账。柳斌杰同志在全国新闻出版工作会议上为我们算了几笔账：2006年我们版权相关产业增加值占到国内生产总值的6.4%，预计2010年达到7.0%；2009年全国行业GDP超过万亿，为10668.9亿元，增加值3099.7亿元，占同期国内生产总值的0.9%。新闻出版业到"十二五"末要成为支柱产业，GDP必须达到2.94万亿元并实现8440亿元增加值。这也是在算账，算的是全国新闻出版业这笔大账。

算大账，表现了在国家"四位一体"建设中，文化建设分量的加重和文化产业地位的崛起；表现了人均4000美元大致实现后恩格尔系数的本质性变化和文化消费相对于物质消费的日益加强的趋势；表现了文化人、新闻出版人一种高度的文化自觉和文化产业自觉。只搞事业不搞产业，不符合21世纪国与国之间文化竞争的大格局、大趋势，也就难以满足人民群众

的精神文化需求，难以增强我国的文化软实力和综合国力。而要搞产业不算账不行，不认真算账也不行。过去那种搞新闻出版事业，搞文化事业，只注重抓好方向、抓好思想的做法显然不合时宜，必须既抓方向、导向，更抓产量、质量。必须从算账的角度，研究产业规模，研究产业集中度，研究产业关联度等诸多问题。算账应该成为全行业的一项基本功、基本业务。

光算总账不行，还要算分账。要算好块块账：全国是这个数，每个省市区的目标应该是多少数额？这里面还要考虑地区不平衡指标的设定；要算好条条账：全行业是这个数，不同领域的目标应该是多少？报业、书业、刊业、音像电子书业、版权贸易、实物进出口、网络传播、印刷业等等各是多少数额，这里面也要考虑到不同领域的客观不平衡现实；还要算一算特殊板块贡献率的账：比如业内现有100多家书、报、刊、印、发集团，它们现在承担着多大的份额，在"十二五"期间应该承担多少合适呢？又比如民营书业企业，它已经在选题、策划和教辅发行等方面占有相当的份额，未来如何设定它的产业目标呢？这都是我们在算账中应该一并考虑的问题。

光算大账不行，还得算小账。这个小账也不是很小，只是相对而言。比如你这个集团"十二五"规划的指标是多少，你这个出版社、报社、刊社、印刷企业、发行企业的"十二五"指标是多少，各个年度的分解指标是多少，各个年度各个项目的分解指标是多少，都必须认真地算账、科学地算账、准确地算账才行。

光算账还不行，还得有配套措施。从宏观来讲，要有大集团的组建，要有大园区、大基地的开辟，要有大板块的支撑（比如数字出版等），要有大政策的出台。算账只有和相关工作包括政策制定配合起来，才能产生实际的效用。没有产业政策的支撑，产业规划就可能落空。但无论如何，算账是必不可少的。从这个意义来说，总署党组去年实施的新闻出版产业大调查是非常重要的，总署高度重视全行业的统计工作也是十分及时的，我们应该强化算账意识，组建算账队伍，硬化算账工作，利用算账资源——这是社会主义市场经济对新闻出版产业发展提出的本质要求之一，这是由新闻出版大国迈向强国,新闻出版业成为支柱产业的本质内容之一。

光算产业账还不够,也要算一算内容账,算一算精品账,算一算对国民综合素质的营养账。乍看起来,这些账不大好算,其实在现代统计条件下也是可以算出来的,问题在于我们的自信与努力。

如何协调"支柱产业"与"精神价值"?

——感言"两会"代表委员关于文化问题的诸多议论

"两会"十多天时间,开得很成功。梳理一下"两会"期间代表和委员关于文化和新闻出版问题的诸多议论,发现从大的方面看,仍然不外乎两个维度:一是产业的维度;二是精神的维度。

从产业的维度看,代表、委员们就文化如何再发力、总体上跻身"支柱产业",仁者见仁,智者见智,提出了诸多有价值的见解与建议。比如有委员提出:文化产业要做大做强,一是要盘活存量,迈出股份制改革的步伐;二是要扩大增量,走低成本扩张的路子。有代表预言,由于体制、技术和需求的拉动,未来五年文化产业将释放更多能量。也有代表、委员讲到,各地文化创意产业异军突起,但总体上还处在粗放式发展和数量扩张阶段,如动漫产品的总时长已达到20万分钟,但多是低水平模仿,经济效益不好。还有代表就文化发展的走出去提出要从"战略思维"进入到"战略行动"的层面。甚至有同志从统计工作的角度期待"文化消费指数"的问世与使用。

从精神的维度看,有代表、委员强调面对文化的多元化现象,主旋律是社会文化中的牡丹与凤凰,要始终坚持让主旋律高扬的方向。有代表讲:"十二五"文化建设的主题词是"传承、创新"。这是针对"传承丢失""创新乏力"的现象提出的,他认为目前解决了"生存的烦恼",又陷入了"文化的烦恼";虽占有悠久深厚的文化资源,却面临着"富饶的贫困"。新闻出版口的代表、委员提出幸福指数与文化功能的关系问题,认为存在着

"重产业、轻文化"和"GDP崇拜"的问题，出版业存在着得意于畅销书发行，而忽视对震撼心灵作品扶持的现象，动漫业存在着兴奋于总时长，而忽视作品质量的情形。有代表、委员指出，一些电影过度追求娱乐至上，搞笑为王；只讲刺激眼球，不讲打动人心。电影产品要看票房，但更重要的是看其感动了多少人的心房。有同志甚至对文化产业化提出质疑。

看得出来，从两个维度所建言、建议的问题以及所提出的任务，是客观存在的，也确实是需要我们在"十二五"期间去努力实现的。但是细心的读者和有责任感的文化人、出版人还是能感觉到其中不少的差异或明显不同的倾向。尽管大家的目标和方向都是为了中华民族的伟大复兴和建成社会主义强国，但是这并不意味着其看法是高度的一致，恰恰相反，有的看法事实上是针锋相对的，这恰恰是"两会"生机与活力的彰显和重要作用所在。在实际运行中，为了使自己的责任区域和单位率先达到"支柱产业"的水准，在资本、兼并、产值、利润、上市等方面愿意下血本，用气力，确实对"精神生产"有忽略或投入不够的问题；也有过分地强调"精神价值"而不去加强话语权，对产业称谓和提法不以为然，甚至持有怀疑态度的情形。

问题不在于这些问题被尖锐提出，而在于作为出版文化的科研工作者，如何找到两者的结点，把结点化解掉，并使两者在实现民族伟大复兴的旗帜下有机统一起来。这两方面的问题，对于搞好"四位一体"建设，实现"十二五"规划的战略目标乃至长期的奋斗纲领，都是十分重要且无法回避的。十七届五中全会和总理的政府工作报告都讲到了"精神价值"及"支柱产业"这两个方面的任务要求。笔者以为，把这两种看似针锋相对的观念有机统一起来的工具或武器就是科学发展观。科学发展讲究以人为本、统筹规划、协调发展。具体到这对矛盾中，可不可以做这样的理解与解释：文化是一个民族的精神与灵魂，它必须发挥好引导社会、教育人民、推动发展的功能，因而，任何时候都必须把文化的"精神价值"放在首位，放在固本的位置，而这种固本，不能僵化，也不能单调，它必须满足人民群众多层次、多样化的文化需求，必须服务于人民群众的心灵建设。要遵循文化、新闻出版自身的生产与消费的内在规律，而不只是遵循产业发展规律。

在这个前提下，我们要做大做强，尽快地推动和提升文化产业成为国民经济的支柱产业，这也是一项伟大的历史任务，因为在思想导向正确、精神价值充分的条件下，我们的实力越强，我们在国内和国际社会就越有话语权。如果我们只陶醉于精神价值的充分和正确，而不在推动产业发展上下功夫，我们也将成为历史的罪人。总而言之，我们应该遵循固本求强的方针，把精神价值的竞争力打造好，再求产业的扩张与规模，这恰恰是中央"三加快、一加强"的精神实质所在。

培养学者型编辑

——谈总编辑应该抓好的一项重要工作

最近，解放军出版社要将该社编辑们撰写的获奖优秀论文结集出版，嘱我为之写序，我欣然从命。此事说来话长：2010年年底，解放军出版社总编辑郑晖同志委派他的同事送来一大摞文章，70余篇，说这是该社编辑为当年社里的学术年会提供的论文，请我做评委，帮他们从中遴选出一、二、三等优秀文章，也还请了社外的其他几位同仁一块作评审工作。

笔者与出版社有多方面的联系与合作，但这样的工作：为一个出版社的诸多编辑学术论文作评审工作，好像还是第一次。于是，虽然年终岁末，院内院外工作头绪相当繁多，我还是很高兴地接受下来，并且也尽可能地履行了职责。我发现，解放军出版社的这批论文至少有三个特点：一是编辑们相当投入，几乎每一篇的篇幅都比较长，内容都比较实，框架也比较大，读起来要花费很多精力，有的还要读两三次才能下结论，但也能看出来该社编辑朋友们的那股子认真劲。二是不但编辑们的写作态度认真，而且论文也很有内容。无论是谈选题策划的典型案例，还是谈编辑加工的独特技巧，抑或谈与作者的关系相处，包括语言的修炼与运用，多是既有实践体验，亦有理论提升，更有一种对精品的执着追求。三是不只是编辑参与了论文写作，与编辑工作相关联的方方面面都参与进来，包括发行人员关于市场调研与营销的业务总结，甚至仓储人员也从经济运行的角度提出建设性意见。因而，解放军出版社的这次学术年会是全方位的，是整体性的。

这些特点为我的写序提供了十分重要的素材。就在写序的这几天，新闻出版总署针对新闻出版业改革开放的新形势、新问题发出了《关于进一步加强出版单位总编辑工作的意见》，强调总编辑应在出版单位领导班子的集体领导下，负责出版导向，落实出版制度，保证内容质量，培养编辑队伍等。这就促使笔者思考，如何培养出一支过硬的编辑队伍呢？恐怕努力培养出若干，乃至一批学者型编辑，或者准学者型编辑应是题中应有之义吧！而坚持要求编辑们撰写与业务相关的学术论文，举办出版单位自身的学术年会，恐怕是其中重要的工作内容之一。在转企改制的情况下，在出版市场竞争日趋激烈的情况下，在要求两个效益最大限度相统一的约束下，还有数字化的加盟等背景下，我们的编辑朋友，任务是繁重的，头绪是繁多的，压力是相当之大的，作为编辑的领导者的社长、书记、总编辑的任务更重，头绪更多，压力更大，能够下定决心，做出学术年会的安排部署，编辑们能够接受"额外"的任务布置，挤出时间来，写出一二万字的文稿，着实不易，相当不易。从这个意义上讲，解放军出版社的做法具有特别的借鉴意义，它为深入具体贯彻总署的通知精神提供了一个很好的范例，它更为落实党中央和总书记提出的"三加快一加强"表现出了一种高度的自觉性。这恐怕是基本建设中的基本建设，问题是我们如何将这种做法推广开来，并且加以规范化，成为我们培养学者型编辑的重要内容。就此而言，笔者希望解放军出版社的同志对于这项工作，只有开端，没有结尾，永远地坚持下去，并且不断地创新方式与内容。建议更多的出版社见贤思齐，效而仿之，把它作为苦练内功的一项重要举措。也建议媒体的记者朋友不妨多注意这方面的报道工作，登门求教，作深度采访，然后宣传开来，并且追踪下去，争取使之成为行业的普遍共识与有效的制度安排。

关注"中国模式"的几个亮点

——初读《中国震撼》

最近，上海人民出版社推出了一本关于研究中国模式的书，书名叫作《中国震撼》，副标题叫作"一个文明型国家的崛起"。作者张维为，现为日内瓦外交与国际关系学院教授，20世纪80年代中期曾担任邓小平及我国其他领导人的英文翻译。本书是作者走访一百多个国家的所见所闻，并根据自己作为国际关系学者的深厚学术背景，就"中国崛起"作出的若干思考与结论。

关于该书，它的策划者、我的好朋友上海世纪出版集团总裁陈昕写了长篇的文字，作了较为详尽的介绍。国内一些著名学者，譬如谢春涛教授，也有一些重要文字见诸报端。由于高层领导人的推荐，该书近来作为一件很有品位的礼品在不断地被赠送。受此裹挟，我也初读此书，甚至还没有读完，但是为了完成"卷首语"的任务，只好先写出少许文字，就教于志同道合者。

就笔者已读过的本书前半部分内容而言，至少有这么几个点值得关注：

一是关于GDP计算的两种方法：官方汇率评价与购买力评价的见解。作者以为，按照官方汇率的办法严重误读了各国的实际经济规模。是怎样误读的呢？比如，在日本餐馆吃饭比在中国贵10倍，这意味着在GDP的计算中，就不能真实地反映出两国的经济实力。又比如，欧洲一个男孩子简单理个发需花20欧元，在中国一线大城市，同样的理发大约只需花费20元人民币。按照2009年初欧元对人民币的官方汇率（1∶10），那么欧洲男孩子理发需支付 200 元人民币，于是乎，欧洲男孩子此项活动所创造的 GDP 就是中国的 10 倍。

而采用购买力评价呢，就可以把一些过度膨胀的、过度泡沫的因素过滤掉，接近准确地反映出真实的情况。按照很负盛名的英国著名经济历史学家安格斯·麦迪森用购买力评价（PPP）方法所得出的结论，中国的经济总量在 1992 年就超过了日本，在 2000 年就超过了包括德国、英国、法国在内的 12 个老牌工业国的经济总和，并可能在 2015 年超过美国。

当然，作者也从另外的角度谈到，仅从官方汇率方法评价，也有误判中国外贸依赖度的情形。

二是关于"百国之和"与"板块关系概念"的重要见解。作者的意思是中国是一个超大规模的"文明型国家"，人口规模超过美国、加拿大、欧洲、澳大利亚、日本、俄罗斯之和；和欧洲相比，一个欧洲中等国家的人口也就 1400 万左右，所以中国的人口约等于 100 个欧洲中等国家之和。这是漫漫历史中"百国之和"的结果。对待这个"百国之和"或者说是"百和之国"，不能用大小的尺度。他举例说，这就像天气预报，如果你预报的是新加坡的天气，你说今天平均气温是 32 摄氏度，谁都相信，因为新加坡从东到西最长才 42 公里，从南到北最长才 23 公里，全国面积为 692.7 平方公里，大约为北京市面积的 1/25。但你如果预报中华人民共和国今天的平均气温为 32 摄氏度，那恐怕就只有气象统计学的意义了。于是作者提出了"板块概念"或"板块关系概念"，即把中国大致分为"准发达板块"与"新经济体板块"。这两个板块的良性互动促成了中国的迅速崛起。他主张在此基础上，我们的准发达板块可以与发达国家相比较，我们的新经济板块可以与国际上的新经济体国家相比较。这样也许还会有问题，但比起大尺度"平均气温"、大范围"平均生产总值"总要好出许多。比如把 800 万人口的苏州与 700 万人口的瑞士比一比，才有比较学上的意义，也更容易让人找到感觉。毕竟连举重比赛都不允许重量级与轻量级的串位呢！

三是判断西方模式与中国模式有效性的标准是什么，在哪里？美国和西方一些主流学者替亚洲国家（其实不止亚洲）开了两个药方：一是全面市场化，或者叫作市场原教旨主义；二是推动全面民主化，或者叫作民主原教旨主义。他们认为只有西方模式才是人类最适合的模式，是最有助于发展的模式。但是根据作者的全球考察，凡是采用西方模式的国家，居然没有一个成功的案例，相反，失败的案例比比皆是，并且越彻底实行"西方模式"，则国家的经济、政治、文化就越发显得一团糟。就连主张西方模式，企图西化全球的美国自身也陷入金融危机而难以自拔。而坚持"三不"的中国模式，即不照搬西方，不照搬其他社会主义国家，不放弃自己的优势，则获得空前的成功，连我们的对手也不得不认可，从而成就了中国模式。今天，当我们看到西方的多党民主制已经演变为一种游戏民主，演变成选举社会，陷民主于平庸化和劣质化的时候；当我们看到那些所谓的没有政府干预的完全竞争的市场经济造成了经济衰退、民生凋敝、政治混乱的图景的时候，我们情不自禁地为中国模式由衷地欣慰。尽管我们也明白中国模式自身还在发展之中，也还有诸多问题甚至弊端需要克服和完善，但中国模式已成气候，并正在以充沛的生命力前行，这是任何人都不能否认的。

这是书读到半道上所生发出的初步的感想，或曰札记。感谢张维为先生为我们提供了这么一本厚实的著述，也感谢上海的同事策划和出版了这么一本研究大问题的力作；同时，还准备在书读完之后，就一些问题与作者商榷。如此而已。

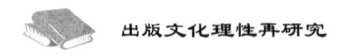

坚持出版的本质与规律

——读最近关于潘凯雄同志两篇文章之感受

笔者与潘凯雄先生的交往频率还算可以，因为我们都在新闻出版这个圈子里打拼，所以就免不了在这个会议、那个活动上碰头见面；因为都被各种出版物包围着，所以就少不了在这家报纸、那份刊物中读到先生的或长或短的作品，但无论长短，总是有内容的。对他的文章和文风，我一向是认同的，这不，又在中国版协总第57期会刊（今年第2期）上读到一篇《潘凯雄谈人民文学出版社60年出版历程》的文章，在中国图书商报上读到《潘凯雄：在执着中超越》的文章。两篇文章中，先生谈了不少的东西，涉及了方方面面。不过，我只想就其中的关于界定出版的本质及规律的文字发发议论，谈谈感想。也许，这对于我们今天的出版人会更要紧些。

先生谈到，人文社的60年是一个始终坚持出版本质的60年。他以为，无论是从建社之初首任社长兼总编辑冯雪峰亲自设计的"古今中外，提高为主"这样简洁质朴的出版布局，还是到现在的"挺拔主业，优化结构，强化品牌，丰富品种"的出版思路，无不是围绕着坚持出版本质下功夫，做文章。何谓出版本质？作者没有，也不可能像讲授《出版学概论》那样，给出规范的定义或界定，但从字里行间，还是能读出先生的主张，那就是"自觉的文化追求与文化担当"，那就是对文化规律的尊重与遵循。

如何坚守呢？从理念上要求"人文人"脚踏实地地潜心问学，来不得半点虚饰与浮躁，倡导为了共同的精神追求，"衣带渐宽终不悔，蜡炬成灰泪始干"；从体制上既要鼓励畅销书，还要鼓励常销书。比如现在一本新书的考核周期是5年，但5年以后，如果这本书还在持续销售，就再放宽3年；从机制上，社里专门组建了由编辑、发行、策划以及部分社领导参加的选题论证委员会。选题策划不是谁单独说了算，原则上少数服从多数，如果你有异议，可以提出复议，然后去收集新材料，再说服大家⋯⋯

正是这种人文风气的坚守、继承并发扬光大，以及对内容的呵护和对品牌的倾注，人文社编辑的人文素质及专业水平是相当高的，例如，在出版社保存的郭沫若、茅盾、巴金、老舍、曹禺、丁玲等与老一代编辑联络的书信中，对书稿的大到篇章结构，小到细节措辞，都有充分的讨论，很多作家对出版社编辑的意见是认可的。"专业的编辑能与作者进行专业的平等的沟通，这个好传统到现在还在强调"，潘先生说。于是乎，在人文社的队伍中先后涌现出冯雪峰、巴人、楼适夷、严文井、韦君宜、萧干、秦兆阳、屠岸、张经武、绿原等一批又一批作家、诗人、翻译家、出版家、文学评论家与文学研究家，灿若群星；于是乎，人文社的一批又一批的文学精品：小说、诗歌、散文、剧本、理论、综合等，几乎每一个领域都硕果累累，品牌丰盈，耀眼夺目，难以枚举，成为民族人文精神大厦的巨大支撑。

潘先生所说到的人文社对于出版本质的坚守，对于出版规律的遵循，对于我们出版编辑人来说是深刻的，也是厚重的。无论怎样面对喧嚣的市场经济和沉重的经济压力，我们都要肩负着文化担当前行的责任；无论怎样地深化出版体制改革和怎样地向数字化转型，我们都应朝着文化自觉的方向追随。这是我们出版人、编辑人的安身立命之本，也是多元的社会格局为我们的定位。尤其在当前，强调把内容建设放在突出位置的背景下，这种前行和追随不仅是重要的，而且是绝对重要的，不仅要在认识层面做这样的强调，而且应在操作层面有具体的体制与机制上的保证。

当然，在中央提出要推进文化产业成为国民经济支柱产业的背景下，我们出版人、编辑人也不能只考虑坚守与遵循而忽视市场与发展。应该在坚守中提升品牌、拓展市场，增加体量，在发展中守住本质，遵循规律，凸现精品。最好的情况是，坚守与发展并举，遵循与开拓同行。对于出版人、编辑人来说，单纯的坚守似乎也不是很难，单纯的发展似乎也可以做到，难的是把二者有机结合起来，形成一种既继承又发展的新的格局，而这恰恰是对新时期出版人的巨大考验。我们应该接受这种考验，通过这种考验，努力达到胜利的彼岸。

党和他的出版活动

刚刚以《党的早期活动与他的早期报刊》为题,为院里的《传媒》杂志撰写了一篇卷首语,以配合该刊庆祝建党九十周年的主题策划报道活动;又想以《党和他的出版活动》为题,为院里的这份《出版发行研究》写一篇卷首语。之所以如此,主要是出于这么几个方面的考虑:一是这两本刊物都被列入了全国核心学术期刊,作为他们卷首语的长期撰稿人,要一碗水端平,不能厚此薄彼;二是前一篇卷首语因受版面限制,一些想表达的意思没有完全表达出来,言犹未尽,再写一篇,形成姊妹篇正好补救一下,了却遗憾;三是新闻与出版有融为一体的情形,亦有彼此不同的性质,只讲更多属于新闻的报刊而冷落更多属于出版的图书、发行、印制等,是不公道的。

其实,就以党的早期与整个新民主主义革命时期、社会主义革命与建设时期还有改革开放的新时期而言,出版业功不可没;岂止功不可没,实在是功莫大焉!在早期,党除了抓刊物之外,除了借助社会已有的出版发行、印刷机构外,还先后建立了新青年社、人民出版社、上海书店、长江书店等多家出版发行、印制机构来出版各种马列主义和介绍俄国革命的小册子等出版物。在瑞金建立了中央出版局,专事党的出版任务。在延安除创建新华社,开办解放日报外,还创办集编印发功能于一体的新华书店,开辟发行路线。毛泽东与党的主要领导人不仅推动和发展新闻出版工作,而且本身又往往是重要的作者和撰稿人。新中国尚未成立,就召开了全国新华书店出版工作会议(1949年9月26日至10月2日召开预备会议,10

月3日召开正式会议），新中国一成立就立即组建起以"人民""中国"字样打头的一系列中央级出版社，成立了中央马列著作编译局，组建了外文局和民文出版社等。

即便在"文化大革命"期间，也还有马列和毛泽东著作及历史典册的大量出版发行，这里有"左"的破坏，亦有光荣历史的延续。到了改革开放的新的历史时期，包括新闻在内的出版工作，几乎与党和国家的工作重心转移，水乳交融，如影随形。中央很早就做出了关于改进和加强出版工作的重要决议，尔后逐渐形成门类齐全，结构完整，规模不断扩张，实力不断增强，影响力日益广泛的新闻出版体系，我们已经成为出版大国，正在向出版强国迈进。

为什么我们党和党的领导人九十年来一直高度重视出版工作呢？因为我们党的成立本身就是中国工人运动与马克思列宁主义相结合的产物。所谓与马列主义相结合，其实就是与用马列主义世界观、方法论初步武装了头脑的先进知识分子的相结合，是这样的先进知识分子以自己初步掌握的马列主义，动员工人群众、领导工人群众加上农民群众等进行新民主主义革命的相结合。在这里，先进知识分子的旧世界观的转变和新世界观的形成，离不开革命的出版、发行、印制工作；少数先进知识分子影响更多的具有救国救民思想的知识分子，从而扩张自己团队的目标的实现，离不开出版工作；作为党的核心的先进知识分子团队要组织起千千万万的民众和浩浩荡荡的革命军，更是离不开现代出版物的传播与动员功能，包括凝聚起全党和全国各族人民投入到社会主义革命和建设当中，包括十一届三中全会以后，拨乱反正，把全党全国导入改革开放的轨道，没有出版物作为解放思想的阵地和平台，其历史进程是不可想象的。可以毫不夸张地说，只要我们党坚持从理论上建党、从政治上建党、从思想上建党、从文化上建党，党的出版物就是不可或缺的。从一定意义上说，党正是通过自己的出版物来实现理论建党、政治建党、思想建党、文化建党目标的。从一定意义上来讲，党的出版物是党的生命，至少是党的生命的重要有机构成，这绝非牵强之说。当然，党的事业是党的出版物的不竭源泉和动力，也更是理所当然、毫无疑问的。

当我们比较深入地考察了党和党的出版物，党的出版活动的本质关系与内在联系的时候，我们就比较容易找到今天我们做大、做强出版业的坐标与目标。外电评论说中共 DNA 中都融入了学习元素，而学习型政党的形成能离开出版物和出版事业吗？我们必须坚持导向，因为导向就是生命，方向就是旗帜；我们必须围绕中心，因为中心就是大局，中心就是价值；我们必须服务人民，因为人民才是归宿，人民才是宗旨；我们必须追求精品，因为精品才是凝聚，精品才能永存；我们必须改革创新，因为改革才是动力，创新才会前进。

养成辩证思维的良好习惯

《光明日报》8月12日第14版刊登了政协委员关于信息时代资料存储应注意采用多元方式的一个提案。提案认为，由于电子文本携带方便、存储海量的优越性，人们对电子文本存储资料的方式越来越重视，因而忽略了它的弱点。它的弱点是什么呢？就资料存储的长久性和不被淘汰性而言，电子的高科技未必能取胜纸质书本的"低"技术；恰恰是高科技的电子数字媒介的材质和播放技术的高速革新换代，积聚了文明断代的巨大风险。数字存储，短的也就10年左右，而理论上可保质100年的光盘存储技术目前尚无法确认。因此，提案建议建立和健全国家和社会资料保存体系，启动数字资源的开发保护工程，研发可持续的海量存储和播放设备。一方面组织纸介质抢救性的数字化保护工程，将激光照排技术普及之前的书报刊尽量保存；另一方面，将电子数字媒介内容中有保存价值的文字、截图，尽可能地转换到纸媒介上面。

引用这个提案，至少有两层用心，一层用心是对参与提案的政协委员们肃然起敬，他们果然不乏睿智，把目光瞄向了民族的未来，千方百计地造福于后代；另一层用心是对他们冷静观察分析的态度深为钦佩，他们在电子技术高歌猛进、如火如荼的背景下，没有一味地为数字出版唱颂歌，而是洞察到其中巨大的风险，并且为化解这种风险提出了重要的议案。这是典型的辩证思维，对我们的今天，乃至后来都有着深刻的方法论意义。

"七一"讲话也体现了这种方法论意义。胡锦涛同志在总结了我们党90年来所完成和实现的三件大事，在科学地阐释了中国特色的社会主义道路，中国特色的社会主义理论体系，中国特色的社会主义制度之后，语重心长地讲到：我们所面临的执政考验、改革开放考验、市场经济考验、外部环境考验是长期的、复杂的、严峻的；并且提醒全党：精神懈怠的危险，能力不足的危险，脱离群众的危险，消极腐败的危险，更加尖锐地摆在我们面前。这些居安思危的论述和告诫，是我们党辩证法优良传统的深刻体现，是我们党作为伟大的马克思主义政党的一种深思熟虑的选择。这与党的七届二中全会"两个务必"等一系列此前此后类似的文本都是一脉相承的，这是我们党在国内团结各族人民，凝聚各种力量，在国际社会傲视群雄、独立自主、克敌制胜的强大思想力量。对于这种优良传统和思想力量，我们应该有一种清醒的认识和高度的自觉。

对于数字出版，当然应该看到它在科学发现与技术革新领域的巨大突破，肯定其先进出版生产力的本质特征，积极地顺应潮流，推动整个行业由传统向数字化转型，从而实现新闻出版的强国梦。但是也不能不看到它对严肃文化和深阅读的严峻挑战，它对精神生产和精品生产的严峻挑战，它对思维能力和思维结构的严峻挑战，包括对文字存储方式的严峻挑战，而且只是看到还不行，关键是要有相应的对策。

对于今天的新闻出版改革亦是如此。由发行改革到出版改革，再到"非时政报刊"改革，我们的改革不断向纵深推进，并且已经和正在取得着伟大的成果。我们已是出版大国、报业大国、刊业大国、印制大国、阅读大国等等，但是胜中思忧，居安思危，我们存在的问题和面临的困难也是空前的。譬如，我们的转企改制，也才刚刚完成了第一步，包括我们的诸多集团公司，距离建立现代企业制度还有相当的距离，一天不完成转制任务，一天不形成比较科学的现代企业制度，我们就不能说已完成了出版改革的任务，甚至面临着前功尽弃的危险。又譬如，上市的出版传媒公司已为数不少，而且还在继续扩张，但是如果不解决好募集资金的投向问题，科学有效地向生产和市场的深度和广度进军，上市也许会带来灾难。再譬如，网上书店对实体书店的挤压不只是一个恶性竞争的问题，而且反映了出版物市场的价格混乱，反映了我们在价格设置问题上作为乏力的问题。

还譬如，市场竞争与编辑打造的关系偏颇问题，我们是要在市场竞争中取胜，我们要做大做强，我们要追求规模和体量，但是如果这种规模和体量是缺乏内核的，是有体量而无神韵的，那么就有舍本求末的嫌疑。因此，如何锲而不舍地继承老一代编辑人的风范，培养和打造继往开来的新一代编辑人、编辑家队伍，就成为我们的当务之急和长久任务。

总之，历史和现实都告诉我们，养成辩证思维的好习惯是做好工作、成就事业、丰富人生、笑傲江湖、既容易得到又难以得到的一种奇特的法宝。在坚持马克思主义的要求中，就内在地包含着这样的要素，只是要看你自己的造化如何了。养成辩证思维的好习惯，也许获得的成就并不丰满，但没有辩证思维的好习惯，却笃定会掉入可怕的深渊。

一本书的作用和对阅读心理的研究

眼前放着一份今年7月4日的《参考消息》，它的第12版是副刊天地，有三篇长文，都是谈书的，其中有两篇不仅谈书，而且还谈阅读问题。一篇讲到《汤姆叔叔的小屋》当年揭露了黑奴制度的黑暗与罪恶，为林肯动员北方人民解放奴隶的国内战争，提供了有力的文学与思想武器，后来有评论说这是一部"伟大的美国小说"，还有人评价这本小说是"笔胜于剑"，以至于欧·亨利、马克·吐温等文学大师对其厚爱有加，车尔尼雪夫斯基以此为灵感，创作了《怎么办？》这部大作。显然，此后发生的事情体现了作者哈丽雅特·比彻·斯托的创作价值，以及这本书的出版价值与人们对这本书的阅读价值。可见，创作、编辑、阅读在精神变物质、文字变财富的过程中扮演了多么重要的角色。这本书至今仍影响着美国的文化与美国的社会。

另一篇文章叫作《阅读是事业成功的敲门砖》，作者是智利的一位女士。文章讲道，约20年间，牛津大学社会学家对将近2万多年轻人的习惯、活动和兴趣进行调查，结果表明：16岁时喜欢阅读的女孩长大后获得经理职务级别的可能性为39%，而那些在业余时间喜欢其他活动的女孩提升到这一级别的几率只有25%。对于更容易获得高等职务级别的男孩来说，16岁时不喜欢阅读和喜欢阅读者达到这一级别的几率分别为45%和58%。

为什么会有如此的效果差别呢？用智利天文大学心理教育专家马尔瓦·比利亚隆的话来说，这是因为阅读将我们带到理解与语言使用的世界，而语言是最强大的思想工具，"不存在与语言分开的认知过程，因为所有其他行为与活动都是通过语言进行的，语言涵盖所有领域，它教你学会任何时候都非常有用的推理和逻辑关系"。书读得越多，遣词造句就越得心应手，对所涉及的内容就更加自信，从而提高社交与演讲能力，这恰是这一级别所特别需要的。如果养成了阅读习惯，且使之成为一种基本的生活方式，那么在阅读时，就会促使身体释放出能带来满足感的多巴胺和复合胺，而当因为喜欢而阅读，就会不知不觉地获得几乎所有的语言技巧，学会大量词汇，学会理解方式，懂得使用复杂的语法结构并培养出良好的写作风格。

如果说这两篇文章，前一篇讲的是写作与阅读的独特社会作用的话，那么这后一篇则讲的是阅读的心理机制问题。我们关于国民阅读的工作做了不少，关于国民阅读的文章也写了不少，但是如此这般地从心理角度来研究阅读发挥作用的机理，还比较少见，因而格外地有价值。一般地讲阅读的积极作用，总有某种道义和伦理的嫌疑，而从心理方面探寻阅读发生作用的机理，则更具有科学的元素。要把全民阅读提升到国家战略的层面，加以推进，除了自上而下地加强组织领导，推荐重要书目，提供必要条件，策划相关项目之外，恐怕有关阅读心理、生理等方面的研究应该有所顾及，并应有所增强，以形成阅读接受学理论，进而更好地把握阅读规律，使全民阅读能够更深入、更持续、更有效地开展下去。

当科学与伦理有机结合之日，就是阅读普遍地、持久地发挥作用之时。

怎么表述出版业核心价值观

党的十七届六中全会对社会主义核心价值体系做出了新的理论概括，强调这个核心价值体系是兴国之魂，是先进文化的精髓，它决定着中国特色社会主义的发展方向。六中全会以后，各行业、各部门、各地区都在深入学习、宣传和认真贯彻落实社会主义核心价值体系，同时又根据这个体系的总要求，尝试性地提出了自己的核心价值观。出版业作为文化改革发展大军中的一支重要的生力军，作为诸行业中一个跨精神生产和物质生产两个部门的重要的行业，它的核心价值观应该如何表述呢？我和我的同事尝试着提出了这么三句话、24个字：默默奉献、教化育人；创新为本，追求精品；传播文化，传承文明。希望引起大家的关注和讨论。

所谓"默默奉献、教化育人"，说的是做人。就整个出版业而言，无论是编辑人、制作人还是发行人；无论是数字出版人，抑或是传统出版人，都是在幕后做事情，都是从众多作品中选择出合适的作品，或者从众多的作者里选定合适的作者，按照总体策划来创作，然后凭借自己的专业素养和积累下来的思想文字功力，花费气力来加工文稿，有的还要和作者进行反复讨论、修改，才能成稿（在好多情况下，编辑决定着书稿的质量），再经过一系列相应的工序，才能成书。而一旦付诸正式出版，就只有作者的大名和出版单位的名称了。编辑虽然也会在什么地方被标示出来，但只不过是强调责任而已。这显然就是默默无闻、无私奉献了。过去讲"出版人是为他人做嫁衣裳"，确有其一定道理。而出版人默默奉献的都是社会和人们必不可少的、优秀的或者是健康和比较健康的精神食粮，这种精神食粮的作用，又是潜移默化的。它不可能要求读者必须这样或应该如何，而只能靠出版物的内容感动人、感染人、吸引人，故可称之为"教化育人"。有时人们把出版人称为人类灵魂的工程师，就有这方面的考虑。

所谓"创新为本、追求精品"，说的是做事。出版社不像一般物质生产方面的加工厂，一般的工厂一年有几种新产品就很可观了。但凡出版社，哪一家全年不出版上百种甚或上千种新书。换句话说，只要你是出版社，每年就必须生产出上百种新产品乃至更多，来取得市场的认可与回报。从这个意义上来讲，每一本书都是一种新产品，每一种产品都必须有创新，它们创新的幅度可能有大小之分，但不创新几乎是不可能的，所以叫作创新为本。其实只有创新还是不够的，从一个出版社的生存、发展来看，关键是能否有逐步定向的精品问世，且打造的精品是否成规模、可持续，被消费者普遍和长期认可。于是乎，"追求精品"看来也是有据可依的。一个出版社的品牌及核心竞争力是其追求精品的合乎逻辑的产物。

所谓"传播文化、传承文明"，乃出版业特定的社会功能。"传播"主要是空间概念，"传承"主要是时间概念。出版人通过自己的劳作，把一个人的思想变成千万人的思想，把单个人的技术转化为成规模的生产力，把精神力量转化成为物质力量，这就是其传播文化的含义。出版人又可以把前人的思想和技术承接下来，延续下去，使之成为现当代人思想的营养和生产力的要素；还可以让现代人的思想和技术延续下去，发扬光大，成为后人的思想营养和技术供给。这就是其传承的含义。如果没有出版人和出版业的存在，人类难以不断地进步，只可能处在一种简单的生存重复之中，我们很可能前不晓古人，后不知来者，所谓中华民族五千年文明就会没有根据，甚至都形不成这样的判断；也很难把自己与一般的动物界区分开来，像蕴含着诸多人类奥秘的考古学，如果不借助出版，很难想象这门学科的存在与发展。

总之，这只是笔者关于出版业核心价值观的一个初步议论，是对出版业的行业文化建设的一种很肤浅的思考，希望引起业界的关注。大家一起来讨论，一起来践行，争取能够形成出版业自己的比较科学和准确的核心价值观，从而为社会主义核心价值体系的全面建设作出应有的贡献。

到"十二五"末，新闻出版业如何实现3万亿总产出

确定"十二五"末实现3万亿总产出的目标有三个要素：一是根据国民经济与社会发展"十二五"末的GDP（总产值）；二是根据成为支柱产业需达到5%总产出的比例算出文化产业"十二五"末的目标数据；三是根据2009年新闻出版业在整个文化产业总值中的比例，得出了2.94亿的数值，四舍五入后成为3万亿。这3万亿的实现应该有三条路子："投资拉动""消费拉动""出口拉动"。根据我们行业的情况，可再加上一个"'统计'拉动"。

一、关于"投资拉动"（抓上市、抓集团、抓民营、抓数字）

抓上市。即巩固已上市新闻出版传媒集团，加快新闻出版传媒集团上市步伐，包括大中型集团在H股、A股上市，中小企业在创业板上市。通过上市提升资本对新闻出版业的投资力度，扩大新闻出版业的产业半径及发展空间。筹集到了资金，又有股民的硬约束，就会逼迫你向产业的广度、深度发展。

抓集团。没有上市的集团实际上也是增加总产出的重要力量。这几年的发展似乎有一条规律：一般情况下，只要成为集团，它的改革发展就能迈上一个或几个台阶。从最近院里传媒研究所对知音集团考察的结果看，知音集团就有一定的典型性。它1985年创办时以3万元起家，现总资产8亿元，净资产6.5亿元，年利润1亿元，到"十二五"末要形成"一个主体、两份周报、三个期刊群、四个相关产业、五大新兴项目"，总资产要达

100亿元，年收入100亿元，利税15亿元。所以从这个意义上讲，总署加强对新闻出版传媒集团的管理和服务至关重要。

在抓集团方面，不仅要抓国有集团，也要注意抓民营集团。对民营书业方面的集团和一定规模的书业企业要给予一定的关注。如果说民营书业占据半壁江山的话，那么这些领军企业又在其中占有相当份额，对他们的上市和发展战略规划也应纳入到我们的视野中，明确比较固定的联系部门，形成信息和工作的畅通机制。

抓数字出版，抓新业态发展。无论是上市公司还是未上市集团，或是民营书业集团、大企业，在拥有一定资本量的情况下，势必把数字出版和新兴业态作为重要投资方向，这就在一定意义上推动了数字出版业的快速发展。当然数字出版也要解决内容资源的集约化与推送平台的有机结合的瓶颈问题，实现科学发展。

二、关于"消费拉动"（抓传统、抓书屋、抓阅读）

抓传统。传统业态仍有一定的成长环境，估计"十二五"期间，这个板块仍有相当的贡献率。以2010与2009年度相比较，印刷复制为8178亿元，增长23.3%；图书出版总产出562亿元，增长17.6%；报纸总产出735亿元，增长13.8%；出版物发行服务总产出增长6.0%；期刊总产出157亿元，增长4.1%，以今年前三季度计，其广告市场增加14%，报业广告增幅为15%。

抓书屋，包括民文和盲文出版、东风工程等。抓好以农家书屋为主体的不同类别书屋的建设与巩固。通过扎扎实实抓新闻出版公共服务，拉动产业发展，这是近年来改革发展的一条重要经验。书屋的建成与装备，就是一个大的消费拉动，书屋的巩固与长效则是可持续的消费拉动。在分析国民阅读率的提升时，我们认为农家书屋等大规模建设是一个相当重要的原因。

抓阅读，就是全民阅读对总产出的拉动。目前，各地已经积极行动起来，但缺乏得力的顶层设计和全面规划，对这方面的工作应予以加强，把各地的积极性与统筹规划结合起来。总署和相关部委可推动设立国家阅读基金，实行对国民发放购书券的制度，一年一次，分门别类，持续有效（其实不限于购书，只要是出版物皆可）。

三、关于"出口拉动"

从出口方面讲，目前中国文化产品在国际市场上的占有率还非常低，与中国的国际地位并不相称，拉动国际市场对中国文化的消费，仍然存在巨大的潜力。在这方面，一个重要的措施是成立国家文化产业投资基金，扶持中国大型出版传媒集团在国际市场上兼并收购若干家具有重要影响力的出版传媒公司，促进国内出版集团的国际化发展。目前欧美正值经济危机二次探底阶段，是中国文化产业投资基金进行国际抄底的一个重要机遇。

四、关于"'统计'拉动"

所谓"'统计'拉动"，是讲统计工作规范化的问题。应把属于我们行业范畴的内容和份额最大限度地统计进来，建立统计工作队伍，健全统计工作网络，完备相关制度，实行全产业链统计，如可将互联网新闻、互联网出版等相关内容统计进来。

☞ 2012 年

关于学术创新的联想

在最近的一次重要会议上,中央领导同志讲到哲学社会科学领域的创新问题时,尖锐地提出要从"思想被殖民"的状态中解放出来,要有我们自己的理论体系和话语体系,不能搞"贴牌加工"。作为会议的聆听者,我觉得领导同志讲话的分量很重,思想受到了很大的震动。这里实际上提出一个十分重要的命题,即我们所说的文化的大发展、大繁荣,除了不断地满足人民群众日益增长的精神文化需求,推动文化产业逐步成为国民经济的支柱产业等之外,还有一个不可或缺的目标,就是如何贯彻"双百"方针,特别是如何实现学术创新。

这些年,我们在自然科学领域的创新成果丰硕,为世人所公认;我们在中国特色社会主义理论的创建中,也取得了巨大的成就,为国内外所称道,甚至被喻为"中国模式",但是我们在哲学社会科学的创新方面,存在着明显的不足:有的专家学者往往津津乐道于对国外某一学派、某一名家的研究与阐述(当然这也很不容易,仍需要付出很大的心血)。"言必称希腊"的现象变相地长期存在于我们的学术生活之中。好像学派、流派的称谓是西方学者的专利。我们自己最多是不同观点的争论与研讨。这些年知道了学术论文的特殊重要性,知道了学术论文发表在不同刊物上的影响力相差悬殊,于是论文数量倒是一下子增长了好多倍,也使品牌刊物平添若干发表的压力,但真正为国内外学术界所认可的见解并不是很多。笔者在国家新闻出版科研机构中供职,也兼作研究生的指导工作,还常常作为研究生学位论文的评审者和答辩专家，很是注意论文的创新点及突破点。不幸的是，笔者常常在论文的字里行间硬是找不出真正的创新点和突破点所在。问题的严重性在于，博士、硕士学位论文是最应该有创新成果的！如果在"埋头只读圣贤书"的条件下都难有创新，那真的不敢妄断他或她的最佳创新时段在何处。就我们的诸多刊物而言，其本来天生就是为思想、文化、科技等创新服务的，但不少刊物都把赢利作为重中之重，作者则把刊物作为晋升职称的敲门砖，在这种情形下，读者对刊物的接受度就可想而知了。作为编辑在确保导向不出问题的前提下，如何更好地推进学术创新，体现刊物的本质特征，发挥刊物的特有功能，是至今没有解决好的一个问题。

但是今天，这个问题到了非解决不可的地步了。党的十七届六中全会提出了"学术民主"和"把创新精神贯穿于文化创作生产全过程"的要求，学术创新势在必行。

究竟如何才能逐步做到学术创新、文化创新呢？以笔者之见，至少有三个方面的工作要加以重视：

一是要创造一个有利于学术创新、能够催生学术创新的环境。任何事物的生长、成长都有一个生态环境问题，学术创新也不例外。我们是动机与效果关系的辩证统一论者。在学术创新问题上，动机好、效果好的予以倡导弘扬；动机好、效果弱的予以包容、鼓励；动机差、效果好的予以认可、接受；动机差、效果差的则应开展积极的思想斗争，予以批评否定。总之，要像十七届六中全会《决定》所要求的那样，"为学术创新营造积极健康、宽松和谐的氛围"。

二是从专家、学者、作者的层面来看，要有成为"民族精神的脊梁"的高远追求。要根据国家的需求和社会的需要打造自己深湛的学术功底和高尚的学术精神，在深入研究的基础上，大胆地提出自己的学术见解，创新已有观点和模式，甚至敢于和善于独树一帜、自成体系、自圆其说，所谓"究天人之际，通古今之变，成一家之言"。与我们的经济、政治等方面相比较，也该有诸多外国学者来研究当代中国的学派和流派了。中央正在

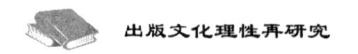

设计名家工程,思想文化、哲学社会科学界的名家大师,如果没有自己一套观点鲜明、逻辑严密、自成体系的学问,怎么能行之天下,惠济国家?

三是就从事刊物、图书、报纸工作的编辑而言,也要比以往任何时候更加倡导"二为"方向与"双百"方针。十七届六中全会《决定》已经给我们指明了路径:"提倡不同观点和学派充分讨论,提倡体裁、题材、形式、手段充分发展,推动观念、内容、风格流派积极创新。"编辑尤其是主持栏目的资深编辑应有些胆气,发现一些有真知灼见、有棱有角、能成一家之言的文章,及时地把它编发出来,为学术创新注入新鲜血液和营造宽松氛围,力戒"万马齐喑究可哀",争取"九州生气恃风雷",甚至可以借用毛泽东同志"设置对立面"的思想方法,在刊物、报纸、网站上就一些重大问题、热点问题、疑难问题设置专门栏目,展开深入讨论,以达到百家争鸣、明辨是非、追求真理、改正谬误之目的。当年毛泽东同志特别关心《光明日报》上关于遗传学的争论,关于如何评价曹操的争论,关于《兰亭序》真伪问题的讨论。甚至《光明日报》的《东风》副刊及"哲学""文学遗产"等栏目因其他原因被停办时,毛主席指示不要停办,应继续办下去。

倡导学术创新的问题值得我们的编辑同仁思考。编辑当然要把好导向关,但仅把好导向关是不够的,还要在这个前提下,做好创新的文章。把好方向关是共性,是基础,不可或缺,而发现创新点是个性,是品牌,能见真本事,这还需我们锲而不舍地悟道与修炼。

关于学术论文规范问题的议论

上期就学术创新问题发了一点议论，本期则想对学术论文的规范问题发表一点看法。事情的起因是这样的：一是总署副署长邬书林同志近期以来，在不同场合强调学术著作的出版要有严格的门槛，要有基本的出版规范，索引、注释、主题词、参考文献等基本要素要健全，并提出总署将加大这方面的工作力度。二是中国新闻出版研究院每年年终要对院内各部门、各单位的科研成果进行鉴定评比，其中科研论文是一个重要的板块，院内外的学术委员对不少送评论文颇有微词。原因是，这些论文不能说没有撰写者的心血，但仔细较起真来，问题真还是不少：有的是书评式的，太浅、太短、太简（并非说书评不可以成为优秀科研论文）；有的其实是一种总结式的综述性文章，虽然也有某种作用，但科研含量太少、太轻；有的倒是表现出一定的感情，文笔也不失为流畅，但与科研论文相去甚远。一些文章虽然显露出一定的思考、见解与创新，但是引用不严谨，引文无出处，有出处者也不乏转引者的再转引。

其实，学术论文撰写不规范的问题，只是一种现象，追溯下去，根子还是扎在学术研究不扎实、多浮躁的"土壤"里。为学者已被市场经济、就业压力等搞得晕头转向，哪有时间和心情"躲进小楼成一统，管它冬夏与春秋"，真正地啃几本书，琢磨几个问题，提出若干真知灼见，写就一篇翔实论文；为师者也被同行竞争、年度考核、利益追逐等缠得气喘吁吁，能把自己的眼前任务对付下来，已相当不错了，哪里还有精力去精心指导弟子出成果、成高徒呢？就研究岗位上的一些同仁而言，也被社会的种种浮夸的活动拽得难以自已，读书功夫欠缺，研究功底见弱，拼凑论文多为晋升或达标，害得出版界也跟着出了不少的泡沫书、泡沫文章。

"病来如山倒，病去如抽丝。"如何克服与诊治这种不规范的学术、科研疾病呢？是有这么几种思路，不妨一试。

其一，观念上的正本清源。学术研究乃一国理论之根基，思想之源泉，文化之依托；学术论文或专著则是学习研究的成果之体现，心血之结晶，文明之传承，应首先强调学术研究上的态度端正。毛主席讲："知识的问题是一个科学问题，来不得半点的虚伪和骄傲，决定地需要的倒是其反面——诚实和谦逊的态度。"（《毛泽东选集》第一卷，人民出版社1991年版，第287页）只有在研究和学习过程中，潜心钻研先贤、他贤，且持之以恒，才可能有论文和专著中的真知灼见。反过来，我们强调学术论文和专著的规范，目的仍在于倒逼学术研究的严谨成风与深入持久。是国，就不能没有专家、学者，是专家、学者就不能不做学术研究，是学术研究就不能不遵守公认的学术规范。

其二，制度上的抑恶扬善。观念上的正本清源，还需要制度上的配合与衔接。从正面讲，针对付诸刊发或出版的学术论文及学术专著，应有一套类似"检疫检验"的制度。从接收稿件开始，一直到刊出和出版，应该全流程、全方位地设置审查环节，不经过此系统环节，则不能"出生"。凡"出生者"均应达到规范底线。从另一方面讲，我们的制度和规章还需要对违背这些正面的要求，乃至对社会和学界造成某种损害和不好影响的情形进行某种批评和"惩罚"，以使更多的人意识到这样做是完全不可以的。如是去做，就会使比较自觉的学者、学子得到褒扬，而不够自觉的学人受到限制和压力，从而有利于规范风气的形成。

其三，执行上的特别较真。如果一件事情，理念的问题解决了，制度的问题也基本解决了，再就是"执行力"的问题了。而我们的问题，在好多时候出在执行力方面，因此对执行及执行力问题应给予足够的重视，必须明确以下几个问题：在哪些问题上要体现出我们的执行力，由哪些部门对哪些问题负有责任（政府、协会、抑或是单位、个人），负有什么样的责任，进行何种程度的检查与制裁，包括媒体如何曝光等等，只有把这些环节和内容都规定清楚了，并且都找到了对应的处置办法，才会从理念制度一路走来，使我们的种种努力得以实现，而这些又反过来加强我们的理念与制度。遵守学术规范应该从出版界做起，从现在做起。

读书，缺少的仍然是深入……

最近读到报刊的两则消息，迫使笔者再次思考阅读的软肋究竟在哪里。

一则是《文汇报》3月5日的报道。上海围绕中学生的写作与阅读进行了一项在线问卷调查，显示的结果不容乐观：一年中阅读课外书不到10本的中学生人数比例高达72.2%。对许多经典书籍，90后中学生普遍感到陌生，以中国四大古典名著为例，大部分中学生没有完整阅读过，读过的只占15.51%。由于缺乏相应的课外阅读和阅读储备，中学生在写作文时，"不知道要写什么""不知道怎么写出自己"，写作中视野狭窄、语言贫乏等等。

另一则是《文摘报》摘发的《广州日报》2011年12月3日的一段文字，讲的是20世纪前半叶那一代文化人的读书功夫。钱穆9岁就能背诵《三国演义》，20世纪80年代孙女请教读书问题时，钱老的回信是："《论语》外，须诵《孟子》《大学》《中庸》与《四书章句集注》为主。《庄子》外，须诵《老子》。四书与老庄外，须读《史记》，仍盼能背诵。"张恨水14岁之前就能背诵《三字经》《论语》《孟子》《左传》《大学》《中庸》《诗经》《礼记》《易经》《千家诗》《古文观止》等典籍。茅盾能够背诵《红楼梦》，这是郑振铎亲自检验的。鲁迅小时候是背过《纲鉴易知录》的。有人讲，从根本上说，是读书功夫成就了那一代文化人。

两则报道或文字无非是给我们这么一个结论：不阅读不行，阅读不深入也不行，只有深入阅读才可以。问题在于，当整个社会都处在比较浮躁的氛围中的时候，深入阅读谈何容易。然而，因其不易，才尤其要给力。

如何给力？尝试着提一些想法。

其一，阅读要深入，还要倡导读经典。这些年来，党和国家倡导全民阅读，推进学习型政党、学习型社会的建设取得了丰硕的成果，产生了广泛的影响。此时此刻提倡读经典，既是对这种成果和影响的巩固，又是提升全民阅读活动的重要指向。当阅读活动起来以后，读什么、选择什么样的出版物，就是回避不了的问题。而读经典，则是一个比较正确的选择，因为经典的"内存"十分丰富，甚至是超级丰富的，你从十本书、一百本书，甚至从一千本非经典书中获得的营养和补充有时甚至不及从一本经典中获得的营养和补充，而且经典经过了几十年、几百年甚至几千年的历史检验，是靠得住的，是信得过的，你只管去读就是了。

其二，如何读经典，恐怕少读、慢读、熟读加背诵可能是一种比较理性的选择。少读，因为历史积累下来的经典太多，你根本读不过来，必须根据条件和可能选择有限的种类；慢读，说的是读书的速度，因为经典往往是他时代的作品，多为古典文字和修辞，读快了，也读不下来，往往一个字就有十分丰富的内涵，解释起来要用好多白话文字；熟读，就是一旦选定了一本经典，就不能只读一次，有的要读数次，几十次甚至上百次，"书读百遍，其意自见"；背诵，这是一些大家名家的经验之谈，笔者以为，恐怕也应成为我们的基本功课，尤其在电脑屏幕削弱了我们记忆力的情况下，此条尤为可贵。

其三，在读的基础上写作；在写作的过程中，不断去查阅，可能是一种比较理想的模式。完整的深入阅读或曰深阅读的链条是包含写作在其中的。只有写作才能把阅读时的理解和背诵时的体验凝结下来，发挥出来。只有不断地写作，你才能不断地向名家、大家迈进；也只有写作出精品才能有新的经典，你也才能成为文化大家、文学巨匠或文化名流。君不见，那些成为名家大家的人，无一不是以其深读后创作出有影响力的作品为标志的；而他们的读经典、背经典，甚至教育下一辈人研读经典不过是我们对其成为名家的一种追溯和探究。写出的作品如何，其实是对深阅读的一种苛刻的检验。

多元化与专业化

——辽宁翰文企业集团给我们的启示

经新闻出版总署批准的第九届中国民营书业发展高峰论坛终于在辽宁沈阳如期举办,十分成功。论坛由中国新闻出版研究院和辽宁省新闻出版局主办,辽宁翰文企业集团和辽宁图书城联合承办。其实开始时,我(中国新闻出版研究院院长——编者注)对把会址选在沈阳,由翰文企业集团承办心里并不很踏实。原因是,在我的印象里,翰文集团虽然实力很强,在多元化经营方面多有成就,但似乎其作为主业的书业份额不够多,在书业界的影响不够大,把民营书业的论坛放在这里,是否合适,是否能够得到业界的认可,心里不是很有数。而我的同事,负责筹备这次论坛的院属出版咨询中心主任李大伟同志则力主把论坛地点选在辽宁沈阳,并且由翰文集团来承办,还建议把这次论坛的主题确立为:抓机遇,多元、创新促发展。也许是从善如流的缘故,院里经过权衡,最终还是把承办论坛的彩球抛给了翰文集团。

让人始料不及的是,恰恰是这个"多元化"在会上成为代表们议论的热点,而辽宁翰文企业集团在这方面的成功更是引起了同行们极大的兴趣。会址选定在该集团旗下所拥有的翔宇中学大会议厅,虽然离酒店远了些,但来宾们十分理解承办者的良苦用心,大家都非常地认可。

翰文的多元化是顺势而为,没有"刀砍斧凿"的痕迹:先是集团老总承包了营口一家新华书店20年的经营权,建起了大型图书超市,接着进军省城沈阳,定位教材教辅,然后注册书城,获得图书的全国总发权和连锁经营权。进军教育领域，是因为集团老总做图书编辑发行时，所接触的客户和作者均是学校和老师。于是建立起翔宇中学，并在较短时间内使其成为全省示范中学。从教育进入地产，是源于翔宇中学的校舍建设，需要给老师们建公寓，于是公司成立了地产项目组，随着基建项目经验的积累，又连续做了一些地产项目，于是乎公司的地产业就这样做出了气候。做印刷包装文化产业园项目，也与公司的图书印制、包装等业务相关联，等等。冷静下来时一直在琢磨翰文集团的成长经历究竟给予了我们什么样的启示，恐怕至少有这么几条：

第一，专业化是前提，是根本。一个书业公司，如果不是把核心竞争力定位在书业上，那它就失去了作为书业公司存在的本质特征，要么难以存在下去，要么事实上已经变成了其他性质的非书业公司。就此而言，翰文是经得起考验的，矗立在沈阳黄金地段的翰文书城，从开业到现在一直坚守着文化的阵地，它相当独特地拥有在省内的免费教材和作业本的发行权，就是明证。

第二，多元化是保障，是扩张。翰文的实践表明：即便是现代社会，专业化也需要多元化的支撑与保障。这种支撑与保障的溢出效应即是向成为国民经济支柱产业的方向的扩张，关键是这里的专业化与多元化的联系完全是内在的、客观的，不以人的意志为转移的。高明的当事者，不过是"顺势而为"而已。专业化固然必须坚持，不坚持就没有品牌，就没有影响，但坚持往往不完全能由专业化本身给予解决，反而要在专业化之外的多元化方略里面才能解决。"功夫在诗外"是事物发展中的一个重要规律。

第三，无论国企、民企都必须回答好专业化与多元化的关系问题。一些同志总是在议论国企的文化地产是否偏离发展方向，其实民企也有类似的问题，"两化"的问题似乎和所有制的性质关系不大，而与社会发展的历史规律关系颇深。这里有两条原理值得我们做进一步的探讨：其一，书业就其在人类历史上的整个表现来看，确实比任何其他行业对人类成长的作用都为大，但它的经济规模相对较小，即使我们今天强调它的集团化和集约化，与能源等产业比，它仍为小，而且它的成长态势也呈较稳定状态，至多是稳中求进罢了。单凭书业把产业做到特别大，底气不足，必须围绕着书业把他业做起来，做大、做强，才能有书业的一如既往，健康成长，也才能应对金融危机等的冲击。其二，还是从人类历史的总进程看，书业本身最初只是贵族的事情，因为只有物质财富积累到一定阶段，才可能有一些人及其家人、家族来进行精神生产，写书、编书，教育和艺术，把这种关系浓缩到一个文化定义，就是它的专业化，必须由多元化来托起，而它的多元化则维系着专业化的旗帜与标记。由此赋予我们一种普遍性的眼光。

口子小些，研讨深些

——主持2012年深圳文博会数字出版高峰论坛有感

5月18日，上午是2012年的深圳国际文化产业博览交易会的隆重开幕式，下午就是与"文博会"配套的一年一度的数字出版高峰论坛。今年论坛的主题是MPR出版物标准的研讨及其推广。MPR出版物是多媒体印刷读物（Multimedia Print Reader）的简称。它是在纸质印刷的出版物中，近于隐形地印有与图文内容相对应的多媒体音视频文件的MPR码符号，通过MPR识读工具点触并识别其中的MPR符号，将印存在其中的多媒体音视频文件播放出来的这么一种出版物。以此为基础，发明该产品的深圳天朗时代科技有限公司又开发了包括MPR关联码技术在内的，满足传统出版和IT产业共同需要并可共同实现的数字出版技术支撑体系。该项数字技术所产生的标准已经成为国家标准，现在正在争取成为国际标准（ISDL）。正是基于这种考虑，新闻出版总署领导在设计本次论坛时，建议把研讨的主题聚焦于此。论坛由总署科技与数字出版司司长张毅君同志和笔者共同主持。孙寿山副署长在主旨演讲中，回答了为什么要集中研讨这一问题，如何来研讨，研讨所要达到的目的等三个问题。国家标准化管理委员会石宝权副主任讲到了MPR标准的应用前景及争取成为国际标准的意义，和国家标准化管理委员会对这项标准的支持措施等。

MPR专家组组长蔡逊教授讲到了这一项目的技术创新要领以及它对于出版业极大的技术价值、产业价值等多方面的价值，以及争取国际标准工作的重要进展等。陕西出版传媒集团总编辑张炜专门介绍陕西出版界借助 MPR 技术，在少儿读物、旅游读物等方面获得的多重效益。童趣出版公司总经理侯明亮先生讲到了该公司 40 种 MPR 版少儿读物与非 MPR 同品种少儿读物在同一家书店销售，在同一时间段内，前者销量是后者销量的 27 倍等实例。盲文出版社张伟社长讲到了 MPR 如何助力盲文出版的实践，MPR 技术的介入，使得针对盲人朋友的出版服务由触觉扩张到触觉与听觉，1700 多万盲人朋友的认知能力一下子得到了空前的拓展。从事英语教学的国际友人瑞格先生结合教学实践，绘声绘色、惟妙惟肖地介绍了 MPR 技术如何为儿童学习英语创造一种特别环境，帮助他们脱离对于老师和家长的依赖，既改善阅读条件，又增加阅读体验的经验。

整个高峰论坛，整整一个下午，听讲的秩序一直很良好。无论是中间的茶歇，抑或是最后的总结，大家都处在一种对 MPR 重新认识、深入认识、全面认识的浓厚气氛中。一些省局、省里出版传媒集团的同志不经意地说到，今天下午的论坛，没有来的同志可吃亏了，"损失大了去了"。在会中会后，人民军医出版社老社长齐学进教授等找到天朗公司，要就这项技术的合作商量具体条款。笔者作为此项技术发明创造的见证人及其标准制定和国际推广的参与者之一，深感到此次论坛至少有三项成绩：一是让业界同仁更具体、更准确地知道了 MPR 是什么，内涵和外延上怎么定义，现实中如何使用及产生的效果。过去，不少同志对 MPR 是"知其所以然，而不知其然"（我们常常说某某同志对某某事件知其然，不知其所以然，而对这项技术来说则是反过来了）。这次的论坛使人们因知其"然"，所以更深入地了解到了其"所以然"。二是更具体地了解了这项技术在传统出版和数字出版方面的重要作用、地位及其广泛的适用性。三是初步明确了这项技术对出版行业进行产业升级，实现发展方式转变具有深远的意义。

为什么一次与文博会配套的高峰论坛，办得如此风生水起，引发各方连声称道呢？我以为，就在于这次论坛，从出版产业发展的实际需求出发，选了一个相对窄小的主题，然后又精心地选择了研究与应用领域的一些专家和负责同志，进行深度研讨，终于修成了正果，取得了情理之中、意料之外的收获。由此得出一个值得遵循的简洁结论："口子小些，研讨深些。"这符合毛泽东同志的战术原则："集中优势兵力，打好歼灭战"，"伤其十指，不如断其一指"。我们所有的研讨，至少更多的研讨，应取此种模式，大而化之的做法应该中止。

一个出版人应有的"四力"

知识力。要有足够的知识储存,争取成为饱学之士,努力成为饱学之士。要尽可能涉猎可以涉猎的知识领域。即使不可能成为百科全书式的学者专家,也要向这方面尽可能努力。研究问题,撰写文章能够旁征博引,举一反三;要锻炼自己的记忆力,做到强记博闻,尤其是在电脑等器物严重损害我们的记忆力的情况下,没有足够的知识量,就无法生长出新的思想。如何在知识碎片化的情况下,形成系统的知识体系是一个重要的问题,需要我们给出解决的路径。

理论力。只有知识力是不够的,还必须上升为理论力。就是说你必须有较好的理论素养,掌握科学的世界观与方法论,也就是我们常说的辩证唯物主义与历史唯物主义。以我之见,就整体科学性而言,至今世界上还没有超出马克思主义的世界观、方法论,包括他的若干政治经济学和科学社会主义方面的若干见解。千年思想家的名单中把马克思列进去,确实是有道理的。

理论力可以使我们透过现象抓住本质,比如关于金融危机,相当多数人说它是美国的次贷危机等造成的,实际上列宁的资本主义发展到帝国主义阶段经济理论,完全可以解释它,它充分表明了帝国主义阶段,资本主义的腐朽性、寄生性、没落性;同时也表明了一种政党轮流执政模式和福利社会政策的失灵。理论力可以有贯通性和结合性,可以避免某种单面性、片面性、极端性。中国共产党的结合论乃至政治、经济、社会、文化等一系列的政策、方针、路线的正确与彰显威力,体现了党的理论力的底蕴和强势。理论力可以使我们有一种定力。

创新力。如果说理论力还是比较科学地说明世界和解释世界的话，那么创新力说的是改造世界和创新世界。毛泽东的武装割据与根据地理论：《中国的红色政权为什么能够存在?》就是理论创新的结果，也是创新力的表现。邓小平同志关于"资本主义可以有计划、社会主义可以有市场"的理论就是一种伟大创新力的典型案例。乔布斯关于创新社会需求，而不是简单满足社会需求的理论则是它强势创新力的表现，这和他长期浸润在网络知识技术理论中，又不甘于受其掣肘的品格是分不开的。显然，创新力是在知识力、理论力的基础上深入实践，针对面临的紧迫任务及主要矛盾表现出来的一种非常高端的品质。

还有数字出版、网络出版、手机出版的问题。现在数字出版、网络出版、手机出版的势头很强，传统的纸媒似乎在不断地萎缩甚至倒闭、关门。新兴业态、新的传播方式具有强大的生命力，似乎不可一世，可以横扫一切。但且慢，实际上数字出版等已经和正在呈现出若干负面效应，值得我们高度注意。比如对阅读习惯的损害问题（十五分钟主义），对反射思维的加强和对抽象思维、反刍思维的损害问题，对文化的低门槛进入造成的泡沫问题，对精品的冲击和弱化问题等等；还有关于慢城哲学问题等，都需要我们从逆向思维的角度，从辩证思维的角度加以认识和防范。

文字力。在文化底蕴和文化涵养的基础上具有谋篇布章的能力，即写作设计能力或叫作文稿统辖能力；逻辑的能力，即说理论证能力，叙述不仅能提出观点，而且能证明观点，使观点具有力量；包装文字的能力，即展现文采的能力，就是说你的文章结构还算合理，逻辑也算严密，但缺乏感染力，缺乏韵律和节奏，也不行；驾驭文字的能力，即语言的加工和修改能力，文采飞扬并不等于不拘小节，多有错讹，而是严谨工正，难挑瑕疵。

学术带头人应该做到的"三个结合"

——2012年第1期院士专家理论研究班的学习收获之一

有幸出席中共中央组织部在中国延安干部学院举办的院士专家理论研究班，接受了一周的培训学习。特别是通过学习领会胡锦涛同志在两院院士大会上的讲话和钱学森精神，使我认识到作为专家学者或者学术带头人至少要做到三个方面的结合：

一是既要当好专家、学者，也要当好一位称职的科研管理者。多数学术带头人都是一身二任，既是专家学者，又担负科研单位一定的管理责任，这就要求正确处理好这两个身份之间的关系。作为专家学者，首先应该在科研创新方面当好排头兵和先行者，要善于从国家和社会需求中确定项目或课题，潜下心来，进行攻关创新，拿出像样的成果。这不仅是自己作为专家学者的基本职责所要求的，而且也因此一举，才能获得管理科研、组织科研的发言权和指挥权。学术带头人之所以能够走上科研管理岗位，也往往是因为在专门的研究领域有所建树的背景。作为科研工作管理者，则要求我们不能停留在仅仅当好一位科研人员的层面（尽管这个层面也是相当不容易的），而必须思考和做好创新型单位建设、科研与经济社会发展的结合、科研体制的深化改革、科技科研评价体系的建立等一系列工作。从某种意义上说，也许这后一种工作更重要些，因为它关联着全局。两者处理得好，相得益彰，互为推动；处理得不好，顾此失彼，两者皆伤。

二是既要抓好基础理论方面的科研工作，又要抓好应用科学的科研工作。胡锦涛同志要求两院要发挥国家科学技术思想库的作用，要围绕重大挑战，突破发展瓶颈，破解重大问题。对一个单位来讲，我们既要在机构、人员、经费、时间等方面舍得投入，抓好基础理论研究，培养理论科学人才，同时，也要根据国民经济、政治、文化发展的迫切需求，抓好应用科技、应用科研方面的项目和课题，为现实生产力的提升和发展做好咨询服务工作，从而彰显科技、科研是第一生产力的功能。就我们自身而言，也要处理好科研基础理论与攻克技术难点的关系：没有坚实的理论基础，就会后继乏力，行之不远；没有过硬的应用科技、科研成果，就会坐冷板凳，或陷于空谈，而不为社会所认可。

三是既要抓好科技、科研能力的培养和提升，也要注意养成和打造高尚的科学道德、科学伦理。古往今来的大专家、大学者，往往都同时具有较为高尚的科学道德素养，是科学的规律和本能使他们更容易认可科学的道德规范，养成较好的科学伦理素养，而这种规范和素养往往反过来成为专家、学者赢得科研成果，赢得社会认可的动力和保障。胡锦涛同志在讲话中既要求我们前瞻科技革命方向，提炼重大科技问题，优化科学布局，凝练前进方向，又要求我们淡泊名利，严格自律，抵制不端行为，加强诚信建设。这具有很强的针对性。我们不仅要以此作为我们做好科研管理工作的指针，而且应以此为圭臬，规划和提升我们自己的学术道德与学术伦理，从而形成榜样的力量和无声的命令，促成整个科技界、科研界的良好风气。无论对于单位，还是我们个人，两者都是相互为用、不可偏废的。

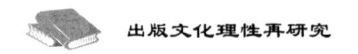

"引文"的尴尬及其他

——出访韩国有感之一

中韩第十五届出版学术交流研讨会在韩国首尔市政厅礼堂举行。笔者作为中方代表团团长既有宣读学术论文的任务，也有开幕式和闭幕式致辞的任务。笔者发现韩国同仁在学术讨论和致辞中都引用了《论语》中"有朋自远方来，不亦乐乎"等名句和鲁迅先生的一些言论。中方代表的学术演讲也不乏一些较为深刻的见解，但就引文而言，似乎是一个空白，显得有些尴尬，尤其是韩国朋友引用的又是我们的文化国粹。在接下来的行程中，我们在著名的坡州出版文化城，听取了其财团法人李启雄的一番议论，他讲到，坡州出版文化城建设中所遵循的"节制、均衡、和谐、关爱"等理念，是从中国的"四书五经"中得到的启发。他甚至坚持韩国应坚持使用汉字，因为汉字作为一种象形文字，有着独特的艺术魅力。不过他对简化字似有成见。后来，在韩国出版文化协会会长尹炯斗的办公室，更是看到先生对于中国文化的格外青睐与追求，所有的条幅，几乎都是汉字的书法作品。

其实，有无恰如其分的、画龙点睛的引文，是一篇文章是否具有文采和感染力、说服力的一个重要标志。在我国历史上，凡是能够流传下来的名篇佳作，没有不使用好的引文的，也往往又被作为引文的目标。"引经据典"是我们评价一篇文章质量优劣的口头禅，毛泽东同志就是一位"引经据典"的大学问家，在他的著述里几乎每一篇较重要文章，都有一些让人拍手叫绝的引文。如"兼听则明，偏信则暗""愚公移山""人固有一死，或重于泰山，或轻于鸿毛"等等，至于他的诗词，对于中国古典文字的引用那就更是首屈一指，常人难望其项背了。

以此来检查、反思我们今天的"引文"状况，至少有三个方面的问题：其一，很少有引文或者干脆省去了引文，看不见引文；其二，即使有引文也很不规范，有的只是大概齐的意思，连引号也是不待去用的；其三，引文不是出于文章本身的考虑，而是非文章方面的考虑，比如硕士、博士研究生引用其导师的一些著述或者观点，给人感到是在照顾老师的面子，并非出自其真心实意等等。

这第一方面的问题，实际上反映了学人读书和研究问题的缺乏，或相当缺乏。"腹有诗书气自华"（苏轼语），他没有读那些古典的、经典的名著，你让他到哪里去引文？他没有很深入地研究一些学术问题、理论问题、史料问题，他"引文"的欲望又何以产生？他或是在炒作一些一般化的、浅层次的问题，或是总在看一些表象化的、大众化的文字，他与"引文"的缘分太浅了，实际上是无文可引。

这第二方面的问题，反映了学人读书浅尝辄止、不求甚解、懒于动笔、自我懈怠的问题。你说他没有读一些经典著述、古典文学，没有深入研究一些问题，显然有冤枉他的成分。但他那种一目十行、扫描式阅读的作派，确实不敢恭维。正因为如此的求学方式，才产生了"书到用时方恨少"的情形。真正想引用的时候，记不起确切的出处，又懒于去认真地查找，于是只好大概齐地"引用"，这也是国际友人诟病我们学术论文、学术著述引文不规范的原因之一。我们能否下决心做到"不动笔墨不读书"呢？

这第三方面的问题，其实是拿"引文"做人情，来安抚关系人的情绪。他在做论文的过程中，并未从导师这里受到更多的、更新的启发；他压根也没有认真研究过导师的思维及学术观点，而是从彼此的面子出发，做一些象征性的引用罢了。当然这个问题也值得做导师的反思，你究竟有哪些真知灼见值得弟子研究和引用，抑或是在象征性应付自己的差事。

记得小时候，为了提高作文的生动性和感染力，老师要求我们做好读书笔记，或者干脆让我们准备一个"摘录本"，读散文、读文学作品、读言论或杂文时，要认真地读，一发现好句子、好段落、好词汇就把它摘出来，录下来。特别是一些名人的警句式的格言或座右铭，更是摘录时的重点关注对象。然后一旦有作文题布置下来，我们就把摘录本放在案头，拼命地甚至是左拐右弯地引用其中的良词佳句。笔者如此坚持，水平还真是提高了不少，作文常被作为范文贴在教室后面，着实得意了几番。我们在引文方面，适当有一点儿时的做法，未尝不是一剂良方。当然如果能有当年我们当研究生时读著述、做卡片的功夫，岂不更好。数字化能改变我们的阅读和传播方式，它能够改变我们的学术追求与学术规范吗？

制度·技术·政企关系

——2012出版传媒集团主要负责人座谈会有感

开了一天半的会,听取了斌杰同志的主旨报告,近20位各地出版传媒集团的负责同志及6位省出版局负责同志做了发言,会议结束时,建国同志提出了明确要求,寿山同志做了总结讲话。作为参会者的一员,笔者觉得会议的分量很重,信息量很大,针对性很强,愿意把自己的体会摆出来,与业界同仁商讨,至少有三个方面:制度、技术、政企关系。

关于制度。指的是出版传媒集团要建立起现代企业制度,完善法人治理结构。这是启动第二步改革的主要着力点。"三改一加强"的一改就包括进行股份制改造,引入其他方面的资本,实现股权多元化,形成相应的职工考评制度和激励制度,形成对企业领导班子的考核制度,形成对已上市企业的高管及核心专业技术人员的股权激励制度等等。之所以要强调这一点,是因为我们的一些上市公司可以不经过董事会,任命应由董事会任命的干部;一些监事会实际上没有参与监管事宜,形同虚设;一些集团虽然完成了工商注册登记,但还不同程度地保留了若干事业单位;一些集团已经以企业的名分在运转,但自己的清产核资还没进行彻底等。所谓"体制不顺,机制不活",指的就是这种情形。原因何在呢?没有很好地贯彻《公司法》和没有很好地坚持《公司法》。对于一些领导机关的同志来讲,《公司法》的意识淡薄;对一些在集团或上市集团公司中工作的同志来讲,关于《公司法》的理念糊涂,于是乎就出现了上述同《公司法》及相关法律格格不入的行为。不是说出版企业没有意识形态的特殊性,不是说领导机关不能履行自己的职责和施加自己的影响，而是说，这一切都应在《公司法》的框架内运作，都应恪守法律的规定。看来，在这第二步改革中，《公司法》的融会贯通与身体力行，应该成为我们的基本功课。还有，说到股份制改造和股权激励制度的实施，恐怕也要设计出可行的方案，可以参照先行试点、扩大试点、全面推开的路子来进行。总之，关键是做起来，做下去，把出版传媒集团的生产关系确实理顺了，生产力的发展甚至倍增就指日可待了。

关于技术。指的是"以科技创新为动力，推动集团又好又快地发展"。实际上这次座谈会的一个重心，就是转企以后的转型问题，也就是"三改一加强"中的（技术）改造要求。说到技术改造，目前主要指数字出版。多数集团都谈到了在打造规模化的采集、传播平台方面的努力，笔者很为敬佩。共和国的出版传媒在这方面的作为是相当不易的，但是笔者同时又坚持应该就数字出版给出版传媒集团一个定位。比起一家一户的出版社，由集团来运作数字出版，明显要高出一筹，但严格讲，根据社会分工的基本原理，绝大多数集团仍应把主要精力放在内容的生产方面，然后以内容的一定的集约化程度来和大的数字投送平台洽谈交易，以争取更好的效益目标。除极少数超强实力的集团之外，多数集团普遍地、盲目地争着上大平台，短期看，似有效果；长期看，也许会劳民伤财。所以在这一方面，提醒我们诸多集团负责同志，要保持清醒的头脑，一定三思而行、审慎地决策，争取科学的投入产出比。同时行政管理机关也应做好必要的引导工作。

关于政企关系。指的是两者的配合关系问题。改革开放以来，我们更多地强调政企分开，是针对改革前政企不分的状况而言的。现在则应在政企分开的前提下，提倡注意政企的配合与合作。作为政府行政管理机关，一定要确立在社会主义市场经济体制下，只有企业，才是我们社会的基本主体。因为它直接创造财富，是财富的基本源泉，而企业以外的其他部门最终都有赖于直接财富的创造而获取生活资料等。政府管理部门应积极地履行至少三大职责：制定发展规划，出台相关政策，打造健康环境，为包括集团在内的一切出版传媒企业提供服务和进行管理。作为社会市场主体的集团企业，也应确立"看不见的手"与看得见的手两者不可或缺的理念。尤其在市场经济条件下，没有政府的科学规划，也许企业会在恶性竞争中相互"残杀"；没有政府的政策出台，也许企业一开始就难以发育起来；没有一个稳定、健康的环境，企业难以将生产延续下去。在这方面，企业接受政府的管理是天经地义的，最终也能更好地维护企业自身的合法权益。就像作者离不开编辑一样，企业绝对离不开政府。

☞ 2013 年

企业强、行业强，方能托起新闻出版强国的大厦

——参加新闻出版总署十八大精神培训班的一点认识

听了总署党组书记、副署长蒋建国同志的辅导报告，听了中央党校教授刘海涛同志关于旗帜、道路、目标的辅导报告，听了中国社科院社会学研究所所长李培林同志关于社会建设的辅导报告，再次学习了十八大报告和习近平同志近期的一系列重要讲话，信息量很大，觉得总署举办这次十八大精神培训班很有必要，很有收获。

同时也意识到，这些信息量和收获，对于宣传思想文化战线来讲，必须落实到扎实推进社会主义文化强国建设上来；对于我们新闻出版业界的同志来讲，则必须落实到扎实推进新闻出版强国的建设方面来。

关于新闻出版强国建设亦有好多方面，比如导向问题、精品问题、公共服务问题、科技与出版融合问题、行政管理问题、扫黄打非问题等，但最重要的还是建立新闻出版强势企业的问题。或者我们提出这么一个命题，叫作强国先强企。新闻出版强国最终和首先是由新闻出版的强企托起来的，如果企业不景气，如何完成三万亿元的产值？如果企业不景气，如何建设可靠的精神家园？强国呼唤强企，强企支撑强国。政策扶持、数字出版、项目带动等等，最终的效能是靠企业体现出来的。

那么现在我们的企业是不是强势企业呢？有没有强企呢？客观地讲，比改革开放前，强出好多，150 余家新闻、出版传媒集团，上市公司近 50 余家，不乏一些强势企业。但是与新闻出版强国的要求比，还有相当大的

差距。比如证监会对我们上市公司的批评。总体看，目前新闻出版企业的内驱力、内生力、后续力等都不是很强，社会对企业的关注程度、热爱程度、青睐程度还远远不够，企业自身的底气也不足。

怎么办呢？根据十八大以企业为主体，以市场为导向的精神，按照总署党组新一轮的改革总部署，须下决心搞好出版企业、出版企业集团的现代企业制度建设和法人治理结构的完善工作。这就涉及股份制问题和个人持股问题，涉及投资主体多元化问题，以此为基础，形成比较合理的和可持续发展的激励机制和约束机制，从而使企业具有足够的活力和持久的动力。这项改革任务绝不比第一轮的改革任务轻，只会更重。这就要求规划好总任务，设计好路线图，制定出时间表，扎实推进。

在出版企业和出版企业集团力求成为完整意义上的市场主体的同时，全行业应确立新闻出版企业市场主体地位的理念。管理机关以及非政府组织，比如社团协会等，都应把企业作为最基本的也是最根本的服务对象。因为只有新闻出版企业才是全行业财富生产的源泉，才是精神文化的家园。包括我们的政策指向也应最大限度地服务于企业的发展，服务于企业的做强做大做优。企业强，才有行业强，也方能托起新闻出版强国的大厦。

从傅高义那里可学到些什么？

傅高义何许人也？他就是最近热销的《邓小平时代》的作者。这位作者 1972 年接替费正清教授担任哈佛大学东亚研究中心主任，于 2000 年退休。退休以后，他接受要好学者朋友的建议，开始了《邓小平时代》一书的写作。写作这本书的最初目的是要帮助美国人理解亚洲未来的发展。亚洲最大的国家是中国，而对中国现代历程造成最大影响的人物是邓小平。

老实说，对《邓小平时代》一书的阅读，笔者也是刚刚开始。读这本书，你不可能像读一本情节跌宕起伏的小说那样一气翻完它，而必须认真地读完一页，再读下一页。为什么在刚开始阅读这本大作时，就想写些文字来奉献给各位呢？主要是笔者一开始阅读到该书的《中国大陆版序》《前言·探寻邓小平》《导言·这个人和他的使命》等非正文部分时，就深深地被这位"十年磨一剑"（该书整整写了 10 年）的教授作者所感动和感染。

写这本书，他面临的首要的和巨大的困难是：邓小平身后没有留下任何笔记，他不爱说话，出言谨慎，以致"文化大革命"中想批判他的人，也难以找到任何证据。而傅高义从来无缘与邓小平本人会面或交谈，邓小平 1979 年访美时，傅距离邓最近的一次也只是远距离地看到过他，而与他没有语言交流。但是这些并没有动摇傅高义为美国人做事的崇高目标。他搜集资料、寻幽访古时的超常规付出，让你不能不对其惊叹和钦佩。

傅高义先是研读大量的、所有可能获得的中文文献资料，当然是从最权威的《邓小平年谱》和《邓小平文选》，还有邓榕回忆邓小平的两本书开始。其实在此之前，他已经研读了不下 10 本有关邓的相对权威的英文著述；

接着又借助互联网打捞信息，并通过核查和比较来确认相关信息的可靠性；后来又大量地研读和邓一起工作过的官员所写的各种回忆文章；研读关于其他领导人的传记，研读《中华人民共和国国史》（这些都是洋洋巨著），从中寻找和印证有关邓小平的资讯。他还观看了有关邓讲话、会见、出访及与家人休闲的纪录片，又查阅了与某些特定问题相关的英文、中文和日文等的专业文献。这是他搜集材料的一个大致的账单，已经可以看出其中工作量的巨大和难以忍受的繁杂程度。

进入采访阶段，除了多次在中国的短期访问外，他在北京有 5 次较长时间的居住，主要采访三类人士：党史专家、高干子女和在邓小平手下工作过的干部，笔者仔细核算了一下，这些重要的受访者人数远远超出 100 位。为了感受邓经历过的环境，他还去邓小平一生中到过的重要地点分别小住过数日，包括四川广安、山西太行山、重庆和成都以及江西瑞金。采访国际上与邓有过交往的政治家、外交家等，更是他的独到风格，李光耀、霍克、中曾根康弘、卡特、蒙代尔、基辛格、斯考克罗夫特、布热津斯基等名列其中；其他受访者还包括几乎所有的美国驻华大使，仅美国国务院等部门的受访者就有 40 多位。

在写作阶段，阅读过他全部文稿或部分手稿并对之进行讨论的人士，至少也有 100 多位。此外，哈佛大学图书馆的馆藏文献也发挥了十分重要的作用。

傅高义如此浩瀚的搜集资料工作，以及他如此大面积的采访工程及如此"大数据"地与相关专家深入进行讨论，使得他有资格说：假如邓小平今天还在世，也会承认我是努力按照他的"实事求是"的教导去做的。

之所以如此地叙述傅高义这位中国通的写作经历，这十年磨一剑的经历，无非是想说明一部精品出版物的问世，其中凝集着作者多少精神的、物质的投入，作者是用生命来写另一个鲜活生命的。今天我们总是觉得每年的出书品种不少，岂止不少，简直是在快速地增长，但精品太少，完全不成比例。我们学界、出版界的有些人应该在傅先生面前感到愧疚和不安，应扪心自问，我们在多大程度上做到了这些？我们应该怎么去做？对于学界，我们不能说三道四，但能否思考一下，如何从出版界方面倒逼一下学界的精品打造。

请把一本书读完

——读《邓小平时代》有感

经过一个多月断断续续的阅读，我终于读完了由哈佛大学中国问题研究专家傅高义先生研究撰写，由香港中文大学冯克利教授翻译，由大陆三联书店出版的这本厚厚的著作《邓小平时代》。我以为该书至少有三个特点：厚今薄昔，注重"时代"；叙述客观，真实可信；重史轻理，似有不足。由此想到：要把一本像样的图书读完也是一件很不容易的事情。

由于在单位所担负的工作，对上的负责，与对下的尽职，这种负责和尽职往往还会延伸到法定的休息时间里，其中的一部分时间或者几部分时间还要用来处理社会方面所交付给自己的任务。实际只能利用晚上睡觉前和凌晨起床后的这两个时间段，即使是这两个时间段，也往往还要分配出若干给其他的一些不能不应对的业务。况且，也还经常伴随着网络和手机等新媒体的不断挤压。在这种情势下，能够把这一本炒得比较热，又是关于中国现代化建设进程的一本厚重之作读完，不能不说是一个小小的胜利，不能不说是一件值得自信和自足的事情。由此也想给我的同事和朋友提出一个小小的建议：请把一本书读完。

这个建议包含着这么几层意思：其一，它不是说把每一本书都读完，那是不必要的，也是不可能的。在数量上只说是一本书，这本书不仅整个社会认为它是一本重要的著述，你自己也认为它是一本重要的著述。这本著述又和你的工作或业务有着较密切的、直接的联系，或者没有那么密切、直接的联系，但对你的整个人文修养与智慧成长有着重要的补充作用，你又认真地选择了它，那就下定决心，一定读完它。

读完它，至少表明你是一位做事有恒心的人，你是一位对该书负有责任担当的人，由此推及你可能具有某种锲而不舍、一以贯之的品格，再行推及，因为你具有如此这般的品格，你就可能做成一些像样的事情，做出对单位、对社会、对国家、对民族有益的像样事情。

读完它，至少做到了对一本书相对完整的了解和把握，至少比那些只看了片言只语就发表见解的人要踏实许多，比那些几乎没有看书，仅凭着从媒体摘来的片言只语就评头品足的人要高出许多，同时也为你追溯作者的思路，研究传主的伟业，得出比较客观的结论，奠定了一定的基础。

提出这个建议，还有一个背景：在当下真正把一本好书读完并非易事，岂止不易，简直是相当之难了。不知道为什么，现代社会为人们制造了好多好多不能不忙忙碌碌的理由和场景。以至有人说在当今社会条件下，人们读再好的一本书，也超不过15分钟的限度，被归纳为"十五分钟主义"。不过，据笔者观察，真正能突破十五分钟主义的读者，大都会有些造诣，或者具备有造诣的势头和倾向。

当然，只是读完一本书，事情并没有算完。从功利的角度看，只是读完一本书，还只能算是做完了事物的开端，起码还应做到：在读书过程中，能有适当的读书笔记；读书完成时，能有真实的读书感受和比较客观的书评。如遇到一些经典性的好书，恐怕读完一次还远远不够，还应根据工作和学习的需要，不时地去翻阅它、阅读它。据记载，毛泽东一生仅《资治通鉴》就读过十七遍，其中蕴藏着多么大的学习毅力和非凡追求！

中国梦与新闻出版强国梦

一、梦想与社会进步及事业发展的逻辑关系

这里的梦想,实际上是一种理想,是对未来事物有根据的合理的想象或希望。它与狂想、幻想相对立,与追求和目标相统一。一个社会的进步,离不开一批志士仁人源于现实,又高于现实的梦想,及其为实现梦想所付出的坚持不懈的努力。一个人的事业发展离不开其立足当前,又超越当前的梦想,及其为实现这种梦想所进行的坚定不移的工作。

梦想是人类社会进步的引擎,梦想是个人事业发展的风帆。没有梦想,无法想象社会进步能有今天;没有梦想,很难估价人类会进化到什么层面。是社会主义的梦想孕育并产生了中国特色的社会主义社会;是"上九天揽月,下五洋捉鳖"的梦想,催生了中国的航天事业和潜海工程;是关于作家的梦想,激励莫言先生成为著名作家,成为诺贝尔文学奖获得者。

二、中国梦的提出及其界定

2012年11月29日,在新一届中央政治局常委参观《复兴之路》的大型展览时,习近平同志讲到,现在大家都在讨论中国梦,实现中华民族的伟大复兴,就是中华民族近代以来最伟大的梦想。这个梦想凝聚了几代中国人的夙愿,体现了中华民族和中国人民的整体利益,是每一个中华儿女的共同期盼。

2013年3月17日,习近平同志在当选国家主席后发表讲话,再一次对

中国梦做了全面论述。习近平指出,"实现中华民族伟大复兴的中国梦,就是要实现国家富强、民族振兴、人民幸福",这是中国梦的核心内容;强调"中国梦归根到底是人民的梦,必须紧紧依靠人民来实现,必须不断为人民造福",这是中国梦的本质属性;实现中国梦,必须坚持中国道路、弘扬中国精神、凝聚中国力量,这是中国梦的实施路径。先建成小康社会,再建成富强、民主、文明、和谐的社会主义现代化国家,然后实现中华民族的伟大复兴,这是实现中国梦的伟大战略部署。

三、新闻出版业在实现中国梦中的担当与作用

对于新闻出版业来说,实现中国梦首先是要建立社会主义新闻出版强国,或者叫作新闻出版的强国梦。新闻出版的强国梦既是中国梦的有机构成,又是实现中国梦的重要支撑。新闻出版战线担负着双重的历史使命,既要对国民综合文化素质的提高负责任,对社会主义价值观的深入人心负责任,对整个社会的道德伦理水平的养成负责任;还要对新闻出版产业的快速发展,乃至对整个文化产业的快速发展负起责任。文化产业要成为国民经济支柱产业,新闻出版业至少承担着3万亿元产值的艰巨任务。其实经济建设、政治建设、社会建设、生态建设和党的建设都离不开文化建设,而新闻出版又在文化建设中起着基础性和前瞻性的作用,所以站在新闻出版的角度,中国梦包含着新闻出版业的重要板块,建设社会主义新闻出版强国又是中国梦的重要组成部分。

四、从社会主义新闻出版强国梦来设计新闻出版科研事业的目标与任务

新闻出版首先要为舆论的正确导向和社会的稳定和谐服务。这就要求要认真地研究各类新闻媒体的横向的倍数放大作用,及这种放大作用对于社会健康运行的双重效应;研究各类新闻媒体对于人们获取资讯、认识世界的不可或缺性及某种程度的蒙蔽性,以促使媒体更好地减少负能量,增强正能量。

同时,新闻出版要为传播文化、传承文明、厚德载物与铸造健康灵魂

服务，这就要求要认真研究古今中外经典出版物生成与流传的现象与案例，正确地分析精品生产过程的基本矛盾，从中寻求精品生产的一般规律，从而促使出版界形成很好的有效的体制与机制，有节奏地生产出可以风靡全国、影响世界、跨越历史时代的精品。

要圆新闻出版的强国梦，就必须大力发展新闻出版产业。这就要求我们配合总局认真地研究完成转企改制第一阶段任务后，如何促使企业尽快建立起现代企业制度，完善法人治理结构，形成足够的激励机制和约束机制。这里包含着对当前出版集团和出版单位面临的情况与问题的深度调研和科学判断，包含着试点工作及其任务书、路线图和时间表的相关元素的确立，包含着管理机关对企业的政策供给和全社会对企业主体地位的确定。企业强，行业强，才能托起新闻出版强国的大厦。

要圆新闻出版的强国梦，就必须大力做好文化民生工程，特别是新闻出版公共服务工程。这方面的工程在十八大前有长足的发展和骄人的业绩，但是仍存在着诸多方面的不足，这就要求我们要从实际出发，调研发展中的农家书屋、东风工程等还存在着哪些瓶颈性问题，研究如何更好地实现和提升"三农"等方面群众的文化权益，如何更好地占领农村的思想和文化阵地。同时，更有机地把文化民生工程与产业事业的永续发展连接起来。

要圆新闻出版的强国梦，就必须大力推进出版与科技的融合。数字化、网络化作为先进出版生产力的代表，是不可抗拒的，况且，它已经大大地促进了传统出版向现代出版的转型。但是数字出版的商业模式还不够成熟，业绩还未成为主流，还存在着种种的乱象，这就要求我们通过科研工作，借鉴发达国家的核心技术、赢利模式，对国内目前的数字出版现状进行科学分析，努力促使形成一个行业全部进入数字出版，同时在数字出版体系中又各自有定位和分工，那么一种融合的局面。

要圆新闻出版的强国梦，从科研服务工作来讲还有走出去战略、消费市场培养、人才队伍建设等很多方面，限于篇幅，以后再加以专门探讨。

要重视群众文化的"菜篮子"工程

——听伯海同志讲读刊史

还是2012年在张伯海同志80诞辰时,想去给他庆贺生日,直到前几天才得到允准,和院里的同志去看望了这位期刊界的老领导、大专家。给伯海同志带去了果篮和一些有价值的文字,和他谈得甚为融洽。最后约定请他给院里几家期刊社的同志专门做一次讲座。他欣然应允,终于成行。为了他的到来,笔者特别向总局领导请假,为其作陪。没想到80多岁的老人竟是如此地精神矍铄,侃侃而谈。原定半个小时的讲座,竟然不知不觉讲了快两个半小时,也没有想到收获竟是这样地丰富和意外。

伯海同志讲到了自己三四岁开始有了对刊的感觉,五六岁开始读刊,最初是《良友》杂志,封面上是美人头像,类似于美国的《Life》杂志。这种杂志用摄影艺术捕捉画面,帮助人们认识事物;宣传时尚,促进了市场经济;融入了美的元素,活跃了社会生活。而且那时给画面配发的文字就是双语,流传到现在。再后来少年时代读《立言画刊》《369》等杂志,并开始给期刊写文章,渐渐成为一名期刊热爱者。这类茶余饭后八卦类的杂志,对文化市场、期刊市场能起到一种兴奋剂的作用;就说追逐明星,有时惹人讨厌,但炒作明星也有其正面作用,做大了不得了,默多克走的就是这样一条路子。

伯海讲到,中学时代他愿意读一些知识性杂志,像《万有文库》《东方杂志》,其中主要是新鲜消息;还有《旅行》《新闻天地》《传记文学》等杂志;也开始读国外杂志,读进步杂志《中苏文化》《文艺复兴》。这些阅读对选择人生道路，跟共产党走起到了重要的引导作用。大学时代读政治类杂志多了起来，也读一些中性杂志，包括《大众电影》等；工作以后读杂志与工作相互推动，当时的职业是中国现代文学史的教学和科研及鲁迅著作的编辑工作。

伯海同志最后对自己的读刊史作了三点思考：首先，书为相对厚重之出版物，而期刊是连续出版物，以适应变化，以见闻新鲜见长；其次，好的刊物是创意和精神的结晶，是精神的维纳斯；再次，能够派生出市场力量，可以售卖 N 次。

在伯海同志的演讲结束时，也许是长期从事新闻出版科研工作的缘故，笔者一口气草拟了若干个科研题目，汇报给在场的同事们。

对期刊功能和产业市场的再研究；茶余饭后及八卦类刊物的社会效能研究；主流刊物对八卦类刊物的借鉴研究；不同年龄段对不同期刊喜爱程度的变化特征研究；阅读刊物与心理健康和精神愉悦的关系；美女封面的价值及其影响；早期喜爱的读物与后来职业选择的关系。

上面这些草拟题目，主要是想在研究主流期刊、主旋律期刊的同时，着重研究一下茶余饭后八卦类期刊的存在价值、社会效能、发展路径及其生长环境。这涉及对大众日常精神文化产品的生产消费的关注与投入问题。从支柱产业的角度看，首先是主流书报刊的生产与消费，但是如果我们文化产品的样式太单一、数量太少，也会达不到产业发展的目标。从满足群众的多样化需求讲，如果没有足够的、通俗的产品生产与供给，也是缺乏群众观念、不走群众路线的表现。这类期刊的阅读，让群众享受到娱乐和休闲，使紧张的神经放松下来，疲惫的身体得到缓冲，确实是群众生活与生产不可或缺的有机构成部分；提供这类期刊可以说是群众精神文化生活的"菜篮子"工程，确实应引起我们足够的重视。

《出版发行研究》卷首语

申报项目要"志当存高远"

院里的对外合作交流中心就项目申报与管理办了一期研讨培训班,结业时让笔者讲几句话,以示院里的重视。笔者讲了如下的三层意思:

第一,怎样"看"项目。即如何看待项目在出版传媒企业中的地位和作用。以笔者的观察,好多地方或单位对项目的作用还没有足够的认识和重视,好多地方或单位开始重视项目了,但也只是停留在要"项目"等于要钱,不要白不要的层面上。其实真正的搞产业、求发展,是以项目为依托的。搞产业、求发展本身就意味着必须要抓项目。在抓项目问题上一定要"站得高,看得远"。不妨想一想,我们国家是怎么建设起来、发展起来的。从第一个五年计划开始一直到今天的"十二五"规划,每一个规划都意味着一批各门各类大的工程项目的启动与完成。正是这些项目,使得我们伟大的祖国,年年都有新变化,五年出现大变化。正是这些项目的实施与完成,使得我们在一片废墟上建成了自己的工业体系和国民经济的总格局。改革开放三十多年来,正是一批项目的兴建与投产,使得我国成为世界第二大经济体,同时支撑了整个国家的经济建设、文化建设和社会建设等。从研究院的历史看,正是《中国出版通史》的编撰工程、《中华人民共和国出版史料》的出版工程,正是国民阅读与购买倾向的调查工程,"强素质,作表率"的读书工程;正是版权产业对国民经济贡献率的科研项目,年度产业统计分析项目;正是因为承担了一些大型出版传媒集团上市募投方向论证的项目工程,承担了一些省市数字出版基地的设计工程项目等,才实现了"所"改"院"的飞跃,才有了今天在业内的作用与影响。所以,

121

是企业，是产业；求发展，求繁荣，就必须要有符合自己发展战略的重大项目，这些项目不仅要服务于当前，而且要延续于永远。

第二，怎样"要"项目。即除了单位自己立项、自己投资、自己兴建的项目以外，还有一个如何向国家、向政府申请项目支持的工作。在这个问题上，不少同志和单位在项目申请过程中，给人一种"自娱自乐""自说自话"的感觉。所以往往做了不少工作，付出不小的代价，组织了一个申报项目的团队，却总也不能获得"恩准"，拿到项目。究其原因，主要是没有从需求出发，没有从行业需要、产业需求、国家需求出发，或者注意了需求论证但需求论证却显得空洞、"忽悠"，不着边际，脱离实际。这里的关键是必须学会抓住需求，把需求讲足、讲透、讲清，因为正如恩格斯所讲：社会需求会比十所大学更能把一门科学推向前进。把大"需求"（即国家需求、产业需求）讲充分，把满足这种需求的缺项讲明白，这个项目的必要性、重要性、紧迫性就凸现出来了。于是立项的理由就站得住脚了。把需求讲充分还不够，还要把满足这种需求的解决方案讲明白，既有总体设计，又要有技术路线；既要有赢利模式，又要有进度规划等等。总之，需求要从大处着眼，方案从实处着手。

第三，怎样"做"项目。即一旦项目申请获得批准，抓紧实施项目，保证项目的质量和进度就成为主要矛盾或者是矛盾的主要方面了。其实，不少单位和同仁千方百计地申请到了项目，但却因为没有认真地按照项目承诺高质量地实施项目工程，受到了批评和责备，有的还丧失了继续申请项目的资质。解决这个问题的关键是两个字：一个是"专"字，一个是"督"字。所谓专，指单位必须有一个专门的团队来做这个项目，挑选适合的专门的同志组成团队，确立严格的责任制专事其工，专攻其项，旁无所顾，心无二用。如此这般，还未必没有漏洞，连如此这般也做不到，就真的不好说了。与此同时，考虑惰性因素和责任使然，还得有一个督察机制，或至少有一个督察专员，根据项目的进度、质量，有节奏地督促、督察，以确保项目的质量到位，如期完成，实现该项目的投资效益，同时为下一个项目的申请打下基础。

出版业要重视"母书"的编辑出版

——在《出版词典》编纂工作培训会上的讲话摘编

借着出席《出版词典》词条编纂工作培训会的机会，笔者谈一点自己的想法，就教于各位同仁。首先，怎样看待工具书编纂的必要性和重要性。一般地讲，工具书、辞书与其他图书比较起来，至少有几个特点：它具有更多的普遍性品格。一般图书往往服务某一个方面、某一个领域、某一个门类、某一部分读者群，而工具书、辞书的服务对象则具有全局性、全面性、广泛性、整体性。工具书、辞书具有更多的长期性品格。一般图书尽管较之报纸刊物的寿命要长，但总体讲，还是一个相对短的时段，而工具书、辞书的寿命则要长出很多，甚至超越世纪，穿越历史的长河，比如《辞海》《康熙辞典》等。工具书、辞书具有很强的稳定性品格。一般图书受市场竞争等因素的影响，不断地被生产出来，在精品不断被推出的同时，大量图书的时效性十分明显，因而它的市场需求变化多端，变得很快甚至难以把握，而工具书的使命就是为多变的出版编辑工作提供一个相对稳定、可靠的参照系，一个标杆，以便有所遵循。在多变中寻求不变，以不变应对多变。

其次，要充分认识到《出版词典》编纂工作的意义。具体到《出版词典》的定位，是为出版行业服务，是行业和从业人员可参考和查阅的工具书。从这个角度就能够体会出编纂这样一部工具书的意义和价值。编纂工具书对于任何行业都是十分严肃和慎重的事情，要对读者负责，对行业负责，来不得半点粗糙和马虎。

我们这本《出版词典》，类似工业上的一台母机（这个比喻多少有些勉强）。工业生产有了体量和质量过硬的母机，才能够依此制造出像样的众多机器。《出版词典》是为造书服务的书，是造书的参照系，是出版行业制造出版物的母书。出版行业在遇到问题时，无论是写书、编书、出书、读书等等，这本工具书都应该成为老师，发挥不可或缺、不可替代的作用。正因为它是这样一本书，所以在编纂时就有了很多标准和规范，对质量的要求就要比其他一般书更严格甚至苛刻，科学性和规范性更强。否则，质量不能保证，起不到行业指导和有效工具的作用，我们不仅无法对行业和读者交待，而且也无法对在行业工作多年，从事出版实践、出版科研、出版教学的自己有所交待。

第三，还有一点我们要特别提出，就是《出版词典》这个项目是经领导同志特别支持的国家出版基金项目。领导同志的认可与国家资金的扶持，说明了这个项目的特殊重要性。我们不能满足于过得去，而是要过得硬，做得精，能达到几个性能标准：时间的前瞻性，内容的科学性，文字的准确性，格式的规范性，成书的有用性。能做到三个对得起：对得起历史，对得起业界，对得起自己。做到三个满意：批准者满意，支持者满意，参与者满意。要志当存高远，力争让它成为优秀项目。在项目竣工时，我们要开总结表彰会，争取让它进入史册，成为精品。

《出版词典》的编纂不同于其他书籍，有独特的标准和要求。编纂者尽管是专家学者，有专业功底和学术成就，可能编过很多书籍，写过很多文章，出版过作品，但对工具书的编纂不一定就非常熟悉。包括我们研究院自己的工作人员在内，对工具书的语言、特点、篇幅、内容、编纂、加工、审阅等方面都有一个逐渐进入，从陌生到熟悉的过程。要努力通过培训，更快地熟悉工具书的编纂，进入角色，少走弯路，增加正能量。

总之，让我们共同努力，使《出版词典》早日严规范、精内容、高水平地呈现给业界，为出版业的繁荣发展，为民族的文化传承作出应有贡献。

《传媒》刊首语

☞ 2009 年

实施集团化战略的注意事项

——美国论坛报业集团申请破产给我们的些微启示

本期围绕第四届中国传媒创新年会刊发了几组相当重要的文章和若干精彩照片。读着这些文章,看着这些照片,仿佛又置身于当时那种如火如荼、又十分理性的场景之中,使人振奋不已、激动不已、倍加珍惜。这里笔者要介绍的是,除了上述这些重要的资讯以外,还有一篇与目前形势密切相关的文章,是谈美国第二大报业集团——论坛报业集团最近申请破产缘由的,值得一读,值得咀嚼。

这篇文章讲到该集团申请破产的要素有四:其一,金融海啸影响难逃报业整体衰退厄运;其二,购并整合频繁造成水土不服,"空手套白狼"式的"高杠杆收购"加重了债务危机;其三,偏离4M战略,扩张过快,出现规模不经济效应;其四,发行量造假,丑闻阴影挥之不去。

这四个要素,第一条是客观要素、外因要素,第二、三、四条实际上是主观要素或曰内因要素,"外因是通过内因而起作用的(毛泽东语)"。我们不妨做一番较深层次的分析。同样是金融海啸、经济危机,为什么并不是所有报业集团都申请破产呢?这就是内功修炼程度的差异了。"远近高低各不同",我们不妨尝试着做一番由果索因的追溯。

严峻的经济形势导致了广告下滑,货款难求,资不抵债,难以为继。首先是集团总部战略目标设计方面的错误,盲目地追求公司的快捷扩张及规模效应,以营造强势品牌影响,构建超级注意力经济。服从上述战略目标设计，采取"高杠杆收购"战术模式（即用少量自有资金，以被收购企业的资产和将来的收益能力作抵押，筹集部分资金用于收购的一种并购活动。比如房地产大亨泽尔用了3.15亿美元就将83亿美元资产的论坛报业公司购并过来），这种模式能够充分展现"收购艺术家"在"坟墓上跳舞"的本事，却难以实现资本运作的夙愿，不仅难以实现，简直是南辕北辙。服从于"收购艺术家"的自我陶醉，被购方甚至不惜以发行数据造假来满足购并者的自我扩张表现欲，于是就酿成了三方面的负效应：

首先，迎合式发行数据的造假，不仅要付出巨额赔偿，而且在一定程度上影响了论坛公司的商业信誉和赢利，这是肯定的，也是合乎逻辑的。

其次，这种购并、整合，由于偏离了新闻媒体的基本职责、主要市场及其运行规律，变成了资本的独舞，舍弃了业务的依托，完全颠倒了两者的主辅位置，新闻媒体沦落为资本的应声虫，最终陷入规模而不经济，甚至反经济的泥潭。还有一点就是"规模与经济"之间的临界线。没有一定的规模，企业难以形成完整的产业链和运行机制及相应的社会影响；然而超过一定的规模，也会产生信息阻隔、内容失真、执行力弱化等弊端。

再次，频繁的资本运作及兼并整合，必然导致管理层的快速更替及原属不同雇主的不同部门及不同人员之间的一体化格局。这种更替与一体化格局，往往又不够尊重不同板块之间原有的文化背景及惯性作用，形成"貌合神离"的病症，从而加大内耗，导致企业成本加大，创新能力下降，经营全面衰退。

由此，是否可以启发我们，在实施集团化战略中需要注意的若干问题。

第一，战略目标的设计要符合科学发展观的要求。要着眼于报业或媒体业真实的需求。要力挺主业、适度多元，瞄准又好又快、又强又大，而不是先快再好、先大再强，更不是喧宾夺主、本末倒置。任何时候，不应为浮光掠影的虚名付出沉重代价，酿成巨大灾难。

第二，在确有需求的前提下要坚持适度而止、量力而行的原则。要清楚自己的家底，留下足够的余地，然后再考虑购并整合的对象与规模、时机与策略，决不能盲目地债台高筑，超前"消费"，杀鸡取卵，竭泽而渔。

第三，要注重整合兼并后的企业价值文化的提升与互补。"世间一切事物中，人是第一可宝贵的因素。"何以为第一？因为人是企业之本，而人以文化为根本，以价值观为依托，要把积极向上、健康和谐的企业文化放在足够重要的位置，加以研究之、设计之、实施之、巩固之。要充分考虑不同企业之间文化的可整合性与融通性。

2009 年第 1 期

为"职业经理人"呼吁

本期浓墨重彩推出了几张传媒界新锐人物脸谱,并冠之以职业经理人的称谓。策划人显然有独辟蹊径的构思,记者因受到主人翁——采访对象的感染,文笔也显得有几分生动。编辑部为职业经理人树碑立传、深度挖掘的做法值得肯定。

从几篇人物报道中,我们看到了他们对传媒经营的执着、对市场脉搏的把握、对内容产业的亲和。崔斌三易其主,仍追随传媒而不悔;支英珉三变其位,仍心系报纸而不馁;雷瑛由困境求生,到冲破挤压,再到蓄势待发,没有锲而不舍、坚忍不拔的意志是绝对不可想象的;李钊平求学永不言败,办刊固守信仰,十年风雨酿造辉煌,不为之动容是不可能的。

再看他们对市场脉搏的把握:"未见其人,先闻其声"的广告攻略,"水银泻地"式的发行策略,"化蝶而出,翩翩起舞"的拓展谋略(崔斌);经济专刊专栏向产业渗透,从产业中吸受的互动方略(支英珉);"心怀猛虎、细嗅蔷薇",操盘"世界小说工厂"的网文战略(侯小强)等。

又看他们对内容产业的亲和。李钊平:"做杂志关乎信仰。""类似于宗教信仰的超越精神。""因为有信仰,我们才执着;做杂志,就是做人,选择了杂志,就是选择了一种人生。"雷瑛:希望广告客户和我们一道成长。崔斌:质疑传统报业"二次销售"的理论,提出报业生产终极价值即广告价值,广告价值是报纸影响力与报纸广告有效性结合的综合体,作为"小众高端"的楼宇电视和作为"大众广谱"的公交移动电视有不同的生长空间。而支英珉本身就是由一名优秀记者转向职业经理人的。

读着记述他们奋斗的文字，追溯他们成长的轨迹，从我的心底里不断地升腾起对他们深深的敬意和钦佩。我在想，这些年，我们传媒业的改革开放走上快车道，首先是因为这些中流砥柱们的存在与成长，目前我们传媒业的发展遇到了极大的困难和危机，最终也要依靠包括职业经理人在内的所有传媒从业同仁的努力才能化危机为机遇，化困难为亮点。然而，除了他们个人成长的要素之外，我们对职业经理人的关注、支持，乃至提倡都是太不够的。我们提出要培养一批名记者、名编辑，就是没有提出要培养一支宏大的职业经理人队伍，职业经理人甚至还没有真正进入到我们的新闻学大字典里面，它还是一个不确定的概念。在我们的国家新闻大奖中还没有它的位置与空间。在诸多传媒人的理念中，还是没有相应地把职业经理人，把广告人、发行人放在它应有的位分上来，甚至把广告人、发行人及他们的业务当成"闻着臭（铜钱味），吃着香"，类似臭豆腐之类的角色。

从更深的层面来讲，虽然我们在不失时机地强调要推进体制机制的改革，要转变与社会主义市场经济格格不入的观念，但实际上往往存在着不少的盲区或死角。这种一方面要求绝大多数传媒单位都要毫无例外地转为企业，转向新体制、新机制运行；另一方面又把代表传媒新体制、新机制某种本质特征的职业经理人问题放在一个十分尴尬的境地，便是一例。应该十分明确地把职业经理人问题凸现出来。从某种意义上来说，整个传媒业的改革能否成功，发展能否繁荣，更多地取决于一支素质高尚、规模适当的职业经理人队伍的形成与否，强大与否。这就是我们的初步结论。

2009 年第 2 期

选择"社会主义+市场经济"之真谛

——评看不见的手与看得见的手之作用

本期编辑部集中了采访力量对我国第四直辖市重庆报业的生态情况进行了全方位、多角度的扫描与报道,在此基础上,也撰写了有一定分量的分析性文字。总的感觉是虽然没有给出解决问题的金钥匙,但把问题和矛盾作了尽可能的挖掘与披露,为问题的进一步解决提供了可资借鉴的资讯。依笔者之见,重庆报业,连同类似情形的根本性症结,其一,在于报业的生态结构是否基本合理;其二,在于市场竞争的规则是否基本到位。

就报业的生态结构而言,实际上是说,生存空间的允许度问题,即在第四直辖市这700多万人的空间里,它究竟能容下多少家报纸的生存与生长、发生与发展。这是在激活报业市场的同时必须要考虑的一个问题,所谓的宏观调控问题。调控什么,首先就是报业的种类、数量。这个问题不少业界同仁都意识到了,但未必做了更深入的思考,至于说根据这种思考再做适度之调控就更谈不上了。有一个动物学的实验:在一个笼子里,放上一只小白鼠,显得有些寂寞,小白鼠本身也有些呆板而不活泼;如果放进两只小白鼠则有些生气,也有些竞争,但还是有一定的友好相处,因为彼此的存在也是一种依赖;如果放进三只小白鼠,则生存空间有些紧张起来,竞争就大于了友谊,虽然仍有良好相处的希冀,但更多的是彼此的防范与警惕;如果放进四只小白鼠则完全变成了恶性竞争,就那么一点点有限的生存资源、生存空间,你占有了,享用了,就没有我多少份额了,彼此间没有友谊可言,只有你死我活,最后是鱼死网破、玉石俱焚,乃至同归于尽。这是一个极端的例子，但也说明了在市场经济条件下，只有看不见的手是不行的，还必须有看得见的手在其中起作用。新闻出版的事业单位或企业单位，为了做大做强，寻找新的增长点，提出创办新的报刊媒体是可以理解的，但能否满足这种需求，是否给这种需求开绿灯则必须彰显宏观调控部门的作用。管理部门在批准新创办的报刊时，一定要从产业经济学的角度，从健康生态学的角度来调研和论证，然后给出决定，当批则批，当禁则禁。在这方面，我们甚至也不乏教训，中关村靠北四环的那么一块十分有限的社区里三家图书大厦恶俗火拼的案例，至今记忆犹新，政府职能的缺位，仍然让人痛心。

就市场竞争的规则而言，也有一个适度竞争的问题。社会主义市场体制的一个基本目标就是让不同的市场主体展开充分的健康的竞争，在竞争中创建自己的品牌，形成自己的竞争优势，服务和服从于自己对超平均利润率的追求。古人云："君子爱财，取之有道。""道"是什么？"道"在这里就是市场竞争的健康规则。比如"以诚为本，取信于民"，借助报纸的载体及相关渠道，提供真切、有用的通讯、报道、评论、图片等，服务于人们求知的需求、娱乐的需求、生活的需求、生产的需求、发展的需求、交往的需求等等，通过服务实现了报纸的价值，赢得了社会的回报，然后再服务、再生产，如此这般，就形成了报业生产消费的良性循环，此乃"人间沧桑正道"。如果唯利是图，不择手段，甚至打价格战争取读者，靠低俗风吸引眼球，则就有悖初衷，令人汗颜，乃至不齿了。这里的客观原因，当然有管理部门产业布局规划方面的责任，但报人自身也难脱干系。总得有自己的报格和报人的品格吧，利益人与文化人总得是一个不能分离的有机体吧！还有我们的记协、报协呢？难道没有一点行业自律的办法吗？不是还有一只看得见的手在那里担负总责任吗？

重庆报业的生态环境，多少有点当前国际金融危机和经济形势的影子。在经济全球化、一体化的格局下，走市场化的道路，绝对是一种正确的选择，是与时俱进的举措，但是如果把市场化的作用无限地夸大、扩张，并且无所不用其极，显然也会把经济导入死胡同，使发展堕入危机、陷入困境。正确的比较理想的模式是，既认可看不见的手的作用，也重视看得见的手的功能，两者是相克相生、相辅相成的，也许这就是我们选择"社会主义+市场经济"的真谛。

2009 年第 4 期

改到深处是产权

——评《舟山日报》经营骨干持股改革

本刊本期《报业观察》栏目载文报道说：地处浙江舟山群岛的《舟山日报》，把发行部由事业单位改制为股份制公司，并率先实行经营骨干持股改革：报社控股35%，公司总经理占12.5%，副总经理占6%，公司管理部门和发行站管理人占6.5%。从去年5月到今年3月不足一年的时间内，改制激发了活力，拓展了业务，也规范了管理，从而释放出更多的生产力。于是在遭遇金融危机、经济下行的情况下，公司业务逆势飘红，总经营收入比上年同期增长了40%。也许因为一直是出版传媒业实行股份制的倡导者和研究者的缘故，笔者对这条消息格外关注。

其实，从老祖宗的理论体系看，这是生产关系对生产力的反作用力使然；从改革的逻辑来推演，这绝对是深化改革的一个重要指向。尽管我们从很远的年代就念生产力与生产关系这对基本矛盾的经，但真正开始思考并把这种理论转化为行动，更多地还是近30年的事情，对于出版传媒业来说，更是近年来的"营生"。改革的目标不外乎塑造市场主体，规范市场关系，转型政府管理，完善民主权力，构建和谐社会等等。而塑造市场主体，虽然我们已经为之做了不懈的努力，但仍是一道没有破解的课题。成立集团也好，转企改制也罢，核心问题仍旧是绝大多数出版传媒（如果称之为企业的话）是否真正成为完整意义上的市场主体，其标志就在于现代企业制度，在于法人治理结构，在于一定的自然人对企业股权的拥有和责任，这是市场主体的本质特征之一。"改到深处是产权"的道理也在这里。笔者关注这家市报股份制改革的缘由也出于此。

大量的迹象表明，股份制改革已经成为或正在成为出版传媒业改革的重心或中心。国资委关于国有企业引入职工持股的规定条款，是一个重要的信号与借鉴，特别是总署最近颁布的改革指导意见中提出"允许条件成熟的出版传媒企业经过批准，探求实行股权激励机制的试点"，应成为我们的指南。具体到一个企业或一个已经初步转企改制的出版单位，我以为还有三条可为其咨询：理论要清明、路子要端正、方法要对路。所谓"理论要清明"，即理论上要清楚明了、明白。不是心血来潮，脑子发热，刮一阵风，图个热闹，造个影响。它是马克思主义哲学的内涵之要点，是社会主义矛盾运行之基点，也是企业活力与约束力的根本源泉，甚至风靡西方的科斯与诺斯的新制度经济学也在这个问题上与老祖宗的见解不谋而合。如果从经济运行讲究继承制与政治运行讲究轮换制的不同规律来看，股份制则只能是我们深化改革的不二选择了。

所谓"路子要端正"，即定位有了比较正确的理论，还必须要有良好的用心，或曰"企图"。作为出版传媒人来说，都是党和政府在意识形态领域的责任人和守护人，是民族文化的责任人与守护人，因此，在选择股份制时的首要考虑就是通过产业手段推动党和人民事业的真实发展，是"天下为公"的召唤，是长期发展不起来的羞愧转换，绝不是为了一己的私利、少数人的私利而千方百计地去流失国有资产、公有资产，那就偏离了方向，可怜了自己，最后既败坏改革的名声，也会葬送自己的政治、经济生命。如果有了这个"底气"，也就不会被"私有化"的非议所动摇了。当然，在制度设计上，也要有相应的保证。

所谓"方法要对路"，即要精心策划、精心设计、精心实施。比如作为一个传媒单位，要选好突破口，可以先从经营部门突破，这与大的政策比较吻合，也与市场关系更加贴近，同时又对整个内容生产有较大的、直接的拉动作用；其次要搞好股权份额配置，在确保国有资产不能流失还要增值的前提下，注意各方面的利益与权力的协调与平衡，管理层要考虑，骨干层要考虑，一些老资格的具备一定条件的职工也应逐步考虑，以求最大限度凝聚人心；再次要规范运作，该由企业配置的份额就由企业配置，该由当事人自己投资的就由他们自己投资，防止授人以柄，留下口实，又起不到激励与制约的作用；最后，要有配套措施。像舟山日报社一样，辅之以相应的与效益挂钩的薪酬制度，与能力资质相连的职称制度，等等，同时也要不失时机地制定发展战略，向生产的深度和广度进军，以形成良性循环之系统。

2009 年第 5 期

报纸要注重培养思想家

——读尹明华文有感及对相关党报的希冀

端午节，找了个地方稍事休息，也抱了一大堆文稿、文件需要作业，需要处理。由于《传媒》编辑部同志交待，6月1日要付印，我就先审看了《传媒》的大样，本期以传媒业应付金融危机为主题，组织了张苏洲、张秉礼、李建国、徐春莲、闫肖锋、王东、崔保国、周鸿铎等一批业内领军人物或学界权威来撰文献策，仁者见仁、智者见智。其中首篇尹明华同志文章中关于要回归报纸本质，回归新闻本质，回归文化方式的观点，拨动了笔者的心弦，引发了笔者的共鸣。

尹明华同志说：报纸应该注重培养思想家，新闻应独立地向社会发表见解，提倡一种能够维护自身良好生存状态的文化方式。这实际上涉及报刊尤其是党报的定位问题。诚然，党报乃至所有报纸首先是党和人民的喉舌，它应该忠诚地也是忠实地反映党和人民的心声，维护党和人民的利益，但这并不意味着报纸不需要深刻的思想与独立的见解，并不意味着报纸只能扮演一个传声筒和扩音器的角色。恰恰相反，报纸、刊物都应该是有生命的载体，有思想的容器。她应该创造性地反映心声，维护利益，她应通过自己的"绝对理念"的"逻各斯"，来支配对于社会纷纭现象的报道，彰显理论品格和理性品味。一家报纸、一家刊物，乃至一家新的媒体，其信息、资讯的传播力，其实从根本的意义上来讲，取决于其文化方式的强弱轻重，而文化方式的强弱轻重又取决于其观点的冲击力及思想的深刻度、思维的精细度，这两者的有机结合，构成了我国党报、党刊及报纸、杂志的完整定位。没有报刊的阵地，思想当然无从谈起，但没有思想与观念的挺立，则报纸的影响力、传播力会是无足轻重的，对于读者则是可有可无的。

从报刊与图书的不同性质看，确实在功能上有区别、有分野。报纸是来去匆匆的、广泛辐射的易逝品、易碎品，主要是横向覆盖；图书肩负着积累文化传播文化的重任，其主要是纵向穿越。茶余饭后，读报聊天，岂不惬意，而在卧榻上，还是读起书来带劲过瘾。二者区别，能不承认？但是两者之间并非横隔着一道不可逾越的鸿沟、深渊，无数的报纸局部产品成为图书，传承后世；无数的图书内容为报纸所连载，辐射各界，其中的道理就因为差异中存在着同一性。

报刊要有思想，报刊社就要培养思想家。思想家和报刊互为推动：是陈独秀、李大钊成就了《新青年》，梁启超成就了《时务报》，毛泽东成就了《湘江评论》，反过来也可说是这些报刊成就了他们这一代文化大家、思想大家、革命大家。要拥有几个乃至十几个学养深厚、政治成熟、思想敏锐、文笔犀利的思想家、评论家、写作家。没有这支力量的报刊社，建议事不宜迟，及早动手，变被动为主动；有了初步人选，要巩固基础，扩大队伍，形成气候；在培养路径上，可以有长远规划和近期步骤。要求这支队伍，调查研究要深入些，再深入些；读书学习要刻苦些，再刻苦些；同时压担子、交任务，在深入思考的基础上强调多讨论、善写作，非如此历练，则水平难以提高，笔触难以犀利！须知，无论金融危机如何，这个板块永远是报刊社不可或缺的支点。

其实，一家好的报刊社，只有思想家和独到见解也还不够，还得有几分艺术品位，否则也会是"行之不远，后继乏力"。此时，恰好身边有一家机关报内容正确，条目不少，但标题"老实"，版面呆板，明显地缺乏吸引力、感染力。在没有其他媒体的时候，可以聊解寂寞，但读起来也真是提不起神来，不知是定位选择的原因所致，还是对正确定位实施的偏离所致，抑或是两方面的原因兼而有之。笔者愿意就此类报纸的改进问题做些促进工作。

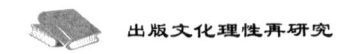

中国作协指导的由中国作家出版集团和中文在线主办的"网络文学十年盘点"活动告罄，我应邀出席闭幕式暨揭榜仪式，并被要求即席致辞。于是就追忆了当时的发言内容，权且作为本期卷首语。

一个基于新媒体的文学物种

——感言"网络文学"十年盘点

网络文学为什么能发展起来？此乃必要性与可能性使然。所谓必要性，即社会需求。文学即人学，与其他学科门类比较起来，它具有先天的、广泛的普适性。喜欢或者从事"数理化，天地生"的人们大致也喜欢阅读、欣赏文学作品，而喜欢或者从事文学职业的人们却未必也喜欢阅读和欣赏非文学的作品。中国出版科学研究所第六次国民阅读调查的结果表明，过去一年所有出版物的购买者、阅读者之中，文学作品位居榜首。特别是我们选择了社会主义市场经济体制以后，社会生活节奏的骤然加快、竞争的日趋激烈、神经和心理的高度紧张，加上消费的增长与休闲的诉求，都促使人们对文学作品产生了多样化需求、高频率需求、海量化需求。所谓可能性，即条件性。正当人们形成对文学作品空前的社会需求之时，代表先进生产力的计算机网络出现了！网络的草根性、低门槛性、大众化倾向等等，不仅使大众的需求一下子得以满足，成为消费者，而且也把大众变成了文学作品的生产者和创作者。必要性与可能性的结合，于是网络文学这个基于新媒体的文学物种便应运而生了。

发展起来的网络文学有什么特征呢？生产过程的互动性：消费者与创作者一起在网络平台上互动，创作者的作品被阅读，不断被消费者点评、肯定或批评，甚至修改和补充，创作者成了这些批评性文字的消费者；而消费者实际上参与了创作，事实上成为了创作者的一员。在很多时候创作者与消费者是一身二任的。生产内容的非传统性：由于这种特定的伴随着市场精神和消费主义的文字形式，它不可能沉醉于过于严肃的命题和因袭传统的风格，它更多地追求娱乐功能而非教化功能，它更多地注重自由心态、自我表现和自在方式，而非人文价值责任与艺术审美的情调，这就构成了其发展的内在原因。生产规模的无限性：正是由于其互动性与非传统性，它的产量、想像力、点击量都是海量的，与传统文字生产消费的时期相比较，谁能想到今天在我们的网络上相对固定的作家（作者）有十万之众，网上日常的阅读者竟有五千万之众，而且这个数字仍在强势的发展之中。

上述特征有什么功用呢？如前所说，首先它以几何层级数的速度与范式、空前而非绝后地膨胀了作者与读者的队伍，大大地增长和丰富了国民的文学生活与文学细胞，于是它催生了一个新的文学物种，造就了一支规模宏大的文学新军，从而极大地促成了出版产业、传媒产业的空前繁荣。而且它先是挤压传统文学生产样式、文学创作队伍、文学出版单位，使得他们一度十分尴尬，迫使他们基于市场和技术进行体制改革，牵引和带动它进入到数字网络的创作轨道上来，现在则呈现出共赢的态势。

现在我们对网络文学进行十年盘点，盘点之后怎么办？一定要按照推动文化大繁荣、大发展的宗旨坚定不移地发展网络文学，提升网络文学，满足国民不断增长的、日益膨胀的文学需求，应对国际社会在软实力方面对我国提出的挑战。同时也应注意到其某种程度的鱼龙混杂、泥沙俱下，本着存利去弊的精神，通过评论的办法、技术的措施及管理的对策，促其继续向健康有益、有趣有用的方向成长，这就是盘点的意义所在。

2009 年第 7 期

让"他们"对中国的发展习惯起来

"7·5"事件令人痛心、扼腕,国外或西方一些媒体对"7·5"事件的歪曲性报道令人惊诧、瞠然!

7月6日,卡塔尔半岛电视台采访"疆独"头目热比娅,热比娅拿出事先准备好的大幅照片,称"我的人民被围在中国军队中间,他们怎么能发动攻击呢?"随后,有环球网等网友发现,热比娅使用的照片竟然是今年6月湖北警方处理石首市群体性事件的一张照片,而这张照片被诸多外媒刊发。这是张冠李戴、造谣惑众的伎俩。

7月7日,英国《伦敦晚报》官网报道"7·5"事件时,配发了中央电视台公布的两位被暴徒袭击后满是鲜血的少女的视频截图,但图片的说明却写道"两名女士在被警察攻击后,互相安慰"。这是真假相掺、以假乱真的把戏。

7月10日,是"7·5"事件发生后的第一个星期五,许多当地穆斯林群众像往常一样前往清真寺做礼拜。当天下午,在乌鲁木齐洋行巷清真寺和解放路北大寺,人们刚做完礼拜,荷兰报业联盟、西班牙加泰罗尼亚电视台和日本电视台等国外媒体记者,就迫不及待地凑了上去,以采访、报道为借口,使用一些极其刺激、挑唆和煽动性的语言,企图引诱、"启发"一部分少数民族群众对政府和现实表达不满与愤怒。他们甚至不顾媒体从业人员起码的职业准则,充当起临时"导演"和"演员",公然教唆受蒙骗者如何游行、呼喊口号等,同时马上用摄像机进行录音、录像。这简直是冒天下之大不韪,创新闻造假登峰造极之境界的"壮举"。

一些网民和读者评论欧洲媒体和CNN电视台对"7·5"事件的报道，认为比去年大有长进，一般不再拙劣地拼凑画面，而是直接转发新华社和CCTV的画面，但配发的解说词却是如出一辙：和平请愿被镇压，中国长期压制少数民族政策的结果。企图通过真实的画面、真实的地点和人物达到完全相反的传播效果，真是煞费苦心也！

一直标榜、崇尚和追求新闻客观、公正、真实原则的一些西方媒体和记者，为什么会有如此这般的拙劣表演呢？有人说，因为他们对内对外是双重标准，可双重标准显然不能解释这种令人不齿的现象呀！也有人说，国家利益使得他们指鹿为马、颠倒黑白。难道为了自己的国家利益，就一定要昧着良心、昧着道义去给那些受害、受伤的人们身上泼脏水，去诬蔑和造谣另外一个发展中的国家和民族吗？显然也是讲不通的。再说，这样中伤另外一个国家和民族，真能给你的国家和民族带来一种真正的利益吗？好像也看不出彼此的逻辑关系。那到底是为什么呢？这些西方媒体和记者的动机究竟何在呢？

我以为，根本的原因就是中国这些年通过改革开放真正地发展起来了。中国的经济发展把世界上一个又一个大的经济体甩在了后面，经济危机也没能把中国怎么样，中国的文化软实力正在快速地走向世界，中国的政治影响力也越来越强，在世界事务中扮演着日益重要的角色。西方一些有着意识形态偏见、戴着有色眼镜的人接受不了中国崛起的事实，尽管它是和平崛起的，他们还是积累了一肚子的不满，早就想制造一点"动乱"，求得心理平衡，正好遇到这么一个事件，还能不利用一下？于是乎就想做足文章，把能使的招数都使上了。这是一种狭隘的民族主义意识，是一种以邻为壑、幸灾乐祸、栽赃陷害的小人做派，对所谓的自由、平等、博爱是一个绝妙的讽刺，而与所谓的国家利益不搭界，要搭界也是在损害自己的国家利益与民族情感。

我们怎么办？我们的媒体怎么办？在加快推进传媒产业繁荣发展的同时，要有意识形态理念，脑子要复杂一些，"害人之心不可有，防人之心不可无"，要大度地、从容地也是坚决地应对和处理这些歪门邪道的套路。包括媒体人在内的所有中国人要切记胡锦涛同志关于"和谐世界"的伟大主张，借助已故毛泽东主席"以斗争求团结则团结存，以团结求团结则团结亡"的遗训，确保我们自己沿着历史已经证明的特色道路走下去，让那些国家的那些人们逐渐地对中国的强大和发展习惯起来。

2009 年第 8 期

"男为悦己者容"

本期的封面文章和组稿重点是男性时尚杂志。在人们的印象中，时尚与女性水乳交融地连接在一起，因而女性时尚杂志的一发不可收拾，乃至铺天盖地，则是天经地义的，且习以为常，"女为悦己者容"嘛。

男性追求时尚是近几年开始的，相应地男性时尚杂志也时有诞生，而且一上市就有不俗的表现，这是令人快慰的。其中的原因可能是多方面的：一是男性慢慢地意识到，时尚不是女性的专利，身为男性即便是关心社稷，也不应忽略和放弃自身的品位建设。二是女性也开始醒悟：作为两性中的另一极，只有女性的时尚挺进是不够的，长期单性度地追求时尚，拉大两性之间的差距，也会使时尚失却动力和欣赏对象。三是男性尤其是成功男性，所谓中产阶层男士不仅有了这方面的意识，而且也确实有了这方面的需求。四是广告商乃至杂志出版经营人出于扩大收益、增加利润的考虑，瞄准了这一块消费市场，于是客观契合了主观，市场接纳了对象，不仅女性时尚产业，而且男性时尚产业也应运而生。

承认男性时尚产业存在的必然性，就有必要对男性时尚期刊作一番分析。就当下说，男性时尚期刊在服务消费对象的过程中，不断地研究市场需求，不断地调整编刊方略，不断地提供优质内容，使自己刊物的影响力不断增强，而消费对象也在对这种服务的接受中，逐渐地认可杂志，亲近杂志，与杂志成为伴侣。君不见，经过男性时尚刊物的教诲，那些不够成功的男士正在向成功男士迈进，那些开始成功、已经成功的男士正在日益变得更加庄重、更加绅士、更加富有魅力、更加自信和成熟。但是，"事物总是一分为二的",如果说刚出刊没几年的杂志,就无可挑剔,显然是不客观的。就目前看,笔者以为有几个不足仍可磋商:讲房、讲车、讲美容、讲着装、讲形象是可以的,也是重要的,但对于身体健康似乎关怀不够;如果说对男士身体物理健康的信息供给还尚可的话,那么对于男性尤其是成功男性的心理健康的关怀则明显不足;如果从心理健康再说到文化修炼的话,则绝对是一块"短板",更有甚者有的还停留在吸引眼球的层面,不少内容属技术性拼凑,一味地鼓动和诱惑读者在物质潮流的层面成为高消费的忠实践行者。诸如此类的偏向,已经或多或少地、或深或浅地影响了男性时尚期刊的健康成长与正常发育。笔者对于时尚男刊的发展与完善建议如下。

其一,要关注时尚男性的心理健康。从刊物目前服务的男性年龄段来看,这一代人总的成长轨迹呈直线型,确实也赶上了改革开放、富裕小康的好时代,一般是"三门"干部或"三门"学子。成长路径少曲折、少磨难、少失败。但随着社会生活的急剧变化和多重元素交织,加上市场经济体制在提升生产力和综合国力的同时所产生的负面效应,其实这对未成功男士和成功男士形成了较大的经常性的心理挑战,于是这应成为男性时尚刊物的一个重要经营领域。

其二,要关注时尚男性的生活方式之科学。与时尚女性不同,男性追求时尚的空间其实要比女性大得多,毕竟"女主内,男主外"已经成为悠久的传统。女性往往瞧不上男性的一个因素就是因为他在社会上没有朋友、没有交际圈、没有人脉,什么事也办不了,而作为成功男性他的社会公关职责就更凸现了。有消息称,企业的职工只要看见他们的CEO能经常性请人或被人请,就踏实多了,岂不知这种宴请的传统陋习害了多少成功男士,给他们的身体和心理带来了多少后遗症,甚至说减少了不少成功男士的寿命也不为过。于是,关于成功男士的生活方式和交际方式理应成为第二个重点经营领域。

其三,关注其文化修炼。就其根本性来讲,成功男士的成长及形象,不在于服装,不在于器宇轩昂,而在于文化底蕴的翔实与厚重,在于其知识的积累与智慧的运用。不是"金玉其外，败絮其内"，而应是"金玉其外，钻玉其内"。这就要求刊物在这方面有些深层次思考和长远性规划。可开设些读书栏目和谋略栏目、哲理栏目、历史栏目、演讲栏目、交友栏目，甚至诗词栏目等等，为他们源源不断地提供软消费之外的硬内容，提供精神与文化的真正营养，使他们不仅虚怀若谷，而且内涵丰富；不仅仪表堂堂，而且从容大度；不仅克难制胜，而且处变不惊。总之，男性时尚刊物应把客观与主观、外在与内在、物质与精神、消费与责任、文明与文化有机地结合起来，为所有渴求成功和已经成功的男士服务。毕竟"男亦为悦己者容"嘛！

2009 年第 9 期

记者节的考虑

时光如箭,岁月如梭,不知不觉中又一个记者节悄然来临。记者经常报道节日庆典活动,对自己的节日也许还顾不上重视。但党和国家有关部门隆重集会,表彰不同类型的优秀记者,社会也通过不同的形式向媒体和记者表示了发自内心的祝愿与敬意。在这样的时刻,记者自身应该有哪些考虑呢?

其一,确立宗旨。即毛泽东同志在悼念张思德同志时所讲到的:我们的共产党和共产党所领导的八路军和新四军是人民的军队,我们所做的一切都是为人民服务的。不但是当年,而且是今天;不但是人民军队,而且是人民记者,其宗旨毫无例外都是为人民服务。我们全部的力量源泉、生存依托、成长支撑都有赖于这个宗旨。当有人担心帝国主义和反动派把我们游击战争的战略和策略模仿过去以后怎么办时,毛泽东诙谐地说道:他们学不了、用不上,从根本上讲也难以掌握,因为他们的宗旨和我们不一样。能否做好记者,做好采编工作,可以有多方面原因、多方面条件,但究本求源在于对宗旨的理解和践行上。有了这个宗旨,一个媒体就有了根基,一个报刊就有了依托,一个记者就有了口碑。你去观察一下,是不是这个道理?

其二,明确路线。因为我们是以手中的笔为人民服务的,为社会服务的,不只是一时一地的服务,也不只是一人一事的服务,就是讲求新闻真实也不能仅限于一个事件、一个局部的真实,要有宏观与微观的结合。这就需要明确的政治路线和思想路线。如果说延安时期的政治路线是打倒日本帝国主义、解放全中国人民，思想路线是坚持真理、修正错误的话，那么在今天，政治路线则是高举建设中国特色社会主义旗帜，实践社会主义核心价值体系，思想路线则是解放思想、实事求是。无论采访的对象是国内，还是国外；是集体，还是个人；是战士，还是百姓；是批评，还是褒扬，都要从这个总的旗帜和价值体系出发。这就避免了好心办错事，主观动机好、客观效果差的情形，也给我们指出了报道什么、不报道什么、如何报道、鉴别真伪的方向。

其三，涵养作风。宗旨确立了，路线明确了，没有好的作风怎么行？范长江的榜样力量中，就有很重要的艰苦奋斗要素。革命战争年代，没有艰苦奋斗的作风，根本就写不出、编不出像样的新闻稿件。艰苦的条件下容易奋斗，逼你奋斗。和平环境下能否保持艰苦奋斗的作风则是一种严峻的考验。因为今天的物质生活及工作条件大大改观了，记者又有"无冕之王"的地位，所发表的稿件或是褒扬，会给褒扬对象带来一定的品牌效应；或是批评，会给批评对象造成一定的杀伤力。于是，所到之处，一般都会提供较好的接待，甚至有虚假介绍、不实材料，希望记者朋友多栽花、少挑刺。加上又处在知识经济和信息爆炸时代，在这种情势下，确实需要我们保持清醒的头脑，以振作的精神风貌，践行勤勉的奋斗作风，真实地而不是虚伪地、深入地而不是肤浅地、持久地而不是间断地进行调查研究，争取了解到第一手的情况，使我们的媒体风生水起，富有公信力、吸引力和生命力。

从社会方面讲，我们并不希冀社会对于我们记者职业过分的宠爱与关照，而是企求一种客观的平和的态度。一方面从社会有机体的完整性来考虑，整个社会的健康发展少不了媒体和记者这个相当重要的板块。马克思说它是第四种权利，在这个意义上，可以根据需要和可能，为记者的采编工作提供必要的条件和便利。另一方面，也要从爱护和关心党和人民喉舌的角度，对有悖于职业道德的采编活动给予批评和监督，这也是我们记者同仁向社会发出的郑重请求！

2009 年第 11 期

感恩传媒：我生命中的亲密伙伴

已经进入 12 月份，各行各业的人们都开始了盘点，农桑人家盘点自己的盆盆罐罐，报纸杂志盘点自己业务的种种发展，《传媒》杂志未能脱俗，也在梳理一年来行业各个领域的潮起潮落，云卷云舒。笔者也被裹进了这年终岁末的潮涌中，于是，"感恩传媒"四个字宛如远处的一轮朝日慢慢浮出地平线一般，凸现在我的脑海里了。

老实说，传媒已经与我的生命、生活交融在一起了，以至于难舍难离。早晨上班途中，在车里可以享用"新闻与报纸摘要节目"的早餐。到单位后，坐在办公桌前的第一件事便是打开电脑，先看 OA 平台，这是自己单位的媒体，所内有什么新闻、重要事项，稍作浏览便可知晓，同时也发表少许评论，或者告知有必要让同事们了解的事情，这就是所谓的"消费新闻与创造新闻集于一身"了。接着看中国出版网，这是我们自己创办的、在业内初享声誉的一个新媒体。先看要目，再看分门别类的专栏消息，选择的标准有二，一是看其后缀的时间标记是否为最近一日，二是看其标题的内涵及吸引力，然后把一些重要的尚需咀嚼的"另存"起来，以便日后深究。接下来是进入类似搜狐的门户网站，主要是读其新闻，其他则稍有顾及，不过受猎奇心驱使，有时也挑几个夺眼球的资讯一览，这就是所谓"秀才不出门，已知天下事"了。

午饭后，当天的报纸已经拿到，迅速地扫描分解：一部分通过广播电台早已知晓的报纸版面，随即处理，一部分只需浏览且保存价值不大的统统送掉，另一部分反映重点和热点问题且有一定内容的文章，便被我小心翼翼地存留下来，这即成为晚间的"夜宵"了。下班后回到家中，先将家里订阅的厚厚一沓子《新京报》抱到沙发上，快速浏览一遍，其中也不乏山野情趣、都市闹剧，或多或少地给自己补充一点"绿色营养"。然后是"消化"带回来的"夜宵"，每每还把一些报刊上的重要报道、重要评论、重要资讯等批阅给所里的有关部门和同事，争取使媒体上的这些信息能够发挥更多的作用，也使我们的报刊订阅费用能够发挥出更高的效能。

我受惠于传媒，还可以追溯得更远：30年前恢复高考时，除了花费较多时间主攻数学以外，在政治、语文、历史、地理方面我并未付出更多，这主要得益于平素阅读报刊的嗜好，尽管当时的报刊数量很少，并且"左"的调子很高。记得看到报纸上讲哪个地方、哪个国家新发生的事情或事件时，我就有意在墙上挂着的地图里找它的位置，慢慢养成了习惯，以至高考时一道"从广州出发到英伦三岛要经过什么海峡、海域、城市"的地理考题，几乎不费吹灰之力就稳拿到10分。

这是个人与传媒的一段情感史。从更广阔的视野看，我们党和国家与传媒的关系，也不乏可圈可点的经典案例。想必人们不会忘记"一张报纸救红军"的那段历史吧！当红军在松潘大草原的肃杀秋风和饥寒交迫中寻求安营扎寨、安身立命的据点时，是毛泽东着人去找一些近期和比较近期的报刊"精神食粮"来。完成这一任务的是后来的三十八军军长、当时的红一军团侦察连连长梁兴初，他率人先后两次为毛泽东找来不少"精神食粮"，毛泽东从中终于得知：徐海东率领的红军到达了陕北，与刘志丹的陕北红军会合了；在陕北，红军活动声势之浩大犹如当年的红色苏区，而且其面积与当年的苏区面积一样大。更有价值的是，一份杂志上还刊登了国民党当局绘制的陕北根据地战略图，让毛泽东好不高兴！谁能想得到，这些废弃的报刊竟然在中国革命生死攸关的时刻发挥了独特的、神圣的、难以克隆的作用！

由此，我们起码可以思考两个问题：其一，传媒对现代社会的作用是何等之重要，从事这个行业的同仁们应有一种神圣感和责任感。传媒不只是抄抄写写、印印发发的事情，它是现代社会生产力的有机构成。其二，借助传媒提升自己、推进工作，应该成为现代人的基本素养。都市类报刊是我们的精神生活资料，行业性及各种综合性报刊是我们的精神生产资料。我们应该有这个能力将生活资料转化成新的"体能"，将生产资料转化成新的"本领"。

2009 年第 12 期

☞ 2010 年

慎用媒体的放大作用

多次看到媒体上"满门抄斩"的报道，心情十分沉重：一个偌大的家庭，一群鲜活的生命，就在那短促的时空中，被追剿、被杀戮，然后在极度的惊恐中，被逼走黄泉，阴阳两隔。血刃者往往是丧失理智的（和责任能力并不矛盾），受害者除了极个别是利益相关者外，多数是无辜的。方式残忍，手段血腥，感情难以接受。

多次看到媒体上有犯罪嫌疑人大开杀戒、乱砍无辜的报道：或是开着一辆机动车，朝着行走的人群碾压过去；或是闯入幼儿园教室，不问青红皂白，砍杀一通；或是冷不丁跑到校门口，手持利刃要了数个学生的性命，……每读至此，感到十分沉重和压抑，压得让人喘不过气来，甚至有"喊天不应，呼地不灵"的心情。要知道，那是无辜的人群呵，那是生命的蓓蕾呵，那是青春的呐喊呵！为什么在那样的时空中，以那样的方式对待生命，对待这上帝只赋予一次的生命，对待这无冤无仇的生命，这简直是造孽呀！

在对生命的追寻与对血腥的声讨（可能是在默默地进行）中，有一个问题总是萦绕在笔者的心头：为什么"满门抄斩"和"乱杀无辜"的血案在最近的年份中频繁地发生，甚至有接踵而来、前仆后继的情形。这其中的原因何在？是新闻媒体过去没有足够地关注和报道这类恶性事件，如今才发觉和发现这类恶性事件？抑或正是新闻媒体的某些报道，在此类恶性案件的发生中，也起到某种微妙的客观性作用：本来一个犯罪嫌疑人想报复与自己有过节者，对这种极端手法并不知晓，但是借助媒体的报道，使他可以借鉴到这种更加解恨的方案，于是这类犯罪案例骤然增多了起来。也许，媒体在真实报道这类案件的同时，对此类案例的频发，多少起到了某种推广和引发作用。尽管报道者本身并没有过多地注意到这么一种些微的因果关系。

这里就有一个如何把握新闻真实性与新闻伦理之间的关系的问题。从新闻真实性的角度看，它是对真实存在的事实之报道，要求新闻必须完全立足事实，合乎客观实际，其时间、地点、人物、事件、经过和原因等都应经得起核对和检验。而从新闻伦理的角度看，它要求新闻工作者及其报道作品的价值取向等要与主流核心价值体系和道德规范及日常行为要则等相吻合。固然我们媒体的记者、编辑要服从真实性原则，因为没有真实性，便没有新闻之生命，但同样没有伦理性，就使得我们的真实性原则成为无本之木、无源之水。从发生的时间序列上讲，真实性是第一要义，新闻伦理性是第二要义；从发生的逻辑序列上看，伦理性应是第一要义，真实性是第二要义。新闻的真实性原则应该服从伦理性原则、价值性原则，这里的服从是从其功能性的意义上讲的。只有坚持真实性原则，才可能更好地为伦理性原则服务，为其核心价值体系服务；反之，只有坚持正确的伦理性原则，才能更好地把握真实性原则。世界上没有也不可能有脱离伦理性原则的真实性原则，也没有和不可能有脱离伦理性原则的所谓纯真实性。

尽管我们不止一次地看到一些高智商的犯罪嫌疑人，通过研读《犯罪心理学》或浏览《法治案例大全》等来为自己的犯罪提供指导和借鉴，但是我们不能由此问罪《犯罪心理学》和《法治案例大全》的作者和编辑们。然而我们可以由新闻真实性与伦理性原则的关系出发，来思考在我们的此类报道中，如何真正地又是科学地把两者结合起来，为我们的社会稳定、和谐发展提供某种更积极的元素，至少不能让新闻的放大作用和引导作用不恰当地为那些即便是不很突出的负面作用服务，哪怕仅仅是客观原因使然，尤其是在新闻媒体除了遵循真实性原则和价值性原则之外，还要追求某种市场性原则，讲究吸引眼球的当今时代和形势下。

为"慎用"支三招

——再谈媒体放大作用

本刊上一期就媒体关于"灭门惨案"的报道,提出了"慎用媒体放大作用"的命题。当时面对的情形是:一方面"灭门惨案"在频繁地发生,另一方面媒体的报道也如影随形,撇开当事人的主观意志或主观愿望,似乎两者之间有一种隐约的关联互动⋯⋯作为服务传媒业界的一家主流刊物处在这么一种状态:既想就这种情形,为我们的媒体和媒体人做出某种咨询和提醒,又唯恐夸大了这种关联互动,不恰当地伤害我们的同行。于是乎,就小心翼翼地提出了这个命题。没有想到,就在这篇短文发表的前后,业内外对这个问题给予了比较集中的关注。有的媒体认为,一种信息传播后,会有两种以上不同的接受方式,正常人是知道信息,了解信息,而犯罪人群就会从中发现作案方式和作案手段,实际上等于"方法的告诉"与"犯罪方式的启迪",提出应该警惕此类犯罪像传染病一样蔓延。有的媒体直接对一些报道倾向提出了批评。有的媒体譬如《中国新闻出版报》对此类现象进行了比较深入的讨论,先是介绍了公众质疑"媒体报道是否有违社会责任",接着通过专家学者的见解,提出"案件可以报道,但要有所节制",进而提出"报道手法要遵守一定原则"。可见,对"媒体放大作用"的研讨还是有一定的社会需求及学理意义的。

为什么要如此看重"媒体之放大作用"呢?因为媒体的放大作用是一柄双刃剑。尤其是在现代社会,媒体是软实力中最硬的部分,扮演着极为重要的角色,可以释放出巨大的能量,发挥着显著的作用。一个消息就能引来无数的关爱，一个晚会就能聚集巨额的善款，一个报道就可将凡人"包装"成圣人，一个影屏场面就会激发亿万人热泪盈眶、群情激荡，甚至转化成为排山倒海的力量。另一方面，一条不真实的消息，也会产生出种种不良后果，甚至后患无穷；一条误报的新闻会把一个好人、一件好事，打入冷宫；甚至一条正面报道的负效应也会衍生出一连串的社会问题，"城门失火，殃及池鱼"的情形不在少数。这就是强调"慎用媒体放大作用"的初衷。

如何慎用呢？是否有这么几条：

其一，要把新闻媒体的真实论与价值论（或曰服务论）统一起来，新闻媒体当然要讲真实，但真实并不等于"有闻必报"，也不等于原始状态的"实话实说"，真实论要接受价值论的约束与指导。真实的东西怎么报，报到何种程度，要由价值论来定分寸、定标准。真实论本身也是相对性和绝对性的统一。价值论则不仅要求真，而且要体现对于善和美的追求。

其二，要把经营论与责任论统一起来。在市场条件下，不强调经营是不可以的，强调经营不追求"眼球经济"是不可以的，要追求"眼球经济"，就得眼观六路，耳听八方，有了突发事件，包括"灭门惨案"，就得快捷反应，现场采写，及时报出，如此这般，才能服务读者，为媒体经营创造条件。但经营论必须接受责任论的节制。在我国社会主义条件下，媒体的社会责任是第一位的，媒体要毫无例外地为社会主义服务，为人民服务，为党和国家工作的大局服务。这是大道理、总道理，相比之下虽然没有经营，责任也难以履行，但没有责任，经营就失去了灵魂，最终也难以为继。这就要求所报道的内容应该是健康的，有益的；而不是哗众取宠，以血腥暴力、诲淫诲盗为能事。或者即便不能回避血腥暴力，也要力图把人们引离血腥暴力，而不是渲染和加重它。

第三，要把动机论和效果论统一起来。所谓动机论就是强调媒体采写、编辑、刊发新闻报道的目标指向是积极的、善良的。所谓效果论是说好的动机必须以好的效果为归宿。以报道"灭门惨案"为例，我们报道的目的是把案件的发生发展、来龙去脉以及主客观原因及时地发布出来，以引起社会的普遍关注，引起干部群众的高度重视，帮助读者认识社会中的不和谐因素，从而增强大家防范此类事件的决心和信心。有的报道却津津乐道于把场面血淋淋地克隆下来，传播开去，甚至有加强的趋势，这就容易导致更多的孩子处于危险之中，更多的家长处于焦急之中，更多的领导处于压力之下，于是乎就可能引发更不安定的因素。所以必须在坚持"动机论"的同时，把效果论强调到足够的程度，以求动机论和效果论的有机统一。

2010 年第 5 期

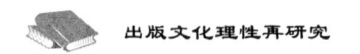

做永不迷失的记者

——感悟《给年轻记者的信》

借着周末假日，上邮箱处理一些来往信件。看到博雅书屋的朋友向我推荐了一本传媒方面的书，是美国哥伦比亚大学新闻学教授、《纽约时报》专栏作家塞缪尔·弗里德曼写的《给年轻记者的信》。他积自己三十年新闻写作与新闻教育之经验，谈到成为一位名记者的素质修炼问题，提出了许多富有感染力的观点和建议。笔者仅仅浏览了一下该书的梗概介绍，便生发出不少感悟，愿意在此与同行分享。

塞缪尔·弗里德曼先生在书中一开始，就提出：要成为有道德的新闻记者，你必须永葆仁慈之心。在这个命题下，他批评了所谓的客观主义态度，批评了所谓的对采访对象要不偏不倚的主张，批评了所谓记者被要求不能动感情的戒律。他非常鲜明地写道："我个人总认为'客观'是一个错误的词汇。因为人们不能回避主观。无论你把在新闻中保持距离称为客观还是公正，或是其他什么词，新闻距离不能也根本不应该超越人性的范畴。新闻是沟通情感的，而不是拒情感于千里之外。"

为了说明自己的观点，他还援引了两张获普利策奖照片的案例：一个越南女孩赤身裸体哭嚎着跑在一条路上，她是美军凝固汽油弹袭击的牺牲品。这张照片并没有在美国引起深化反战的作用，倒是使美联社的摄影记者黄幼公获得了普利策奖。但很少有人知道，黄幼公在拍完照片之后，立即把小女孩带上一辆小公共汽车，命令那辆汽车去一家医院，并恳求大夫为她治疗，直到小女孩上了手术台，黄才回到美联社冲洗照片。这是第一个案例。另一张摄于1993年苏丹的饥荒，照片抓到了正在走向救济所的一个瘦弱、蹒跚的孩子跌倒的瞬间，孩子的身后是一只秃鹫。拍摄这张照片的自由撰稿人凯文·卡特吸引了公众舆论对这幅照片的兴趣，卡特也像黄幼公一样，获得了普利策奖。但卡特在英国《卫报》的一位同事大卫·贝雷斯德福当时质问他，你为孩子做了什么，卡特回答说："我什么也没有做，那里有成千上万这样的孩子。"于是在获得普利策奖后不到四个月，卡特自杀了。

按照塞缪尔·弗里德曼的说法，是黄幼公救了小女孩的命，同时也拯救了自己的灵魂；而卡特很可能是不堪忍受"自己作为新闻记者失去人性那天"的折磨而选择了结束生命。

塞缪尔·弗里德曼的主张给我们传媒人什么样的启示和感悟呢？

其一，客观是相对的，主观则是绝对的，好的新闻作品只能是客观与主观的有机统一。

新闻事实是客观存在的，而对新闻事实的报道也必须是客观的，否则就失去了报道的意义，应最大限度地把这种客观发生并存在着的事实，尽可能客观地展示出来。然而，这种客观是把记者的主观意志自觉不自觉渗入其中的客观，否则这种客观就难以得到传播。这正应了康德的"自在之物"理论，看不见这个"物自体"，你什么都说不出来，可一旦说出来就不是那个严格意义上的"物自体"了。李普曼认为，没有偏见，具有全然中立视野的人，在任何文明中是如此不可想象，即使是目击者也不可能原原本本地再现事件的全貌。这即是说，客观性原则具有相对性，而主观性渗透则具有某种绝对性，问题在于是好的绝对性还是坏的绝对性，好的新闻报道是客观存在与好的主观绝对性的有机统一。

其二，新闻记者的职业道德要服从社会道德，服从社会大道德。固然新闻记者的职业道德要求你注重事实，把事实和观点分开，避免自己的主观倾向等等，要求你争取在第一时间把发生的新闻报道出去，但社会公德或曰社会大道德又要求你"遇难相帮""见危相救"。显然一个行业的道德，要服从全社会的道德原则，服从人性的法则。最好的办法是把两者有机地统一起来，比如黄幼公先生那样，反映越战的罪过，同时又挽救人群的弱者。一位纯粹中立的记者是不存在的，相反他的主观的博爱之心、仁爱之心，则可以放射出人性的光辉。

其三，国度不相同，对象有差异，但作为人的基本规则，则具有共同性、共通性、一致性。

虽然弗里德曼讲的是美国的事情，李普曼也是从美国的情况谈起，但对我们也有启示和教育作用。因为中美都是地球人，都生活在地球上，所处的生活环境、生活条件有很大的不同，但所面临的问题、所受到的挑战却具有某种十分相似的特征。比如，我们对"满门杀戮"事件的报道，对于"小学生受害"的报道，对于"高干腐败现象"的报道，在获得正面效应的同时，也存在着不少负面效应，而这又在某种程度上造成了阴影。事实上我们应该遵循人性法则，笃行以人为本，因为我们自己就首先是一个社会人，然后才是一个新闻记者，一名传媒人。孟子的"恻隐之心，人皆有之"应该成为我们的遗训，弗里德曼先生关于永远不要迷失人性的教诲，应该成为我们的座右铭。

2010 年第 6 期

研究一下浙报集团的路子

也许是受"江浙多院士"的影响,也许是《传媒》杂志与浙报集团交往历史较长的缘故,笔者一直对浙报集团抱有好感,所以当读到浙报集团纪念自己成立十周年的文章(载《中国新闻出版报》6月21日版)时,精力就比较集中,态度也比较认真,印象很是深刻。

总的来看,浙报集团的十年历程有三条主线:一是体制改革,二是战略推进,三是管理严密。就体制改革而言,他们首先是由事业法人向企业法人转变,此举的直接收益就是经营部门逐步成为真正的市场主体,突破原有的体制限制,激发出了微观活力,生发出了市场竞争力。其次,正是微观活力和市场竞争力促使他们从单一经营向多元经营转变,将媒体资源向非媒体行业渗透,同时设置了三条保险带:必须有自己的专业经营团队,必须是经过充分论证的项目,必须有可靠诚信的合作伙伴,于是乎分解了经营过度集中的风险,有效地实现了产业链的延伸拓展。再次,正是由于在多元经营方面的成功实践,促使他们由媒体经营向资本经营转变,进入一种更高级的经营形式,从而以一种战略投资者的身份在文化产业的舞台上呼风唤雨、连连得手。

就其战略推进而言,面对报业运行从传统方式进入到数字化阶段,从垄断阶段进入到激烈竞争阶段,从低成本阶段进入到高成本阶段,相应地从高利润阶段进入到微利阶段,零敲碎打不行,修修补补不行,得过且过更不行,而是审时度势,提出了自己的中长期发展战略,这就是通过"全媒体、全国化"的战略布局,实现发展目标的转型升级;通过整合、联合、融合的资源配置方式实现发展方式的转型升级；通过企业化、市场化改革，实现体制机制的转型升级。听起来这些表述除铿锵有力、对仗工整以外，似乎没有更多的新意，其实内在的思想、观念、张力与底蕴，可是了得！

就其管理模式而言，八大授权体系，分权为主、统分结合的权限管理，责权利结合的激励机制，还有以岗位设置为基础，以绩效考核为导向，以人力资源开发和优化配置为目标的现代人力资源管理体系，等等，形成了以改革为动力，以战略求扩张，以管理做保障的立体三角支架，支撑了集团的稳健发展，而这些恰恰是我们诸多报业集团所不具备的，所欠缺的。

要承认，这篇纪念文章文字是精炼的，内容是丰富的，所反映的浙报集团的路子也是令人向往的。浙江同行的精明不服气还真不行。在钦佩和向往之余，我和我的同事们都急切地想知晓，这条改革的路径，这个战略的规划，这种管理的模式，究竟是由谁设计的，又是如何设计的，设计出来之后又是如何一步一步地加以实现的，它的下一步指向何方？

2010 年第 7 期

问题的两极

说到舆论监督，总会涉及监督者和被监督者两个方面，媒体和记者多属监督者一方，被监督者则几乎涉及每一个行业、每一个领域，而这其中又多呈现出问题的两极。

作为媒体和记者既有正当行使监督权的情形，这是多数，也有不能正当行使监督权的情形，此为少数。这少数中又可以分为主观上在努力正确行使监督权，客观上产生了积极效果的状况，和主观上就不打算正确行使（譬如以监督权谋私），客观也相应产生了坏结果的情况，这后一种情况就构成了笔者所说的问题两极中的一极。就此而言，案例也非仅有，比如以监督权胁迫那些有违规违纪行为的企业单位和个人"破财消灾"，让人家支付"封口费"什么的，还有那些以曝光相要挟，逼着人家作高额度广告的丑闻等。这不能不说是我们新闻传媒界的耻辱。

问题的两极中还有一极是说被监督者一方的。这一极更是案例频频，大有攀比升级之势。就近期而言，霸王洗发水公司员工袭击每日经济新闻报社，踢踹报社大门，推打出入记者；广州某家具厂工人不慎沼气中毒，多家媒体记者采访时，遭到围攻殴打，有七位记者受伤；北京新奥物业大院发生火灾，《京华时报》女记者前往采访时遭到扭拉推搡；还有郭德纲德云社员工殴打记者的报道，更有《经济观察报》记者被当地公安局网上通缉的极端事件。这就是问题的两极及有关两极的一些随手资讯。这两极给我们什么样的启示呢？换句话说，我们从这两极中应悟出一些什么样的道理和对策呢？笔者以为，有这么几条。

其一，这从正反两个方面彰显了新闻媒体对今天我们这个社会的必要性与重要性。新闻媒体从一诞生起，就属于马克思说的第四种权力，就成为社会公器，就通过传播正面内容或负面内容的新闻形成公众的社会舆论，从而褒扬先进的、积极的、健康的现象与事件或批评落后的、消极的、阴暗的现象与事件，达到行使新闻舆论监督权的目的。在现代社会，由于传播手段、传播载体对网络与数字技术的引入与依赖，由于信息资讯对人们生活、生存与作用发展的不断增强，使得新闻舆论的监督权大大地被放大了、扩张了。真有"一言兴邦，一言丧邦"的效能。于是就有了"不怕通报，就怕见报"的说法，就有了"上新闻联播，下焦点访谈"的追求。

其二，高度重视新闻媒体的作用与影响，关注新闻舆论的监督权是正确的，也是必要的，但是对监督权的使用却有走偏方向、陷入误区的情形。从媒体和记者方面讲，这种监督权是媒体的本质所在，也是社会公众所赋予的，是党和人民所企求的，只有沿着这个方向去使用和彰显监督权的法力，才能履行新闻媒体神圣之使命，激浊扬清，建功立业，成为党和人民信得过的记者、编辑，其新闻生活才能有较高的质量，像范长江、邹韬奋那样。否则也会成为这种监督权的实施对象，从正面走向反面。监督者必然被监督，这应成为一条定律。监督权投错了方向，是要付出沉重代价的。接受新闻舆论监督应成为一种全社会的普遍素养，不应只是限于媒体和记者。

从被监督者一方来看，不要只是记者报道你好，媒体传播你好的时候，你喜笑颜开，春风扑面，应该基本地认识到：记者的问题采访，媒体的负面报道，许多时候会比正面报道更有价值。正确的、负责任的负面报道一定会使当事人发现自己没有发现的问题和软肋，认识自己没有认识到的本质和原因。正确的选择应该是积极地从容地配合记者采访，说明真实情况，提供可信线索。"为识庐山真面目，躬身请来山外客"，让记者获得的资讯真实、准确、客观、全面，从而成为企业、单位及个人成长和发展的积极要素。"相克相生，相辅相成"，应该有这样的辩证法修炼。千万不冒傻气，犯低级错误，欲盖弥彰，把自己抵制和拒绝，变成比原始报道线索更为轰动的新闻。

其三，要真正走出新闻舆论监督的误区，只是媒体、记者与被监督对象的认识提高与观念转变还不够，还应有体制上的考虑与制度上的安排。这方面法规不少，也起到了一定作用，但从操作层面看，仍有讨论的空间。比如，从新闻单位一方来设计，对从事舆论监督、批评报道的记者应有一定的选择条件与标准，这些记者首先应有足够的社会责任，然后才是一定的市场意识；二是采访涉及的事件、人物应有具体的要求要素，类似于法院审理中对于人证、物证的要求等规定；三是采访的稿件的基调应是建设性的，比较客观的，留有余地的，不是置人于死地的。即便对于极端事件，也应采取这种态度。

从被监督对象来设计，配合与接待记者要看对方的证件是否真实，单位是否确立（以防有人冒充新闻单位和记者），此为一；还要看态度是否客观、公正（以防被人利用或以偏概全，攻其一点，不及其余），此为二；批评稿件完成后，应听取被监督者一方的意见，哪怕最后这种意见没有被采纳，此为三。总之，舆论监督的此方与彼方是应该有一些行规的。

2010 年第 8 期

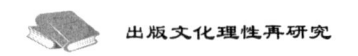

且看华商报如何走市场

在七月份召开的全国新闻出版局长座谈会上,听到柳斌杰署长专门讲到华商报的黄马甲发行队伍将近12000人的规模,让笔者吃惊不小,于是萌生了对华商报作立体报道的念头。回来后向传媒杂志社同志作了介绍,他们立即拍板,派出了一个精干小组专门前去采集华商报业的方方面面资讯。在采访小组的文稿即将刊出之前,我们在一起议论,这份由内刊《侨声时报》改名而来的报纸,1996年濒临关张,1997年发展到今天成为祖国大西北的第一张都市大报,并以此为龙头创办了传媒集团,采编及经管人员15000多人,年总收入达28亿元人民币。华商究竟是依靠什么"魔法"扩张起来的?我和我的同事们认为,最少有四条。

其一,有一位难能可贵、不可多得的"头人"(原谅我用一下少数民族的称谓,以示我对这位社长的敬佩和钦佩)。

这位"头人"就是在业界已经"谁人不知"的张富汉先生。记者描述了他的霸气让人有敬畏之心,他的执行力让人误以为报社办到了军营,他的低调让记者们多方寻觅难以着笔,而他的"一根筋"则是集西北汉子的秉性之大成。在笔者看来,如此这般的描述,恰恰彰显了他那种敢干事业、能成大业的特质,坚定不移的目标:要为天下第一大报;坚忍不拔的毅力:困难越多,越有底气,难以成事,偏要成事。他才是报社之魂,报社之根!以他为核心的团队是西北报人之骄傲,是中华报人之自豪。

其二,有一条比较彻底的市场化路径。

为了真正地而不是虚伪地、完整地而不是局部地、深入地而不是肤浅地做社会主义市场经济体制的践行者，做文化体制改革的先行者，张富汉等把自己置于"死地"而后生。他从当时效益颇佳的省委机关报辞职，放弃了事业编制的身份，到发行量只有区区两万份，亏损额度高达上千万元的华商报报到，颇有"明知山有虎，偏向虎山行"的英雄气概和"壮士一去不复还"的悲壮情怀！不论其他同行对市场如何"谈虎色变"，或持几分保留，他和他的战友们先是釜底抽薪，后是背水一战，真心实意地与市场化结缘。在采编两分开的前提下，实行全员聘用制、广告代理制、跨地区办报、走出国门办报；特别在当地竞争对手的"围追堵截"下，在极端困难的条件下，仍然不改初衷，匍匐前行，终于赢得了片片彩云和几多蓝天。

其三，有一个凝聚人心的根本性体制。

据采访归来的同事们讲，华商报已在内部实行了股权激励机制，实际上这已触及有关所有制改革的一些十分重要的核心问题。尽管华商报的同志考虑到种种不便，没怎么介绍这方面的具体情况，也不知道股权激励的范围、层次、规模与比例，但是有一点可以肯定，正是这种深层次的股权配置以及这种配置带来的激励与约束效应，已经不仅从思想观念，而且从经济纽带上把这个团队紧紧地联结在一起，并且由过去走到今天，由今天走向明天。我们预测这种利益共同体的模式一定会派生出若干更加积极的效应，更持久的效应，而且，正在改制的书报刊企业或集团一定会走到这个方向上来。

其四，有一种回肠荡气的报业企业文化价值理念体系。

张富汉和他的战友落户到华商报迄今已有13年了。13年也许对一些人是长，对一些人是短；对一些报社是长，对一些报社是短，但对张富汉和他的团队来讲，也许是苦辣酸甜，感慨万千的。之所以能走到今天（看来走到明天和后天，问题也不是太大），除了其个人魅力、体制支撑、市场压迫等方面原因之外，一个不能忽略的因素就是该报的企业文化建设功不可没。不仅领导和部属之间的兄弟姐妹情谊，不仅报社与业界友好合作的界面，关键是在整个采编工作中实行并坚持了一种阳光、道义原则，一种风范和胸怀理念，倡导追求光明的、美丽的、善良的、动人的人性，不要过多地关注凶杀抢掠的东西，力争成为被报道对象，被服务对象的朋友，与他们尽可能地融合在一起，让生活更健康，让世界更美好。那种不遗余力、不择手段地以挖掘阴暗面来吸引眼球，从而争取广告客户的套路，与这种文化价值主张是格格不入的，且显其猥琐和低下。至于华商报的真正文化底蕴，本刊将继续追踪报道。

2010 年第 9 期

一个比较成功的跨媒体传媒集团

《传媒》杂志的同仁设定要对成都传媒集团作一番深度采访，从采访的文稿来看收获颇丰，最起码内容是沉甸甸的，特别是其跨媒体的运作与业绩，值得我们议论一番。

跨媒体，从中央层面来讲，的确是一直倡导和推行的重要改革方向；从地方层面来看，成功的案例不是很多，甚至十分有限，有的为时不长很快就退缩回去了。像成都传媒集团这样的典型案例，着实难能可贵。

首先，看看他们是如何做成这个跨媒体集团的。材料上讲，一是顺应了国际传媒业发展的大趋势，二是集团人谋求发展的内在冲动，三是成都市委、市政府的强力推动。这些都言之有理，不过还可以加上三条：其一是成都传媒集团的前身成都报业集团有一定的实力和经验，这正是其谋求再发展的内在冲动之源泉；其二是四川同仁干事有那么一股子"蛮"气，认准了就义无反顾走下去，不回头，管你说三道四，风阻雨拦；其三是董事长何冰的缘故，何从单纯"政治家"到"政治家+企业家"的华丽转身，不能不为之称道。他的战略意识、忧患意识、规划能力与统率能力，具有很强的示范性及可研究性。

其次，看看这个跨媒体的传媒集团是如何做下来的。俗话讲"万事开头难"，其实纵观历史，把开了头的事业做起来、做下去更难。但是成都传媒集团做下来了，而且做得很好。从捏合到融合，从"集中""分类"原则到"竞技""合力"理念，从"化学反应"到"媒体联动"，从舆论强势到资源整合，从物的整合到心之融合等等，确实让人感到了 1+1>2 的跨媒体效应。不说其资产总值及其增幅，也不说其营业收入及其增幅，只说在2009年度的全国新闻出版产业调查中，集团所属的报业板块在全国报业集团总体经济规模综合评价中排名第四，确实让同行侧目。要知道，中央有几家大的报业集团，地方有三十余家省、市、区的党报集团，副省级城市亦有十几家报业集团，能够在"内忧""外患"中坚守挺立，能够在强手如林中脱颖而出，谈何容易。说是"一把辛酸泪，谁解其中味"恐怕不算过分。

再次，已经做下来了，能否做下去，做永久，这是成都传媒集团要回答，并正在回答的问题。也是我们杂志和传媒研究从业者需要探究的问题。从目前看，还是可以做下去的，甚至可以很好地做下去，但是还是有诸多存在的软肋需要清醒地对待，理性地克服。比如就其内部讲，还存在着某些新闻同质化的现象；就其经营讲，还存在着战线过长，非我专长，类似于旅游、展会、房地产业务等领域的问题；就其经济指标与管理制度而言，还存在着"带着镣铐走钢丝"的情形；就其外部讲也还属试点，且为很有限的试点，还存在着单薄的现象，还有其他兄弟同行感受不到的种种压力。正是在这个意义上我们很谨慎地称之为"一个比较成功"的典型。究其本意，就是想和成都传媒集团的同志一块继续把跨媒体进行下去，使其真正成为全国传媒业发展的成都模式，同时也为跨媒体的由点到线、由线到面提供有价值的借鉴，使得整个传媒业真正地成为共和国的实力板块和强力品牌。如此而已。

2010 年第 10 期

期刊业有自己独特的亮点

最近出席了湖北百万期刊现象的高层论坛，又阅读了第二届亚太期刊数字大会的相关文字，深感期刊业有着自己的独特亮点，需要给予足够的关注。

首先，期刊相对于书报有着自己天然的特点。

就期刊的生产来讲，它有节奏性、规律性、可预测性、可期待性，这就利于期刊的供稿人、编辑人、出版人、发行人比较从容地、有节奏地从事期刊生产。这一特点，图书相对来说就不怎么具备，报纸有点类似，但它的节奏太快。

就期刊的经营来讲，它的投入是弹性的，产出是刚性的。往往今年年底就把明年全年的刊款收到账上来了，如果比较善于经营，这些资金还会有额外的增殖。相比之下，图书的投入是刚性的，产出则是弹性的，前期的费用都必须支付，而支付以后能否销售出去则还是未知数。

就期刊的传播来讲，有其特殊的传播广度与长度。无论是长期订户，还是零散购买，由于内容的综合性，它的读者面一般要大出好多，有效阅读时间往往还会延长好多，这正是广告客户看重的地方。就其品牌建设来讲，正是由于它的生产的节奏性、周期性，经营的规范性和先导性，传播的广泛性和长期性，使它更容易形成品牌效应。

其次，一些期刊包括国内文化类百万发行量期刊成功的主客观经验是什么？

从主观方面讲，在定位方面，要寻找最普遍的社会需求。《知音》杂志的定位是男女性、老中青普遍存在着的对恋爱、婚姻、家庭等方面的精神文化需求。《特别关注》定位于"成熟男士的读者文摘",一下子把人口的一多半抓在自己的手中。这种普遍性的需求,为期刊的大发行量埋下了伏笔,营造了前提。

在内容方面,实际上坚持了一条"导向、品位、可读性、可用性"的原则,把党和政府的要求与人民群众的需求有机地统一起来。不讲导向,没有社会主义的核心价值体系作主心骨,刊物就失去了存在的前提;没有品位,缺乏文化内涵,就会行之不远;没有可读性,就进入不了读者,也就进入不了市场;没有可用性,虽然暂时进入了读者,但获取不了长久的市场。

在营销方面,也都采取了独特的大投入、大队伍、大网络的路径与模式,同时把造势和借势结合起来,把订阅和零售相结合,把主要客户与相关客户相结合。

从客观方面讲,每份期刊后面都有一位非常出色的领军人物和围绕领军人物形成的一个好的业务团队。试想如果不是胡勋璧同志和他的团队长期坚守,不断开拓,排除干扰,征战颇多,能有《知音》和它的家庭期刊品牌系列吗?如果不是朱玉祥和他的团队出奇制胜、异军突起、非常手段、非常办刊,能够在这么短的时间内,挺立起这么一种百万大刊吗?

还有,这些刊物背后都有伯乐的慷慨支持和比较良好的成长环境。当我们看到《知音》长成一棵大树,一片森林,甚至成为绿色家园的时候,不能忘记刊物主管部门的领导和同志们的功德。在我们看到《特别关注》强势推动、迅速成长、后来居上的时候,不要忘记是湖北日报传媒集团的掌门人慧眼识珠,选择了朱玉祥这位领军人物。

再有,在分析百万刊物成长环境时,不可能不注意到党和政府主管部门的重要的、独特的作用。这既是我们国家社会主义制度一种优越性的反映,又是内因发挥作用的关键性外部原因。

最后,应加强对期刊地位和作用的研究。

从国际上看,存在着一定程度的杂高书低现象。比如日本讲坛社,其收入的绝对优势大头是刊物，从国内看，有一大批出版传媒单位的牌子是出版社，但其经济实力的支撑实际上是社办刊物，这都是大家公认的事实，然而对于这些公认的事实的研究和探讨还停留在比较浅的层面。

对于刊物的作用存在着估计不足的问题。以百万发行量期刊为例，它不仅仅是市场回报问题，是品牌建设问题，从更深刻的层面上考量，它实际上是国家十分珍贵的精神财富，十分重要的战略资源。它正在以其普遍的、长久的，又是以"随风潜入夜""润物细无声"的方式在把社会主义核心价值的体系渗透进入人们的心灵世界，我们应从国家文化软实力和民族精神家园建设的角度来把期刊产业做大做强。

2010 年第 11 期

悼念"文化"范老

11月21日上午，在初冬的呼啸寒风中，笔者和《传媒》杂志社的两位负责同志，与首都新闻界、文化界的上千位人士一道，在八宝山革命公墓大礼堂向人民日报原总编辑、清华大学新闻与传播学院现任院长范敬宜同志挥泪告别。范老是有恩于研究所和《传媒》杂志社的。这几年，岁末年初所里和《传媒》杂志社为业界主办"中国传媒创新年会"，邵老（邵华泽）和范老总要到会上为我们坐镇、鼓劲。范老有几次其实是"带病作业"。记得《传媒》的一些重要文稿，也得到过范老的支持与指点。再往早里说，那还是笔者当年在中国新闻出版报社工作的时候，因为评比党报编校质量的缘故，也因为若干新闻研讨会的缘故，受报社负责同志委托，多次请过范老参加我们的会议。尽管我们也知道人民日报系党和国家重大部署与重大事件报道和舆论工作于一身，有多少紧急文稿及特别任务需要他殚精竭虑、呕心应对，但他总是能够如期到达。有一次是周日早上，我到大门口接他上楼，看见他是打了出租车赶过来的，他说，让司机多睡会儿觉吧。钦佩之情，油然而生——要知道他是我们共和国第一党报的总编辑呵！

告别仪式上，看到了对范老生平介绍回顾的文字，告别仪式后，也陆续在媒体上读到了纪念范老的几篇报道和评论，感觉到分量较重，也有内容，且记者们的感情浓浓地饱含在文中。不过，唯一感到不满足的是对范老的新闻功绩着墨尚可，但对其在文化理性方面的造诣落笔太少。而在笔者看来，恰恰是后者的功底托撑着前者的靓丽，或者换句话说，范老在新闻事业方面的枝繁叶茂、果实累累，正是因为在文化理性方面的修炼有着很深、很厚的积累。两者初看是因果联系，继者则可以说是现象与本质的关系。

为什么他能有"莫把开头当过头"那样的开山之作、成名之作？为什么他能有"顺应时代、顺应人民"，"离基层越近，就离真理越近"，"苦难是一种不幸，但苦难有它的两面性，会有一些偏得，会有你在平常情况下得不到的东西"等等诸如此类的真知灼见？为什么他干一处，红一处，能把中央大报的新闻业务工作搞得风生水起，能把新闻教育工作搞得虎虎有生气，就是因为他有着长期的文化理性修炼，有着很深厚的文化功力。他连批评某些记者的浮躁作风，也充满着文化气息和文化调侃："朝辞宾馆彩云间，百里万里一日还，群众声音听不到，小车已过万重山。"这是多么的诙谐，又是多么的和风细雨！温习这些做派，我们就不难理解为什么在好多时候，范老不无担忧地批评不少新闻作品缺乏文化感染力，一些新闻工作者缺乏"文胆和文气"了。就不难理解为什么他给清华学子开设"新闻与文化"课程。云杉同志说他"为政为文两从容"，"满腹诗赋生花笔"，是很有见地的。

认真追溯起来，范老的这种文化修炼的功夫，发端于他的少年时代。当时母亲看他自幼多病，不能正常上学，担心他虚掷光阴，就让他拜师学画，练书法，读古诗，结果为他打下了这方面的文化基础。他天资聪慧，进步神速，后来就一直在这方面有所造就。2001年出版的《范敬宜诗书画集》选录的就是他从13岁时起的约百件诗词、散曲、书法和国画作品。而一些历史统计告诉我们，我国从古代一直到今天，凡诗书画有造诣的人一般也有文史哲方面的气质，而这种"文史哲"方面的气质往往在很大程度上影响到了他自己做人的品格和作文的品位。他虽然把自己在这方面的成就称之为"余事"，但他又承认这会对新闻工作产生潜移默化的作用，经常审时度势、谋篇布局之际，会给人以灵感和启发。悼范老，我想我们能否也像范老那样，更文化一些。或者说从新闻追溯到文化，从文化方面找些更有深度的东西，继承之、发扬之、光大之。比如良好的文化修养、文化教养，应该从娃娃抓起，从家庭抓起，如果我们自身已经误过了家庭教育期，能否利用好对后来者的家庭教育期；其次，亡羊补牢，为时未晚，如果我们过去在这方面很有欠缺的话，那就应尽可能利用主客观条件，通过读书和写作的环节，修炼自己，使自己和自己的同志，"文气"浓烈些、深厚些。即使不能饱读诗书，也要尽可能增加自己的文化元素，滋养我们的新闻出版事业。

2010 年第 12 期

☞ 2011 年

全媒体业务与意识形态功能

——在第七届"共和国党报"论坛上的点评与感受

在媒体如林、思潮如海的情势下,中国传媒大学坚持对"共和国党报"的研究与提升,具有特别的价值和意义。笔者受命对一些研究者的发言进行点评,不敢怠慢,且有体验。

一

初步分析了党报进行全媒体综合性业务探讨的根据,主要有两条:一是新技术的出现及迅速推广;二是在这种新技术迅速推广的基础上,党报消费群体及读者阅读习惯的颠覆性改变。此既肯定了党报全媒体业务拓展的积极作用和重要价值,也提出了若干需要探讨的问题。

比如华东师大新闻传播学院院长严三九教授提出,在全媒体条件下,新闻产品同质化的可能性、新闻产品客观性的损耗、新闻产品关注度的两极化、新闻中心或新闻产品生产的局限性等。

又比如,中国政法大学讲师王佳航博士提出,全媒体方式的一次开发,多次售卖,是否能够扩张原有读者群,从而获得新的赢利空间?其中还蕴含着一个问题,全媒体的集约化生产能否节约出剩余生产力,剩余生产力是被裁员,还是向新闻生产的深度和广度进军?另外,我们的党报全媒体运行方式实际上是否是为他人作嫁衣裳,而自己并无多少实际收益。

长江大学党委宣传部李玉泉部长结合去年对长江大学学生见义勇为、

救人身亡事件的报道，讲到党报新闻的真实性和引导性问题，实际上提出了两个层面的问题：一是坚持新闻的真实性这个永久性命题仍有相当的困难，特别是在多媒体、网络媒体的情况下更为困难，难在何处？因为报道者怀有不同的目的性，强调党报公信力和社会担当的记者千方百计地维护其客观真实性，而有着极强个人或小团体功利目的的记者，则往往根据功利性和目的性来修正真实性，甚至借助党和政府一些部门的同志对新闻的不适应心理，使其不够真实性具有了某种真实性的效果。二是对现有真实性的引导问题。即是说对于真实性的引导，亦有两个方面：一个是向积极的方面引导，即便是阴暗面，也能使人从中得到教训，增强克服阴暗面的信心，得到克服阴暗面的方法；另一个是消极的引导，比如把罪恶、灾难、事故等集中报道，产生叠加效应，从而客观上会使人对整个社会产生失范心理，进而采取极端措施，或者客观上为新的犯罪提供了某种学习和借鉴。引导性问题真是值得我们党报论坛持续地进行研究。

天津师大刘陈等同志提出了党报的意识形态担当问题。他们分析了西方意识形态对我国的强势扩张，以及多元化对主流价值观念的冲击，公众意识对主流意识形态的分解，并提出了相应的对策。天津师大李秀云教授谈到两个方面的媒介素养问题：一是媒体与媒体人自身的媒介素养问题；二是公众的媒介素养问题，也很有见地。

二

由点评可以归纳出这么几点启示：

第一，论坛参与者对于全媒体传播方式，既有肯定，也有质疑，弘扬了一种好的学风，反映了一种符合科学发展观的辩证思维。从肯定方面讲，全媒体传播方式体现了对新的生产力的追求与适应，扩大了主流价值观的传播半径与覆盖空间，使得党报党刊在时效性、传输速度及滚动传播上表现了新的风采，也就有了不同的全媒体模式，包括对人才规格和培养内容也有了新的要求。

第二，讨论既有技术问题，更涉及内容问题，体现了一定深度。全媒体本质上是技术问题,如何加正同志提出"网媒无边无沿"的观点等,但讨论超出了技术范围,特别提出了党报的社会担当问题、意识形态功能问题、媒介素养问题等。

第三,既要重视对一般报刊的功能、规律的研究,更要重视对党报、党刊的功能和规律的研究,表明了一种责任。这应成为中国特色社会主义新闻事业的最重要内容之一,这是我们传媒竞争力的最具核心竞争力的板块。在这个意义上,我们希望党报论坛办得更好,永远地办下去,我们自己也有责任为之做出长期努力。

2011 年第 1 期

市场与导向

到2010年年底，我国经营性出版社（公司）基本上完成了向企业性质转换的任务，开始进入包括股份制在内的塑造真正意义上市场主体的新阶段。从2011年年初到2012年上半年（以6月30日为限），非时政类报刊也要大致完成转企改制工作第一阶段的任务，为成为完整意义上的市场主体创造条件。经营性的新闻出版单位改变"事业性质、企业运作"的模式，向完全意义的市场主体转型，这是出版传媒业深化改革的不二选择，也是十七届五中全会关于推动文化产业向支柱产业发展的逻辑必然，因为产业的基础必须是企业，企业才能构成产业的真实发展，企图在事业单位的基座上建设起庞大的产业体系是违背产业规律的，也是实现不了的。既然经营性出版传媒单位都要毫无例外地转型为企业，那就必须更多地、最大限度地按市场规律办事，最大限度地遵循价值规律。换句话说，在市场经济条件下，市场主体必须把主要的注意力瞄向市场，充分地发挥自己作为主体的能动性，寻找市场空间，实现经营目标，获取利润回报。作为出版传媒业的每一个企业个体，一般都要通过经营好自己的版面（传统的和数字的），吸引相应的广告，设计和组织若干相关联的活动，甚至通过媒体自身的延伸产品，扩大自己的收益，使企业自身能够与社会形成良性循环，这是应该给予肯定并积极支持的。

但是，强调根据市场需求生产传媒产品，是不是意味着导向问题就应该被弱化呢？答案显然是否定的，这不仅因为我们的市场经济是社会主义的市场经济，我们的市场主体是社会主义的市场主体，而且这种定性不只是文字的，它有着明确的内涵，这就是必须以社会主义的核心价值体系作为灵魂和本质，来主导所有传媒载体上精神产品的生产。否则肯定会出现偏向，甚至会误入歧途。还有一层意思应该讲到，就是从市场经济已有的发展历史上考察，即便强调的是经济运行和利润追求，也必须遵守社会上绝大多数人和长期形成的文化观念与道德底线。尽管不良精神文化产品也会有一定的消费群体，也会在历史的某一个时段上存在，甚至还有一定影响，但从人类向文明迈进的总的历史长河和总的空间来考察，真诚、善良、健康、美好的内容总是为多数人所接受、所认可，为较长的历史所肯定、所推崇。因而那些虚假报道、那些低俗报道、那些错误报道，尽管也打着"服从市场"的旗号，其实是没有生命力的，反倒会因为"拔苗助长"，给自己造成深深的伤害，给社会留下不好的口碑。

所以我们说，坚持正确导向，不只是上面要求我们这样做，更是我们自身的生存发展之需要。越是发展社会主义市场经济，越是要毫不动摇地抓好正确导向，越是抓好了正确导向，我们市场经济就越会健康发展。在中国特色社会主义的建设进程中，我们传媒出版单位必须坚定不移地走市场经济的路子，努力使自己成为真正的市场主体，通过惊险的跳跃，实现自己的经营目标，夯实自己的发展实力；同时必须始终坚持正确导向，在传媒的一切稿件中、一切活动中、一切广告中、一切延伸产品中体现出我们对正确导向的坚守，不仅要有这种深刻的理念，而且要有坚守这种导向的完备、简洁、管用的机制系统。当然，对于导向的理解也不可以过窄、过小，应该从社会主义核心价值体系的宽度和深度思考和解决好这方面的问题，要从主旋律和多样化，从大繁荣、大发展的宽度和深度思考和解决好这方面的问题。

2011 年第 2 期

互联网有无"浅薄症"?

笔者曾经在一篇文章中谈到互联网对于出版物和出版人的正面影响及负面影响。当时认为负面影响有这么几条：一是就编辑而言，它降低了编辑质量，它置换出了过去阅读传统书报刊的时间，却没有把置换出的时间都用在网络的相应阅读上，其中有相当大的板块被用来浏览非相关信息，甚至在聊天、交友方面。这显然直接影响了编辑的精神成长，间接地影响了出版物的加工质量。二是就创作而言，它空前地降低了准入门槛。在传统条件下，对书报刊等出版物作者的准入门槛要求很高：必须是学者、专家、作家，起码是准学者、准专家、准作家，才有可能进入到这个领域中来，但在互联网条件下，准入的门槛很低，几乎什么人都可以进来。这就在一定程度上稀释了作品的精神含量，摊薄了作品的主题思想，有的岂止是摊薄，简直是文字垃圾。三是就大众消费群体而言，它强化了形象思维，弱化了抽象思维。由于网络的图文并茂，且图盈于文，很多时候是图为主、文为辅，有文之时多有图，有图之时未必有文。久而久之，它就容易使消费者产生一种对图像的阅读依赖感，就像人们没有辣椒和盐巴吃不下饭一样。而这会大大地弱化人们的抽象思维能力和理论构建能力，使人们的认识水平在向儿童回归，又与儿童的纯朴、善良相去甚远。过于娱乐、过于浮躁的社会风气与此有着很强的因果关系。

不想无独有偶，美国《哈佛商业评论》原执行主编尼古拉斯·卡尔的新著干脆断言"互联网让我们变得浅薄"，他新著的名字就是《浅薄》(The Shallows)，他历数大脑在不同时代的表现，然后得出结论：大脑是可塑的，在我们今天，互联网在改变阅读方式的同时，正在重塑我们"浅薄"的思维方式。他分析说，互联网对信息的过量承载，我们不得不加大扫描和略读的比重，这就是浅阅读的典型表现形式，这种形式在强化我们的反射反应及视觉处理能力的同时，损失了我们深度思考和创造方面的能力。换句话说，不断地解读"超文本"，不断地增加读者的认知负荷，削弱了他们领会、记忆所读内容的能力。他担忧的是，在丢掉了羊皮圣经，丢掉了报纸、杂志，丢掉了托尔斯泰心灵的同时，人类正在丢掉大脑。根据笔者自己此前的思维基础，综合卡尔先生的最新著作，又得出一些或许重要的结论：

第一，卡尔的结论与笔者先前的看法相比，尤为甚。他的结论和判断有一定的神经生理学和认知心理学的支持，诸如"认知负荷""视觉反应"等概念的使用。

第二，卡尔的结论更形象。实际上在互联网时代，大脑已经应付不了信息的无可抗拒的涌来，大脑难以承受，大量溢出、前仆后继溢出，无从很好地存储，谈何进行思维的加工，乃至深度加工。眼球的注意力被消耗得筋疲力尽。

第三，卡尔的一些结论更能引发我们的深入思考。比如，他讲到谷歌公司提出要收购亚马逊，建立自己的"图书搜索"王国，认为谷歌这是把网上数字图书内容"切成碎片，剁成小块"，让读者可以在"10秒钟内研究完一本书"，这是"利用网络代替记忆，从而绕过巩固记忆的内部过程，我们将面临大脑被掏空的风险"。事实是，现在好多人已经出现了离开网络、离开电脑屏幕、离开"PPT"课件，就难以讲话叙述、难以逻辑表达的情形。

总之，我们说互联网是双刃剑，不只是从内容上讲，它既是天使，又是魔鬼；而且就其技术功能来说，它也既是一种先进生产力的显现，又容易对人们的思维能力产生严重破坏作用，既有其丰厚性，也有其浅薄性。恩格斯讲，当人们为着自己征服了自然界而欢欣鼓舞的时候，自然界正准备惩罚人们呀！这种忠告似乎也适用于目前互联网的情形，如何扬长避短，趋利避害，则是我们必须回答的问题。

记忆力、思考力、专注力

——关于网络是否造成浅薄的再思考

上期卷首语写了一篇《互联网有无"浅薄症"?》的短文,似乎意犹未尽,于是就想再续写一些文字,就教于业界。

首先,需要考量研究这个问题是否有价值,有多大的价值。我们要汲取学习屠龙术的教训,尽力不做或少做无用功的事情。根据2011年1月16日《全球互联网发展报告》所公布,全球网民数量19.7亿,即是说,地球上每3人中就有一个网民;这和我国的情况相类似,据统计,我国13.3亿人口中,有4亿多网民,也差不多是每3个人中就有一个网民。这就表明,我们研究互联网技术方面的负面效应,涉及国内外这么大的人口规模,涉及这些人口的健康与生存状态,关系不能说不大,价值不能说它小。况且,在我国这三分之一多网民又多是80后、90后青年群体,这更涉及民族的创造力和发展力问题。显然,研究这个问题,不只是必要,简直是相当重要了。

其次,我们可以讨论其中最主要的几个负面作用:一是它损害了人们的记忆力;二是它阻隔了人们的思考力;三是它分解了人们的专注力。关于记忆力,它的损害是明显的。从早上睁眼开始,到晚上入眠休息,几乎遇到的什么事都可以到网上作业,互联网确实给我们的工作、生活带来了极大的便利,但我们在享受这种便利的同时,就像得了健忘症一样,记不住一个电话号码,记不住一篇文章的题目,在断网的情况下,写不出一份文案,甚至我们原来留存在脑子里的一些历史、文化、科学、技术信息也被淡化，乃至消失。记忆力虽然不直接就是创造力，但它是创造力的最重要的基础之一。知识意味着力量，记忆力孕育着创造力，记忆力弱化或者趋于消失的情况下，创造力何以谈起！

关于思考力。上篇文章说过，由于主要是视觉反射力的过度使用，使得网上浏览到的资讯，来不及进入到大脑沟回（据对全球100多万网民调研，每个页面浏览时间约为19~27秒），就滑移到下一个屏幕资讯。于是乎，我们就可以说，思考力到这里就短路了，也就是说，人脑与网络的直接的浅层的相互作用把思考力这个层面、这个环节给屏蔽掉了。思考力处于一种被冷漠、被冷落，甚至在不断被弱化的状态。而思考力，是人类理性的力量，是人类作为自然界的一种最高端进化的社会性动物的最主要的特质，削弱思考力是不可以的，丢失思考力是可怕的。久而久之，在思考力被长期阻隔的情况下，思考力本身会逐步萎缩，会不会影响大脑沟回的生理结构，还有待进一步探讨。

关于专注力，不少人的文章都讲到，互联网的超链接导致了注意力的匮乏。笔者也有类似说法，但仔细追究起来，可能注意力的说法不准确，而"专注力"的说法可能更贴切一些。当我们打开一个网页开始浏览的时候，一条新闻或一条资讯后面跟着一大串相应的新闻或资讯，我们便不由自主地跟进，被引导到另一条新闻或资讯界面，然后，一条又一条地阅读下去。如此被诱导，当我们关掉网页之时，就会发现我们脑子里什么东西也没留下，这就像我们在很疲惫地追寻着一只又一只不同颜色的"兔子"，结果一个也没追着。这种情况使得我们每每完不成自己上网时给自己规定的任务。更有甚者，网上促成的这种游离分散症蔓延到现实的生活工作中，使我们不能专注地采集关于一个问题的资讯，不能专注地思考一个问题，不能把一个问题研究得比较透彻，从而获得相应的学术或科研成果。而是在网页上杂乱信息的诱惑下，注意力一会儿飘移到这个问题，一会儿飘移到另外一个问题，再一会儿又飘移到其他不相干的问题上。于是乎，我们就被"浅薄"化了，甚至陷入无主题变奏曲的境地。一位青年朋友告诉我：没有办法，明知这种习惯很讨厌，但改起来很难。

记忆力、思考力、专注力,都是人类十分重要的特质,互联网革命带来的海量信息、快捷性传播、便捷式搜索,为人类更好地了解世界、认识世界、改造世界提供了前所未有的重要条件和手段,但同时,对人类记忆力、思考力、专注力带来的负面影响,不能不引起我们深深的担忧。如何去弊趋利、扬长避短,这对今天的人们不能不是一个严峻的考验。恐怕得想些法子限制和规避互联网的负面效应,无论如何不能任着互联网的性子为所欲为!

2011 年第 4 期

"树木与森林"及"唯负面是从"

——漫谈西方媒体的两种新闻非理性现象

上周末,研究院受委托邀请中国社科院学部委员主席团秘书长郝时远(原为社科院民族研究所所长)为中央国家机关司处级干部演讲当代世界与中国的民族问题。他讲到"疆独"问题及7·5事件中热比娅的煽动作用时谈到,其实美国人也知道热比娅不过是中国社会的一个暴发户,与美国的暴发户没有很大差别,只不过是因为她反对中国政府,从而得到了美国政府的青睐与支持而已。他得出结论说:美国政府以及一些西方国家政府其实在奉行一个简单的非此即彼的逻辑:凡是反对中国政府的人,都是美国政府的朋友;凡是支持中国政府的人,都是美国政府的敌人或者对手。

无独有偶,最近国人推崇的一本书,叫作《中国震撼》,是日内瓦外交与国际关系学院教授张维为的著作。他至少讲到了西方报道存在着两个普遍性问题:一是只见树木,不见森林;二是只要负面,不要正面(这和我们前些年的"报喜不报忧"形成反衬)。所谓只见树木,不见森林,作者举例说,2008年北京奥运会之前,英国广播公司对英国和美国的电视观众作了调查,结果发现60%的观众认为中国人民是"受压迫的人民",因为他们获得不了关于中国客观与全面的报告。由此追溯媒体,他们在报道和描述中国的某一具体事件时可能还算准确,但对中国的各种报道结合起来给人的印象往往却陷入谬误,作者认为这里恐怕有个哲学理念上的差异,中国人的哲学观点是从总体看个体,西方哲学观一般只重个体,结果就造成了认知上的巨大差别。依笔者看,不完全是撰写理念的差异,还有新闻的非理性问题。

所谓只要负面，不及正面，作者描述道：从新闻自由的理念来说，消极报道、批评性报道似乎是西方推崇的新闻理念。作者举了一个例子：一位德国汉学家编译了一本中国作家的短篇小说集，想在德国一家主要报纸上发一篇评论文章，介绍这本书，但报社的编辑告诉他，除非是中国持不同政见者的作品，否则德国读者不会有什么兴趣。这位汉学家很惊讶地说，可这些作家在中国有无数读者呀！但那位报纸编辑还是摇头。一位英国朋友对作者讲，英国人脾气古怪者多，除了与英国太阳少有关，恐怕也和媒体"消极报道综合症"有关。

这两种新闻现象都是新闻的非理性现象，至少是新闻的非辩证理性现象。从辩证理性的一般角度来看，森林当然是由一棵一棵树木组成的，是离不开一棵一棵树木的，但是树木毕竟不是森林，也不简单地等于森林。一棵树木的性质与一片森林的性质有着密切的联系，但两者之间不可能画等号，从一棵棵树木中归纳抽象出的性质，比每一个树林更丰富、更准确、更科学，甚至能矫正个体的不真实性。以此来判断、把握每一棵树木的性质、功能，恰如其分地用好每一棵树木，这是辩证理性的要求，而那种用树木代替森林的报道，绝对是形而上学的做法，是不可取的。

从辩证理性的角度来看：负面的现象、社会阴暗面的问题，当然应该给予报道，不应回避，不仅如此，还应有更深入的报道，以查其原因，给予披露，促其改正，促其减少。从而使我们正面的东西、光明面的空间不断地增加，不断地扩大。但这绝不是，也绝不应该是唯负面报道，唯阴暗面报道为能事，而且崇尚越负面越能解渴，越阴暗越有读者，完全拒绝光明面和正面的东西。这其实是陷入了片面主义的泥坑，不能不说是新闻报道的悲剧。正确的方法应该是实事求是，好的就说好，坏的就说坏，说坏的目的是为促其变好，说好的目的是为了更好。

当然西方在新闻方面的非理性表现，除了和他们久已形成的新闻观念有关之外，还和他们的价值观有关。相当一部分西方人士，从骨子里不希望看到一个东方社会主义国家的文明崛起，但是为什么会有这种情绪呢？

媒体只要树木、不要森林的报道，只及负面、不取正面的报道等诸如此类现象，新闻的非理性问题要承担主要的责任。这种非理性报道与民众的意识，与政治家的政治理念是互为因果关系的，也取得了互为加强的效果。看来，要打破这种根深蒂固的偏颇，西方媒体应该有勇气走出这个怪圈，政治家也应反省自己的偏见与狭隘。

2011 年第 7 期

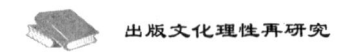

党的早期活动和党的早期报刊

整个国家、整个民族都在以不同的方式来纪念和庆祝伟大的中国共产党建党90周年,整个世界、整个地球也都在关注或致贺中国共产党的90华诞。作为一名党的新闻出版人和一名新闻出版科研人,则几乎不用选择地会从新闻出版的角度来观察和思考中国共产党的历史与成就,特别是党的早期活动。

1921年7月建党前,与党的诞生直接相关的刊物有《新青年》《每周评论》《共产党(月刊)》《湘江评论》等。《新青年》初名为《青年杂志》,1915年9月15日由陈独秀在上海创办,第二年9月更名为《新青年》。以1918年11月李大钊在5卷5号上发表《布尔什维主义的胜利》和《庶民的胜利》两篇文章为标志,该刊转变成宣传马克思主义的刊物。一直到《我的马克思主义观》对马克思主义作比较系统的介绍,表明中国的先进知识分子已经开始接受马克思主义。它与当时秘密编辑发行的《共产党(月刊)》相配合,为中国共产党的成立作了理论上的准备。

由毛泽东任主编的《湘江评论》于1919年7月14日问世,与《新青年》遥相呼应。毛泽东在该刊发表了《民众的大联合》等十分犀利的文章,引起了反动派的恐慌,任弼时、郭亮、萧劲光等就是在该刊物的影响下,走上革命道路的。

建党后,1922年8月,中共中央执委会在杭州西湖召开的特别会议决定创办《向导》周报,这是中国共产党创办的第一份公开发行的中央机关报,毛泽东的《湖南农民运动考察报告》就发表在该刊第191期。该刊被誉为"黑暗中国的一盏明灯""白色恐怖下的流动导向",是第一次国内革命战争时期影响最大的一份报纸。

其实,党早期主办的报刊,还远不止以上所述,但我们从中已经可以看出某种规律性的现象:党的早期与他的出版物,主要是与党的报刊密不可分,岂止密不可分,简直是水乳交融。党与他的报刊是相推动而诞生,相伴随而发展的。从当时历史来看,如果没有这些报刊,我们就无法理解十月革命的一声炮响,马克思主义是怎样送给我们的;我们更无法理解,送来的马克思主义又是如何广为传播,而又凝聚起先进知识分子的;先进知识分子又是如何在茫茫的黑夜中设计和策划建立中国共产党的任务的。当然,如果从另一个角度看,党的报刊更离不开作为母体的党,因为党和他的骨干成员是党的报刊的动力和源泉。由此,我们就必须回答一个问题:党的早期活动和他的报刊出版究竟是怎样的一种因果关系。

从建党和党的历史使命讲,党对自己的报刊有着强烈的需求,他要"冷眼向洋看世界",窃得"普罗米修斯的圣火",来拯救苦难深重的中华民族,非要有相应的载体来介绍引进不可;他要寻觅志同道合的同志,厘清对马克思主义种种不正确的认识,以达到对真理的共识,非要有一个可供探讨、交流的平台不可;他在初步形成自己的核心后,要宣传群众、动员群众、组织起千千万万的革命军,贯彻党的意志,实现党的目标,非要有一种介质传播开来不可;他要主持正义,贬斥邪恶,揭露反动派的阴谋,构建和确立自己的形象,非要有一个有效的阵地不可。而从具有现代文明性质的报刊来看,它恰恰具有一种承他启我、承昨启今、承左启右、承上启下的载体功能;它恰恰具有一种服务交友、彼此沟通、汇集意见、明辨真理的平台功能;它恰恰具有一种放大信息、广为传播、影响舆论、凝聚人心的功能;它恰恰具有一种客观手法、主观表达、震慑敌人、振奋人民的功能。所以,毛泽东同志提出"共产党要左手拿传单,右手拿枪杆,才可以打倒敌人","报刊的作用和力量,在于……最迅速、最广泛地同群众见面",他"要求共产党人要把报纸拿在自己手里,作为组织一切工作的武器"。

我们党又大约于同时或稍后或后来，先后办起了人民出版社和上海书店等，包括秘密印刷所和庞大的印刷厂，办起了红色中华通讯社和延安新华广播电台等，把自己的媒体拓展到一切可以拓展的方面，一直到今天，党和他的各级与各类组织，与时俱进地建立了自己的主流网站和手机书报刊等最新载体。这一切都是因为我们党的宗旨始终是全心全意为人民服务，除了最广大人民群众的利益，没有什么特殊的利益。而在今天，要实现与最广大人民群众的密切联系、血肉联系，没有媒体，特别是没有现代媒体的介入，没有通过媒体的上情下达、下情上达，群众就不会了解党的思想与路线、党的理论与实践，党会因为脱离群众而失去根本力量，这是绝不允许的。

今天，随着改革开放进入新的阶段，随着社会主义市场经济体制的逐步完善，党的报刊和党所领导的一切报刊等媒体，其中相当大的部分要在履行自己宣传功能、组织动员功能、意识形态功能的同时，还必须全方位地服务群众教育需求、知识需求、文化需求、生活需求和娱乐需求等，从而有了产业功能和市场性质，这些都是建设中国特色社会主义及实现民族伟大复兴所要求的，但是党和报刊及整个出版物的基本关系是不能变也是不会变的。有人讲，要研究中国崛起之谜，首先破解中共之谜；我们说要破解中共之谜，无疑离不开对党的媒体作用的解读。作为新闻出版人，新闻出版科研人，我们有责任把握好其中的真谛，处理好其中的关系，继承优良传统，为党创造新闻出版业的辉煌。

2011 年第 7 期

一笔难得的财富

——谈"默多克帝国"的轰然倒塌带给我们的启示

由电话窃听丑闻的被揭露引发了《世界新闻报》的垮台，由《世界新闻报》的垮台引发了整个默多克帝国的多米诺骨牌式的倒塌。作为新闻业、媒体业，作为新闻人、媒体人，不可以仅仅对其表示义愤填膺、仅仅表明严厉批判的态度，更不可以只把它当作是发生在别国他域的事情，持一种事不关己、高高挂起的神情，或者幸灾乐祸，单为谈资罢了。所有的新闻业、媒体业，所有的新闻人、媒体人都应对其进行深入的反省思考，都应从中得到更深刻的启示，由此来改进和完善我们的从业坐标。否则，就失去了讨论这一事件的意义，至少也是一种重要资源的浪费。笔者以为至少有三点启示，不知关心此问题的同仁以为然否？

其一，在新闻的价值观与自由观的博弈中，价值观高于自由观，自由观应服从和服务于价值观。何谓价值观？即新闻业、媒体业的存在根据与服务方向，最终是为了人们的幸福与社会的和谐，为了满足绝大多数人的求知欲、发展欲、情感欲、娱乐欲，为了使得这个我们赖以生存的社会和世界更人性、更健康、更美好、更完善。尽管新闻业、媒体业的载体新老兼备，内容五花八门，但其宗旨和定位逃不脱价值观的管辖与制约。价值观是管总的，它回答的是新闻业、媒体业最根本也是最基本的问题。何谓自由观？就新闻媒体和新闻从业者而言，它指在采访、报道、出版、发行等方面的自由权利，即在法律范围内，报道什么，不报道什么，这样报道或那样报道是新闻业、新闻人自己的事情，别人和其他社会组织无权干涉。

新闻自由缘于对出版自由权利的争取，新闻自由这一概念是从近代政治经济学和新闻学中衍生出来的。西方主流新闻学术界认为新闻自由的理论基础包括天赋人权理论、观点市场理论及民主促进理论，还有第四权力理论。但是无论如何，自由观是属于工具性质的，它回答的是是否报道和如何报道的问题，就像法律的上位法管辖下位法一样，价值观支配着自由观，而不是相反。如果相反，则就是犯上作乱，就会小而造成损失，大而酿成灾难。

其二，在新闻自由的两种方向中，应该追求光明、健康的方向，鄙视和限制阴暗和低俗的方向。让光明、健康的方向唱主角，让阴暗低俗的方向不断地缩小阵地，乃至消失最好（实际上是不可能的）。这是新闻价值观的本质要求，也是一家媒体能否生机盎然、长治久安的生命线。在不少媒体和媒体人的潜意识里，似乎追求光明、健康的方向媒体就会没有生命力，狗咬人不是新闻，人咬狗才是新闻，其实这是一种肤浅乃至浅薄的观念，问题在于你有没有穿过事物的表层，深入到事物的深层，深入到事物的内部去洞察它、分析它、挖掘它。真正的真善美的东西，是有人性美的，是闪烁着诱人的光辉的，是为人们所称道并仿效的。在不少新闻人、媒体人的潜意识里，认为追求光明、健康的方向就是只允许唱颂歌，粉饰太平，掩盖矛盾，不让报道假、恶、丑的问题，此言差也。新闻媒体作为第四种权力，它恰恰负有舆论监督的职能，恰恰负有报道阴暗、低俗、腐败、凶杀、丑陋面的责任，问题是你的报道是在渲染这些负面现象呢，还是在扼制和鞭策这些负面现象呢？这里就有方向之分，文野之分，高下之分。一个负责任的媒体，即便是报道阴暗、低俗的现象，也会毫不动摇地坚持光明的方向、健康的方向，因而它自己的生存状态也一定是健康的和光明的。

其三，在商业利益的追求与社会责任的坚守上，应坚持社会责任第一的原则，在此原则的前提下，实现商业利益和社会责任的有机统一。在市场经济的国际国内大环境下，不追求商业利益是不可以的，也是不可能的；不千方百计地追求商业利益是不可以的，也是不可能的，因为媒体和媒体人要生存、要发展，没有牛奶、面包，难以为继。这个浅显不过的道理，谁能不懂？兼并他国他域的媒体，就是为了扩张自己的版图和产业实力，谁不明白？但问题在于追求的路径与追求的限度。本来新闻报道是一种光明磊落、堂而皇之的社会正当职业，完全可以比较从容地、坦白地、有一定难度地去调查事件的来龙去脉，加以恰当地披露，来医治社会的创伤和痈疽，但是默多克和他的帝国却选择了一条大规模地成习惯地电话窃听与雇佣私家侦探的路径，而又像吸毒成瘾不能自拔，从而走上了一条不归路，这种教训是十分惨痛的，也让人为之扼腕。谈到追求的限度，是强调对社会责任的把握，新闻媒体间和从业人员间会有竞争，会有激烈的竞争，但这种竞争最终要看谁对社会责任的投入与掌控把握得更好，如果超出了这个度，不是在维护自己的社会责任，而是在比赛看谁敢于践踏社会责任，超越社会责任，这就使自己走入了死胡同，而死胡同是不可能有出路的。默多克只是一位媒体资本家，而不算是媒体政治家，或者至多是一位蹩足的媒体政治家。

总之，默氏帝国的轰然倒塌其实是一笔难得的财富，我们中国新闻人、世界新闻人都应好好地利用它、借鉴它。

2011 年第 8 期

为什么人与做什么人

——刍议"走基层、转作风、改文风"活动

自从 8 月 9 日中宣部、新闻出版总署等五部门召开视频会议以来,全国新闻战线"走基层、转作风、改文风"活动很快地全面铺开,从中央各大新闻媒体到各种各类中小媒体,从报纸媒体到刊物媒体,从纸质媒体到声屏媒体、网络媒体都很快做出了反应。媒体编委会或是相应的领导机构立即做出决定、进行部署:先组织起记者到各种各样的基层去摸爬滚打,体验生活,发现线索,采集"鲜活",同时在纸网声屏中设立相应的栏目,以强化活动的知名度和影响力,使活动最大限度获取社会认同,形成舆论强势,接着又进行制度和体制设计,以使此项活动的成果能够巩固下来,得以可持续发展。这些天,有关这方面的资讯频频见诸媒体,不断于眼,不绝于耳。作为新闻出版方面的科研人,为媒体对媒体人自身的提升和锻造做出这样的努力,感到由衷的高兴。高兴之余,又在思考如何把"走基层、转作风、改文风"活动搞得更深入些、更彻底些。

于是就想到此项活动的根据是什么,或者确切地说它的"根"在哪里?一件事物找到了它的根,就找到了事物的源头;一件事物有了根就有了它的生命力和成长力;一件事物只有它的根深深地扎下去,这件事物才能循着漫长的岁月延伸下去,扩张开来。"根深才能叶茂",那么,这项活动的根在哪里,笔者以为,至少有三。

首先,根在人民。即新闻工作的根本宗旨毫无疑问是为人民服务,是全心全意为人民服务,为中国人民服务,甚至为世界人民服务。正像我们

党与人民的血肉联系一样，作为党的新闻工作，它的根据、它的职责、它的核心也只能是服务人民。云山同志明确指出：来自人民、植根人民、服务人民是我们党永远立于不败之地的根本。新闻工作承担着宣传群众、动员群众、服务群众的重要职责，要求我们从坚持党的新闻事业性质、宗旨、履行新闻工作责任使命的必然要求来认识这一项活动的意义，道理就在这里。只有把根定位在服务人民上，把人民认可不认可、需要不需要、满意不满意作为新闻工作的最高标准，我们的"走基层、转作风、改文风"就有了坚实的基础，就有了根本的依托，就会获得力量的源泉，也就能取得相应的成果和收获。如果不是这样，我们的走基层就可能作秀，转作风就可能流于形式，改文风也难以取得理想效果。

其次，根在做人。如果说根在人民，根在服务人民，是一个母概念，那么根在做人就是一个子概念。我们的整个新闻战线、新闻队伍、新闻工作的宗旨是服务人民，我们的生存情况好坏、效益盛衰、品牌强弱是与我们服务人民的情况相联系、相一致的。但具体到新闻队伍中的从业者，则有一个是否成为合格乃至优秀新闻人的问题。因为服务人民不是一句抽象的要求，它要求我们在服务人民的旗帜下，成为一位有责任的新闻人，成为一名既有责任心，又有责任力的新闻人。从大的方面说，党服务人民的宗旨是要靠一支又一支有责任感、使命感的新闻团队来实现、来体现的；从小的方面看，一个人能否履行党的新闻工作的宗旨，能否成为一名出色的新闻人，则在于责任感的大小与责任力的强弱。只要我们的新闻从业人在发现新闻线索、策划新闻选题、执行采编任务的过程中，能够经常性地发问"我负责任了吗？我尽责任了吗"，并且能够给出底气十足的回答，那么你就可能是一位有责任的新闻人。从某种意义上说，"走基层、转作风、改文风"就是要培养出敢于负责任，能够负起责任，并且出色履行职责的新闻人。

再次，根在有情。在新闻采编过程中，倡导清新朴实、生动鲜活、言简意赅的文风，注意学习借鉴群众语言，提升新闻作品的吸引力和感染力，的确有很强的针对性。这些年来，新闻工作作为党的整体工作的一条重要的战线，在改革、开放、发展中发挥了极为重要的不可或缺、不可替代的作用，它本身也经历了改革、开放、发展的历程，作为软实力的地位日益凸现，但是也应承认，在社会对新闻的过度需求及数字技术、网络技术进入传媒领域以后，新闻泡沫现象相当严重，有的不是到第一线，到最前方采集带有露水珠的鲜活新闻，而是热衷于或习惯于靠网络下载，用电话采访，在新闻通稿里讨生活，为拼凑材料费脑筋，结果呢？我们的诸多新闻作品不仅得不到读者的响应，反而产生了负效应，影响了新闻媒体的公信力，也影响了党与人民群众的联系。从这个意义上讲，提出"走基层、转作风、改文风"的方向该是多么必要和重要！当然要真正解决文风的问题，还必须在深入基层的过程中，不断加深同人民群众的感情。语言和文风是感情的流露和表达，当感情融入群众的感情，当感情与群众的感情水乳交融的时候，群众语言和朴实的文风就会自然而然地流淌出来。群众的生动语言就会很顺利地进入采写语言系统，质朴的文风由此而成。所以下基层关键是要真心实意地与群众打成一片，为他们服务，做他们所需。下基层也不是一时一地的，应是经常性、制度化的，是必修课，要有考评措施。

2011 年第 9 期

应对公信力面临的挑战

——关于整治虚假报道和信息的议论

近些年,我们在政治、经济、社会、文化建设方面取得的成就举世瞩目,但在成就的背后,也存在一些需要解决的问题,比如现在我们在打假方面的任务就很多很重。就餐饮业而言,我们需要对付包子的香精问题、菜肴的地沟油问题、火锅的伪劣底料问题、馒头的增白剂问题、西瓜的膨大剂问题等;就学术界而言,我们需要对付论文的剽窃问题、科研成果的造假问题、创新业绩的虚报问题;就干部工作而言,年龄虚报、学历造假、履历造假的情形不在少数;就评奖和社会事业而言,有些看起来很神圣的荣誉与桂冠,其实支配着它的都是金钱和私利。

对付这些形形色色的虚假信息和虚假行为,新闻界已经发挥了巨大的作用,并且还在继续发挥着作用,新闻界功不可没,新闻媒体义不容辞。但是,新闻界本身也面临着公信力的挑战。首先是互联网对传统媒体的挤压:第一时间向大众传递的信息往往来自互联网,事件的亲历者借微博客平台即时传递现场信息,大量未经核实的、片面的甚至是虚假的信息迅速传播,影响到一些媒体的从容选择与客观发布;其次是一些新闻单位责任意识差、把关不严,加上记者的作风飘浮、编辑的加工急就,导致了虚假失实的报道屡禁难止;再次是少数媒体及从业人员违规违法行为时有发生,他们把获取经济收益作为最高目标或主要目标,搞有偿新闻、外包频道和网站,引发不良采编、经营活动。

虚假新闻和信息的频频发生,反映了事物总是相互关联的,作为社会有机组成部分的新闻媒体，不可能不受侵蚀，完全置身其外。认识到这一点，使我们能比较冷静地分析问题产生的原因，并寻找解决的途径。我们必须清醒地意识到，就其存在的本质而言，新闻媒体的使命就是制止和消除包括这种现象在内的种种不良社会现象，并且是通过宣传受众和引导受众而实现的。马克思把媒体称为"第四种权力"，道理恐怕就在这里。然而当前，恰恰是对付不良倾向的一些新闻媒体自身在某种程度上陷入了诸种不良倾向之中，公信力因此受到了极大的挑战，这怎么能不让人深深地忧虑呢？

坐而忧不如起而行，关键问题还是做起来。高层也有了充分的共识与周密的部署，关键是新闻单位和媒体人要做起来。就媒体人来说，所谓做有责任心的人，做有责任能力的人，首先应是一位讲究诚信的人，是一位人民群众信得过的记者、编辑。要坚定自己的诚信理念，确立自己做人的目标。我们常说，德才兼备，以德为先。而德者，应以诚为本。一个人如果有了诚信，其他素质都可以较好地发挥作用。一个人如果缺乏诚信，其他素质也许会发挥负面作用，"言而无信，自毁其身"。

其次，在新闻采编活动中，要身入基层，心入群众，掌握第一手材料，进行多方面印证，主观上不允许做假，客观上不给假新闻、假信息留下可乘之隙。事物本身是复杂的，来龙去脉也是多元的，必须坚持由远及近，由表及里，善于透过现象把握本质，把握本质以后，反过来再梳理现象，"感觉到了的东西，未必能深刻地去理解它；只有理解了的东西，才能更深刻地去感觉它"（毛泽东语）。

再次，要坚持不懈地求真务实，抵制虚假报道，防范虚假信息。虚假信息对新闻媒体公信力的损害不是一时一地，媒体人对虚假报道和信息的抵制和防范也不会是一劳永逸的，要警钟长鸣，时刻提醒，把追求真实、打假防虚转换成自己习惯的工作模式。

对新闻单位来讲，也要根据党和国家的要求，完善相应的规章制度，使从业人员一般不可能搞虚假报道和让虚假信息大行其道，而这是需要下一番功夫的，尤其我们现在的媒体是新老业态共存，传统与现代同在。在完善制度和执行制度的基础上，单位的领导者及领导班子，要充分依靠全体从业人员，营造一种浓厚的实事求是、拒假崇真的氛围，使得一个单位不仅客观上不大可能作假，而且从主观上谁都像讨厌苍蝇一样讨厌假的东西。如此这般，我们就在整治虚假方面有了可靠的保证。

2011 年第 10 期

我国科技期刊存在的问题及解决思路

在重庆第七届中国科技期刊高峰论坛第三分论坛上,考虑到已有同志讲到我国科技期刊的规模、业绩和这些年的进步,笔者受时间限制,只讲了问题及解决思路,现刊发如下,以飨读者。

一是学术质量不尽理想。科技期刊,就应该站在科学发展的前沿,及时准确地反映科学研究的最新成果,推动科学技术尽快转化为生产力。从这个角度看,我国的科技期刊差距还比较大。英国《自然》杂志 2004 年被引频次 36 万次,影响因子 32;而我国的科技期刊被引频次最高的也就 5000 次,细究起来,其中多数还是自引,影响因子最高的只达到 2。差距之大可见一斑。一流的科技期刊是靠一流的成果支撑的,没有刊载一流的成果,怎么肯定你的学术质量?更不用说我们有的科技期刊大量充斥着关系稿、人情稿、职称稿、赞助稿,有的甚至对学术腐败起了推波助澜的作用。就学术质量而言,恐怕还得在专业化和差异化方面做好文章、做足文章,而这个问题又和我们的用稿制度及用人制度相关联。我们能否让院士,让一流科研人员、一流专家、学者担任主编和社长,并且使此种做法能够形成规制,值得深思和探讨。

二是国际化程度比较低。期刊出版的国际化至少应该包括稿源、编委、读者、发行渠道、引文和被引以及期刊影响等几个方面的国际化。我们的期刊在这些方面都有一定的差距。需要说明的是,国际化在本质上不是我们期刊出版追求的目的,它仅仅是衡量我们期刊出版质量和水平的一个客观尺度。所以,走向国际化的根本,是提高我们刊物自身的质量和水平,而不应该为国际化而国际化。针对国际化程度较低的问题，恐怕也得把我们的期刊，尤其是科技期刊分分类，除了一少部分期刊可直接在国际化层面做文章外，多数恐怕还要在行业化、国内化方面用大气力，做足文章，然后才有可能问津国际化。

三是结构布局不尽合理。我国科技期刊的品种数量目前已经接近5000余种，即使相对于许多发达国家也是不少的。但是，由于我们的出版行业脱胎于计划经济体制，所以形成了小而全、条块分割、星罗棋布的局面。同一类型同一主题的期刊这个部门有了，那个部门就得有；这个省有了，那个省就得有；这个学校有了，那个学校就得有。结果造成内容雷同，低水平重复，同质化现象严重。对于此类问题，一方面不必都看得过重，因为我们国家一个省，甚至一个地区、一个地级市都是国外的一个相当规模的国家。另一方面，期刊分布灿若群星，唯独没有形成大规模的社会化的出版集团。因此，集群化应成为本次期刊改革的一个重要目标。可以借助数字化，走内容集约化、经营规模化的路子，这样可以在与数字平台服务商的合作与博弈中获得较好的回报。在这方面我们已经有了中华医学会期刊集团、中国科学出版集团期刊集群的案例，一些大的板块，如社科院期刊亦可考虑走这样的路子。

四是经营管理简单粗放。经营管理水平是一个团队素质和能力的综合反映。从我国期刊出版行业的总体上看，经营管理问题多——嗅觉迟钝，竞争力弱；内容更新慢，市场化运作能力低；物流不畅，资源浪费；服务意识较差，观念落后；队伍素质参差不齐；技术手段更新缓慢。多数还按照计划经济条件下的事业单位模式进行出版管理和财务管理。

据统计，我们的科技期刊70%以上是非独立法人编辑部，没有资格作为市场经济的主体独立经营。科技期刊缺少称职的经营管理人才，编辑等人员缺乏经营管理意识、理念、习惯，是个突出问题、长期问题、普遍问题，因此对我们期刊的内容资源、现实资源和潜在资源都没有很好地利用，全社会在这个问题上也有缺失和偏见，人才培训在这方面尤其不够。

五是效益较低维持温饱。目前我们的科技期刊在主管主办单位的扶持下，在各服务对象的赞助、援助和施舍下，在版面费——准确地说，是在我国现行的职称制度的支撑下，每期印几百册或几千册，日子还勉强维持得过去，小富即安。这种状况同《科学》《自然》《科学美国人》《美国医学杂志》《英国医学杂志》《新英格兰医学》、美国《国家地理》等一大批年收入数以亿美元计的国际著名科技期刊相比，差距之大令我们瞠目。民族科技期刊出版业路在何方，不能不令我们深思。品牌问题、价格问题、版面费问题能否形成一个良性机制，在稿件的准入上十分苛刻、严谨，由此打造品牌，打造名牌，由此抬高价格，提高单本效益或适当收取版面费，最终获得社会认可。

总之，科技期刊作为科技出版的一部分，对于提高科研自身的效率与效益，对于科研成果向现实普遍生产力的转化，对于全社会科学精神的形成，对于创新型国家的建设，作用十分重要，地位弥足珍贵，我们有责任把科技期刊的改革与发展这篇大文章做好。（采用了论坛上的一些资料，致谢）

2011 年第 11 期

关于新闻行业核心价值观的讨论

刚刚就出版业核心价值观的表述发表了一些见解，又想就新闻业的核心价值观谈点想法。这出于两点考虑：一是我们是新闻出版研究院，如果只就出版作思考，不顾及新闻，冷落新闻，显然有失公允；二是这是写给《传媒》杂志的卷首语，《传媒》杂志的服务对象首先包括新闻在内，不对新闻有所表示，则无论如何与刊物的宗旨是说不过去的。

新闻业的核心价值观，我想也参照出版业的表述样式，先拟三句话、二十四个字：把好导向，履行使命；真实及时，深入朴实；惠及群众，激浊扬清。

所谓"把好导向，履行使命"，是讲新闻从业人员的职业基本要领。基本要领是管总的，而导向问题又处于首位，导向问题对新闻媒体及媒体人至关重要：导向正确，是党和人民之福；导向错误，是党和人民之祸。尤其是我们现在的各种各类新闻媒体，实际都是党和政府联系人民群众的重要通道，当社会形成这种观念惯性时，导向问题就显得愈发重要。从导向问题再往前追溯和向上推演，你会发现之所以强调把好导向，其实和我们新闻人和新闻载体所担负的责任紧密相连。什么责任？就是报刊创刊之时，就先天地具有了党和人民的喉舌与工具的性质。作为新闻人，虽然你的报刊媒体具有不同的服务方向，承担不同的责任，但在责任担当的问题上，却不可能有例外。责任者，使命之谓也。

所谓"真实及时，深入朴实"，是说新闻作品应具有的核心品格。陆定一说，新闻是对新近发生事实的报道；范长江说，新闻是广大群众欲知、应知而未知的重要事实。两种表述都包含了这样的意思，内容真实，其实是新闻的生命，是新闻之本能，事实是它的基础，必须是已经发生了或发生着的事实，是一种不以人的意志为转移的客观存在。所有虚构、杜撰、幻想的故事、情节等，可能都有其存在的价值，但绝对与新闻无缘。内容真实了，还要追求事实的准确，包括细节都应做到最大限度的准确，如果有一条消息或一个细节失真或有失误，都会影响新闻的价值，甚至影响整个新闻的作用，乃至整个媒体的公信力。关于及时，是说不仅要求报道内容必须是新近发生的或正在发生的事实，而且报道要有时效性，要敏锐地发现、迅速地捕捉、及时地反应，体现出保鲜性。不能让新闻成"旧闻"或准"旧闻"时才生产出来，供"群众"和"社会"消费。

"深入朴实"的含义是说，关于事实的报道，要不限于平面化的、表面化的报道，不是照相式的反映。它要包含一定的理性分析元素在里面，要体现出新闻人的立场与倾向。在纯消息报道中，这种理性元素、倾向或立场，通过事实的描述，"自然"地显露出来。在一些深度报道中，除"自然显露"外，还需有一定分量的"硬分析"，当然这种硬分析的篇幅与力度也还是一种画龙点睛，不可以因袭理论文章的套路。朴实是就文风而言，新闻报道最喜朴素、平实，最忌讳语言华丽或者过度加工。

所谓"惠及群众，激浊扬清"，讲的是新闻的基本功能。新闻作为一种大众文化的消费品，它的生命力和服务对象，始终在读者那里。在革命及战争年代，它体现的是革命理性、政治理性，以此来惠及群众，服务读者，使他们获得革命、生活、生产、交往等所需要的信息，从而履行自己的职责，实现人生的价值，促成社会的发展。在社会主义革命和建设时期，尤其是改革开放的新时期，新闻又更多地成为一种生活资料与生产资料，以其市场理性、经济理性，乃至文化理性，来彰显自己的生命力，服务于社会和读者。换句话说，在知识经济社会和信息化时代，新闻已经成为一种生活、生产的必需品，以这种必需品惠及群众是新闻业的不二选择。

"激浊扬清"说的是新闻的监督功能。这就是要用好马克思说的"第四种权力"。新闻媒体的受众面具有特殊的公开性、广泛性，因而新闻媒体的舆论监督具有很强的传播力和影响力,对于正面的事物,容易名扬天下,对负面的批评也具有较强的威慑力和杀伤力。所谓"不怕通报,就怕见报",说的就是这种情形。正是因为它极强的放大能力,我们在表彰先进、褒扬正面时,也要格外慎重。如果搞错了不得了,会影响党组织和政府的形象,有害于工作。由于这种极强的放大能力,我们在行使监督职能时也要格外慎重,如果搞错了也不得了,会给当事人和单位等造成较大伤害,影响我们的建设和发展。正确的态度是,应从党和人民的根本利益出发,遵守国家和行业制定的有关法规制度,积极审慎又坚定不移地搞好舆论监督,切实发挥好新闻媒体的作用,为社会主义核心价值体系的深入人心和我们整个事业的健康发展作出贡献。

2011 年第 12 期

☞ 2012 年

从革命理性到文化理性

革命理性、政治理性、经济理性、市场理性一直到文化理性,是一种后者对前者的包容关系,而不是否定和排斥关系。

在新民主主义革命时期,主要是革命理性,是农村包围城市,武装夺取政权,是推翻三座大山,建立人民政权;新中国成立后,进入社会主义革命和建设时期,主要是政治理性,因为有个红色政权的巩固和发展的问题;一直到"文化大革命",把政治理性推到了极端,以至于批判唯生产力论,只要社会主义的草,不要资本主义的苗。粉碎"四人帮"后,"文化大革命"结束,党的十一届三中全会的召开,工作重心的转移,由政治理性转向经济理性,因为我们的国民经济已经到了崩溃的边缘,我们再不发展经济,不仅连是不是社会主义社会都值得考虑,恐怕连球籍能否保得住,也很难说。于是,以经济建设为中心的经济理性始终支配着我们。

到了党的十四大、十五大,我们确立了经济体制改革的目标是社会主义市场经济,于是又由经济理性走向市场理性。市场体制像魔法师一样,把我国长期被压抑的生产力诸要素唤发出来,促使我国经济建设快速、稳定发展,终于成为今天全球社会的第二大经济体。英国著名经济历史学家安格斯·麦迪森以购买力评价(PPP)体系计算,认为中国的经济总量在1997年就超过了日本,在2000年就超过了德国、英国、法国在内的12个老牌工业国经济之和,并可能在2015年超过美国。但是市场经济在催生我国社会生产力空前发展的同时,又引发了思想、环境、生态等诸多层面的负面效应，于是文化理性的问题被提了出来。

当然，文化理性的问题被提出来，还源于国内文化建设和国际文化斗争的需求。从国内看，我们人均国内生产总值达到4200美元，突破了物质消费与文化消费并重的3000美元时期，进入了向精神文化消费倾斜的新时期。这既为文化建设注入了强大动力，又使得文化供需矛盾十分尖锐。如果健康文化产品缺位，非健康文化产品必然会乘机登台。

从国际看，西方发达国家通过现代传播技术和市场运作相结合，催生强势文化产业，对我国形成严峻挑战。我们虽然有深厚的文化底蕴和丰富的文化资源，但没有转化成国际影响力和竞争力，处于"西强我弱"的态势。如果我们不加快发展，形成自己的文化优势，就有既守不住阵地，又走不出国门的危险。这也是继政治建设、经济建设、社会建设之后提出文化建设的重要背景之一。

2012年第1期

选择哪一种舆论监督?

在元月召开的全国宣传部长工作会议上，刘云山同志在讲到营造"顾全大局，注重团结，维护稳定"的氛围时，提出要坚持"建设性舆论监督，反对破坏性监督"的问题。这引起了传媒界普遍的关注。舆论监督是媒体与生俱来的职责，也是诸种媒体赖以生存、发展的重要支撑。没有舆论监督的媒体，其生存状态是不难想象的，舆论监督与媒体如影随形，不可分离，难以隔离。但媒体的舆论监督，究竟属于哪一种，却大有文章可做，并且由此分出了高下，分出了文野，分出了盛衰，分出了不同的生存状态：你的舆论监督是建设性的，还是破坏性的？

所谓建设性舆论监督，是从动机、手段和效果至少三个方面来加以判断的。从动机看，它是正面的、阳光的、积极的、发展的。宏观上它从党和人民的根本利益、长远利益、整体利益出发，把服务大局、服务改革、服务发展作为基准线，作为宗旨和指南；微观上它的心态是健康的、阳光的、善良的，更多地为读者着想，为他人着想，为监督对象着想，为社会总体着想，把与人为善、帮人向好、包容厚德作为出发点和立足点。从手段上看，它会恪守新闻媒体的职业操守，力求客观公正、准确真实，多角度、多方位地调查了解，分析原因也注意遵循事件本身的逻辑、尊重真实的因果关系，为公众舆论提供一种良性、积极的选择借鉴。从效果上看，它能够帮助舆论监督的对象正确地对待事件的后果及影响，冷静地把握事件发生、发展的主客观原因，审慎地采取相关的正当措施，从而使消极的事件产生出积极的效果，使坏的事情向好的方向转化。

所谓破坏性舆论监督也需要从动机、手段、效果三个环节加以考察。从动机看，它是负面的、阴暗的、消极的、倒退的。它从小团体或个人的眼前利益、不正当利益出发，信奉"不否定难以造成社会影响，不修理不易形成媒体权威"的理念，把一时的眼球经济及轰动影响作为追求目标，甚至有一种"修理对方"以后，等待其登门求情的心理。从手段上看，在这种动机的支配下，对事件的调查了解就有了某种偏向，对事件的报道就有了某种选择，往往把不该舍去的舍去了，把不该放大的放大了，甚至夹带一些主观臆测的成分。从效果上看，这种舆论监督也只能是误导读者，给监督对象造成不合理的压力，重者甚至会影响社会的发展与稳定。即使产生一时的轰动效应，却可能会留下永久的伤痛。

需要特别注意的是，建设性舆论监督并不意味着批评报道的轻描淡写与文过饰非，它仍主张严谨、严格乃至严厉的批评报道，但它强调无论如何严厉，舆论监督的目的只能有一个，就是为了我们的人民更幸福、为了我们的社会更美好。

两种舆论监督，有点像当年毛主席讲的"延安还是西安"的情形。每一位党和人民信赖的新闻媒体工作者，都应该成为建设性舆论监督的积极的促进派和当然的践行者，对破坏性舆论监督则要保持高度警惕，并加以防范和制止，从职业角度为社会主义和谐社会的建设作出应有的贡献。

2012 年第 2 期

春晚是年夜饭和驿站

春晚是年夜饭和驿站。不同层级、不同区域、不同门类的春晚是不同层级、不同区域、不同门类干部和群众的年夜饭和驿站，中央电视台和其他各电视台的春晚，以及关于春晚的报道则是全国各族人民、全球各地华人的年夜饭和驿站，是与传统的物质年夜饭相媲美的文化年夜饭及精神驿站、亲情驿站。显然这餐文化年夜饭由于对干部群众的特殊重要性及不可或缺性，已经成为媒体的硬性任务和神圣职责了。忙碌了一年、业绩还算丰硕的媒体，如何交好这份答卷，确属一种沉甸甸的考验！

往往这边春晚还未落下帷幕，那边已是非议声不绝于耳了。看来，在共和国已经成为全球第二大经济体的今天，在文化大繁荣、大发展的今天，在人民群众对精神文化需求日益多元化的今天，如何把这场年夜饭策划好、烹调好、享用好，是我们各级各类媒体回避不了的重大课题。正是出于这种考虑，本期《传媒》组织了关于春晚的一组稿件，以期引起媒体与社会的再关注，这也算是关心民众"生活"的一个创意吧！另外，笔者将自己在中国新闻出版研究院春晚上的致词和盘托出，也算是研究和评说春晚的一种视角吧！

附：

展示形象　凝聚力量
——在中国新闻出版研究院春晚联谊会上的致辞

随着研究所的不断壮大，随着所改院的不断深化和发展，春晚或者叫作春节联谊会越来越成为我们中国新闻出版研究院总体建设中的一道十分亮丽的风景线，成为我们总结工作、梳理业绩、展望未来的一个十分重要的环节，成为我们表达情感、加深友谊、凝聚人心、鼓舞士气、营造氛围的一种不可或缺的形式，已经成为研究院自身文化建设的一个重要品牌。

一个民族、一个国家，总要通过某种重要的活动方式来展示自己的队伍和力量，显示自己的实力和形象。同理，一个单位、一个团队也总要通过某种特别的相对稳定的方式来凝聚自己的队伍，振奋自己的士气，来夺取更大的胜利。研究院的春晚就具有这样的价值和意义，春晚的连续举办就体现了这种追求和设计。

为了这场春晚，同志们实际上是在两条路线作战。一条是岁末年初、龙年在即，科研工作、出版工作、业务工作、管理工作等哪一样都不能放松，这是我们的生存之道、发展之道、安身立命之道。另一条战线就是在保证我们主体业务的同时，还必须千方百计地排练好自己或自己部门的节目，以争取良好的名次、优异的成绩，也关系到自己部门在院里的影响力。当看到在很晚很晚的时候，各部门同事还在十分投入地排练节目，多次彩排，我深深地感到我亲爱的同事们很有本事，能把繁重的业务与对艺术的追求有机地结合在一起，这是非常难能可贵的。

我们期待参加表演的同志们、同事们能够把自己苦练、巧练了这么多日子的节目演出高水平来。要相信自己是最好的，充分展示自己的文艺才能和天赋，充分地展示自己的形象和魅力！

期待我们的观众同志们要彻底放松下来。一年了，该放松一下，充分地品赏和分享自己同事的艺术才华和精彩纷呈的演出。也期待评委会的同志能够公平、公正，充分地理解大家的辛劳与贡献，评出优秀，评出团结，评出干劲来！

最后预祝我们研究院春节联谊会圆满成功！

2012 年第 3 期

好的新闻人应该是很好的文化人

两会期间，出席了全国政协新闻出版界与中国新闻文化促进会的一次研讨联谊会，听到一些领导同志和专家学者就新闻与文化的关系发表了自己的见解。感触良多，获益匪浅，愿意写下来几多文字，以梳理这段时间的所闻、所思，同时也算完成了对刊物的履职。

就作品看，文化是媒体的灵魂。任何一条新闻，看起来是在传播一个事件，告诉一件事实，其实，也在输出一种文化理念，植入一种文化倾向，影响受众的文化选择和价值取向。同样的事件或事实，蕴涵在其中的文化品位不同，受众接受到的文化感染就不同。如果作品输出的是低俗的观念，那么受众就不可能接受到高雅的资讯；如果作品输出的是高雅的理念，那么受众就不可能受到低俗的侵蚀。"从血管里流出来的是血，从下水道流出来的只能是污水。"同时，媒体又是文化的翅膀。文化作品的功能是"观乎人文，以化成天下"（《周易》），而要实现这种功能，它必须借助媒体的力量，借助新闻的力量，特别是在信息通讯条件高度发达的今天，尤其如此。正是媒体才可以使一个人的文化研究或创新成果，为千百万人所享用；还可以使当代人的文化研究创造成果，为此后的若干代人所享用。"言之无文，行之不远"则比较准确地描述了这种关系，所以由此就推出下一个论点：新闻人与文化人的关系问题。

新闻作品与文化作品的关系问题，说到底是一个新闻人与文化人的关系问题。好的新闻人应该是很好的文化人，好的文化人应该具有较好的新闻素质。从近百年的中国新闻史来看，凡是杰出的新闻大家，几乎都首先是杰出的文化大家。从王韬、章太炎、梁启超、张季鸾一直到邹韬奋、范长江、恽逸群等，都是思维敏捷、倚马可待的新闻采写与评论大家，又是学养丰厚、才华横溢的文化名流。仔细推想一下，也是如此这般的道理：一个文字犀利的新闻评论家或一位重量级的深度报道写手，怎么可能没有足够的文化修炼来支撑呢？

从另一方面看，好的文化人也离不开新闻的培养，也应该有较好的新闻素养。昨日的新闻，就是今天的文化，今天的文化可能成为明日的新闻底色。好的文化人呢？他的相当部分研究资料、研究观点，往往就是从已有的新闻文字中采集的。已有的新闻文字，差不多已经构成了历史的纪录片，没有这种资料，他就难以成为文化人，难以成为文化大家。而且，他的研究过程离不开与新闻人的交往，研究成果也离不开新闻人的采写与新闻媒体的传播。在某种意义上来讲，是他自己的努力加上媒体的传播才使他成为人们推崇或认可的文化大家。

由新闻人与文化人的关系，还可以追溯到新闻单位与文化单位的作用问题。一个新闻人成为文化人或更多地具有文化品格，当然首先不能缺少自身锲而不舍的努力，但同时也与一个单位的文化氛围关系密切。历史上的或今天的诸多新闻大家，为什么在文化修炼上也为人称道，就是在某种程度上，是他所供职的单位和他所赖以成长的环境影响了他，感染了他，使他在新闻业界有很大的造诣；一个好的文化人离不开新闻的滋养，也少不了新闻的素养，而这也需要一个环境的依托和单位的支撑。

特别是作为现代文化人，处在国外与国内、网上与网下、硬件与软件、官方和民间相互影响、相互融合的新闻时代，如果没有必要的新闻素养，是否是文化人都成了问题，遑论文化名流或文化大家。由此推问，一个单位在培养新闻人和文化人方面，你应该做些什么？你能够做些什么？

2012 年第 4 期

三组关键词　一部创业史

——评李庆文同志和他的优秀团队

传媒杂志社的同事特别策划了"走进中国能源汽车传播集团"这组选题，杂志社的记者写出了如此这般富有感染力的报道，很是让笔者由衷地高兴。在夜灯下阅读这些文字，渐渐地对李庆文这位老朋友又有了新的认识：在《李庆文的新闻三部曲》一文中，记者用了三组关键词，记者的这"三组关键词"，其实是一部创业史。

李庆文先是研究社会的需求（其实是市场的要求）和行业报的特征，找出了内容窄深而非宽泛的定位。而后，似乎特别熟谙老子"反者，道之动"的哲学，在别家报纸纷纷增加刊次的时刻，他却将报纸由周五版改为周一版，由日报退回为周报。结果呢？广告、发行收入当年就实现了30%的增长（当然其中亦有不为人知的甘苦）。以退为进的佳话背后是一种基于科学精神的实事求是：行业报的人力、物力、财力都无法与大报相抗衡，简单地模仿和追逐往往是丢失自我、难以为继，而向杂志化方向发展，才是审时度势、棋高一筹。

内容向窄、深方向发展，也只是具备了一些成功的重要因素，要真正实现发展，还得有相应的配套措施跟上来。于是，采编中心、编辑中心、质量评价中心就应运而生。三个中心的确立，使得内容的杂志化有了坚实的基础，有了"三足鼎立"的支撑。三个中心又怎么能够保障其产生不竭的动力呢？靠竞争机制、淘汰机制的形成及规范运行等。

当内容、基础、机制不断地发挥作用并且形成良性循环之时，这个团队就具有了扩张的内在需求与实现这种扩张的内在实力。于是兼并他报他刊，甚至主办新报新刊也就成为一种逻辑必然。而为了使这种逻辑必然成为永远，就需要且能够大求"传媒集团"、小求"百亩菜园"。

这就是一部李庆文和他的团队的简明创业史。这部创业史既比较充分地展示出他个人的职业精神及其在传媒领域运筹帷幄的能力，又为业界那些迄今为止一直想在改革中突围又苦于没有找到突破口的同仁，提供了一个典型的成功案例，还为诸多在报刊传媒界有所成就但成就不够的人们，树立起一个难能可贵的参照系。当然，李庆文同志和他的团队也许能从这组报道中得到应有的鼓舞与收益。可以断言，已有的成就只是这位老总和他的团队继续做优做强做大的一个平台而已。本刊作为服务业界的一家重要媒体，谨愿继续追踪他们新的奋斗足迹。

2012 年第 5 期

研究一下"社区报"

本期把重点放在社区报上。笔者以为研究社区报至少有五性要大致搞明白：必要性、重要性、规定性、可行性和合法性。

关于社区报，美国朋友讲在他们国家有很长历史，而中国现在似乎还没有发展起来。其实不尽然，早些时候笔者作为知青返乡劳动，每到收小麦的当口，村里往往让几位文化人办一种"夏收快报"之类的油印出版物，由各个生产队的通讯员供应稿件。通讯员大都在生产第一线写稿件，反映的好人好事带有浓厚的泥土味、乡情味，经过编发后，又散发到生产第一线，于是这份油墨香味的小报往往成为"三夏"（夏收、夏种、夏管）工作的抓手和鼓舞群众的号角。仔细想来，这难道不算一种社区报吗？

关于必要性。陈凯副教授从形成社区归属感、提供生活指南和商业信息、体现民主权利、有效监督政府等方面来论证"小的不仅是美好的，更加是必要的"观点。依笔者的观察，恐怕社区报的必要性不限于此。随着城市建设步伐的加快，房地产业的继续发展，一幢幢高楼拔地而起，新的社区不断形成，不断有新的住户入住社区，然而入住的居民之间真有点"距离越近，精神越远"的感觉，而正是这种陌生感导致了社区的不安全情形，使得社区很分散，难以形成一种合力，从而难以成为城市的牢固基础。我想，能否把这作为社区报的最不可忽略的必要性予以确认。在这里，请注意北美流行一种说法——"无报不成镇"，银行、教堂和报纸是构成当地社区的基本硬件。

关于重要性。世间必要的事情很多，但只能找其中重要的事情来做，否则是做不过来的。这方面倒是没有看到国外更多的文字。从中国的情况来看，城镇化的进程加速，意味着社区成为日益重要的社会单元，社会单元的建设有方方面面，而心理建设、精神文明建设应放在首位。如果考虑到我们国家的一些重单位、轻家庭，重部门、轻社区，重个人、轻他人的不良传统，那么也许会更加看重社区报的作用。没有做过也不好做统计，但在印象中，近几年不少骇人听闻的案子就发生在社区之中。

关于规定性。所谓社区报，就是主要以社区为辐射空间（即信息采集与服务皆以该社区范围为限），以社区居民为服务对象，以培养社区归属感为宗旨，以周出一报为出版频率（频率高了，既无那么多新闻可报，也无那么多时间来阅读），以赞助和广告费、专职和兼职的通讯员队伍为办报的支撑，等等。其特别强调对居民的"有用"或"亲近"功能。

关于可行性。从本期所披露的信息看，还是鼓舞人心的。由于数字化、网络化的缘故，美国的报纸（大报）已经深陷危机，甚至有人预言2040年最后一份报纸将消失。但社区小报的表现却格外好，不但没有衰退，且还有新成员不断诞生，尤其是应对2008年经济危机时的表现，比大报好得多。就国内看，北京的一些传媒公司与20多个街道办事处、党委合作，相继推出了面向不同街道的社区报，这些社区报发行量虽小，但都有极高的渗透率。上海的《社区晨报》已经完成了一家社区报的诞生、成长与成熟的过程，并且取得了正式刊号。其他一些试营性社区报的效果也很是不错。

与可行性相关联还有一个问题，就是社区报的合法性问题，这主要就我们的国内情形而言。从目前的情况来看，取得正式国家刊号的社区报，只是极少数，有的是作为大报的社区版发行的，但这种社区版其实是泛社区版，并非真正意义上的社区报。不少"社区报"定位倒是比较好，甚得社区居民之心，却难以获得"准生证"，不能刊发广告，影响了其生存和发展。这确实是目前一个难题。如果真要给刊号，给多少个刊号才能够满足需要？如果不能给刊号，社区报又何以能发展起来？这真是对我们智慧的考验。看来想把社区报这篇文章做好，要做的事情真不少！

2012年第6期

涉足新媒体，要抓好突破口

——论"户外媒体"成功的意义

如今，任何一家大报社乃至报业集团，不涉足新媒体或者数字媒体几乎是不可能的。或是主动涉足，或是被动涉足；或是涉足此环节，或是涉足彼环节；然而究竟如何涉足，涉足以后能否实现自己的初始目标都大有文章可作。就目前的总体状况而言，关于数字媒体，有的报业集团可能还停留在玩概念阶段；有的倒是跨越了玩概念阶段，但仍处在不断投入，多处点火，尚未收获实际效益的阶段；有的开始有了实际的效益，但仍属很不稳定、没有保证、继续探索的阶段。作为南方报业集团 LED 联播网重要组成部分的户外媒体，则属于第三种情况。正是在这个意义上，我们特别看重这一典型案例的独特价值。

搞数字媒体，涉足新媒体，虽则十分时尚，但也和其他事物的发展相类似，逃不脱一般的发展规律。它也必须找到自己的着力点，或者叫作突破口，才能进入实际的过程，才能由必然王国进入到自由王国，或者才能获得自由王国的准入证。南方报业集团联合新媒体公司很快地在珠三角城市的中心商圈和交通圈，配置了 40 块 LED 屏，成为"全媒体生产、全介质传播、全方位结合"战略的"最重要的生命线之一"，"成为一张全新的大屏幕的电子时报"（已不限于日报了），成为广东省户外最具传播价值，最具影响力的综合信息传播平台。它每隔 7 分钟播报一次新闻资讯，内容的选取坚持了及时性、简洁性、落地性、服务性几个原则，实际上超越了《新闻联播》等重要品牌的格局，把流动人群的眼球吸引过来，转化为自己的数媒读者，大大开拓了原有媒体的辐射半径和覆盖面积，为今后其他方面的发展，埋下了伏笔。

正是由于它使自己成为具有内容生命的媒体形态，而获得了新的受众群体的认可与接受，于是它也就成为具有相当增长力的广告载体与发布平台，使得南方报业集团较快地在新媒体形态中拥有了较大的话语权！最终为报业集团和投资户外媒体的新媒体技术公司赢得了新的增长空间，打造了新的良性循环。

目前南方报业集团继续向深度和广度进军，一方面要把LED为代表的户外媒体由"家门口"做到全广东（约100块），做到全中国；另一方面，服务于这个目的，还有个标准的研发与制定问题，这都是些十分重要的相关元素。我们愿意借助本刊的传播力和影响力，把户外媒体推向全国，以赢得更大市场。

当然，如何推向全国，并和业界形成一条"利""义"结合的保险路径，还有大量的工作要做，让我们继续推进。本刊对此进行深度报道的用意正在于此。

2012年第7期

关于纪录片生产的一些原则

小时候在家乡当小学生,一听说村子里来了电影放映队,晚上要演电影,心里就甭提多高兴了。早些吃了晚饭,给母亲说一声,先去占位子(给母亲、家人和自己放凳子)。接着电影就开始放映了。记得那时正式影片放映之前,总会放一些新闻片,后来知道那就是纪录片。有时放几个新闻片子,有时就放一个片子,都不算长,几分钟时间。有时是解放军帮着群众抢险救灾的镜头,有时是某省某地农业大丰收的现场,有时是工业新产品新工艺的报道,更多的时候是中央领导人接见外宾的情形。这些片子虽然放映时间不长,但是有一定的感染力,很受村民欢迎,我也是小小的村民,以至于后来,来村里的放映队的叔叔、阿姨们发现,如果不放映新闻纪录片是交不了差的。

这些年,由于一些电影和电视剧,过于强调创意和票房价值,脱离生活的成分居多,尽管耗资巨大、演员阵容强大,但是人们反而更怀念和青睐纪录片。一些纪录片得以受欢迎是有这个背景原因蕴含在其中的,而纪录片《舌尖上的中国》更集中地彰显了纪录片的本质,实际上,这也是新闻本质的一次回归。仔细地想了一下,做好纪录片至少应当遵循如下几个原则。

第一,真实性原则。纪录片不管它的手法如何地丰富多彩,内容如何地新颖别致,但它姓"新"名"闻",是新闻大家族的一员,因而,它必须毫无例外地执行真实性原则。或是一个突发事件的报道,或是对一种社会现象的剖析，或是对一个群体的描述，或是对一段历史的追溯，都必须是客观地发生过或发生着的事实。虽然可以根据主题的设计对这诸多事实加以剪裁，可以在一个大的时间跨度里运作，可以在一个大空间尺度里寻觅，可以是一部以纪录片手法表现的深度报道，但不得有丝毫的编造和杜撰。否则，无异于"精神的自杀"。

第二，时效性原则。既然纪录片隶属新闻系列，那它就不能不遵循起码的时效性原则。所谓时效性原则，即所摄制的镜头必须和所报道的主题是同时发生的。换句话说，它在发生着、你在纪录着，它在成长着、你在采集着。与一般新闻表现手法略有不同的是，它在发生之前，你必须做好了它可能发生的一切可能的准备。它已经发生了，你还需花费较多时间把它以放映的形式而不是其他的形式"还原"出来。即便有些非时效性的镜头，那也是作为衬托和加强之用。在这里特别强调纪录片制作先期的预设性。

第三，文化性原则，或曰思想性原则。这是纪录片的灵魂所在，或曰生命力所在。一部不朽的纪录片必定有一种不朽的思想深植在其中。前苏联关于卫国战争的纪录片展现出来的思想主题是：不可一世的法西斯既是强大的、残酷的、非人性的，同时，又是虚弱的、可悲的、无可逃遁的；而世界反法西斯力量既是弱小的、无奈的，最终还是坚忍不拔的、不可战胜的。中国关于抗日战争、解放战争的一些纪录片，展现的主题是"帝国主义和一切反动派都是纸老虎""人民战争胜利万岁"和"兵民是胜利之本"。希特勒时期德国颇有影响的纪录片《奥林匹克——意志的力量》，从反面印证了纪录片的思想性原则。

第四，艺术性原则。这一点似乎超出了一点"新闻"的界限，但它作为纪录"片"，而不是一篇文字报道或一张摄影报道，这又是必须的。当然，即使是文字报道和图片报道，也不是说就没有艺术追求成分在其中，而是说比起文字和图片报道，它对艺术追求的倾向要更强烈些，人们对纪录片的艺术期盼会更高些。这就要求从事纪录片制作的同志，具有一定的艺术素质，比较擅长一些艺术的手法，从确定主题开始，到场地选择、镜头选择、拍摄角度，包括大尺度、大角度、大高度的摄制，到最后的剪裁、取舍、包装提升等，都应有不懈的艺术追求，才能使作品产生永恒的魅力。当然，艺术原则必须服从思想性原则。

2012 年第 8 期

报业发展三问题

重庆日报报业集团借助庆祝重庆日报创刊60周年的契机,联合中国新闻出版报社邀请全国近20家省级党报当家人齐聚山城,认真研究报业集团的文化产业发展路径。传媒杂志社的记者编辑同仁,追踪报道了这次研讨会,并编发了若干演讲内容,粗略阅读后受益匪浅且深有感触。单从会议的主题看,就让笔者平添了几分信心,对发言者清醒的头脑和经验介绍及未来谋划增加了几分敬意。仅就已阅看过的内容而言,笔者以为报业集团抓产业发展,至少有三条理念可以不断地加强和扩展。

其一,报业要唱赢不唱衰。的确从国外的情况看,由于数字媒体的强势推进,新闻的本性又是先报为胜、先睹为快,于是传统的报纸不断地萎缩,乃至一百多家知名报纸先后关闭。我国报业由于发展的时段性稍微滞后的缘故,形势没有那么严酷,但压力和威胁也是不断地袭来。然而社会需求与社会分工的理论、社会生存与社会发展的理论告诉我们,只要人类社会仍然存在并且在伴随着岁月向前延伸,信息的传播和文明的传承就不能中断。那么作为新闻功能担当者的报业就不会消亡,于是乎,报业就没有唱衰的理由。载体可以替代,而本质却永恒存在。退一万步讲,即使有衰退的迹象,我们也不能唱衰,而是应该坚决地唱赢。在好多时候,信心与毅力比黄金还重要。唱衰只能自取苍凉,而唱赢倒是能鼓舞斗志、鼓舞士气。

其二,关于打造影响力。说到底,报业及报业集团的看家本领或曰基本要义还是在打造影响力上,包括眼球经济,然后是经营影响力,把影响力转化成市场辐射力和覆盖力、资源的获取与开发能力、强势和持久的赢利能力。而打造影响力，则需要一个志向很高远、智慧很充分、思维很深邃的选题策划团队及功底较深厚、文字很精练的强有力的编辑团队，还要有一个具有现代调查理念与手段的营销、发行团队。

这几方面的团队反过来又会加强影响力的打造和构建。一旦足够的影响力形成，就需要从不同的方面和不同的渠道把影响力实现出来，从无形资产转化为广告客户的理想投入，转化为一个集团的多元化经营路径，等等。这也需要适应产业发展的需要，培养专门人才，形成行家里手的团队。

其三，关于经营的跨界限问题。在报道中涉及的几家集团中，有的进入了有线电视网络领域，有的涉足文化地产、楼宇经济等。对此，有的认为这是超范围经营，有的认为不应予以批准，有的则认为这是符合改革精神和市场逻辑的。以笔者之见，则倾向于最后一种意见。为什么呢？且不说我们正处在转企改制的过程之中，好多时候，改革就是在没有路的地方走出一条路来。如果完全循规蹈矩，哪有改革开放的好形势？！再说，不同文化产业之间具有共通性、共同性、可渗透性、可整合性。跨界限、跨媒体经营恰恰是遵循这些规律性或曰规律性的特征。所以，可以十分坦率地讲：跨界限、跨媒体经营，符合事物的内在逻辑，是必然的，也是有着无限生命力的。我们在这一点上要坚定不移、锲而不舍。发展是硬道理，跨界经营更是大势所趋，我们只有知难而上，才能攀上新的高峰。当然，我们不仅要跨媒体，还要继续做好跨地区、跨所有制、跨国界方面的努力。

最后，笔者想说，这次几家集团演讲稿的内容质量也不尽平衡。特别是由于种种原因，有的讲稿还停留在一般性的平面化的描述当中，多数在研究性和理论性方面仍显不足，这倒是给我们科研及杂志社的同志提出了深度研究的紧迫任务。

2012 年第 9 期

媒体要传播正能量

——兼评《新商报》"城市家书"活动

夜深了，在灯下读本刊这期的"特别策划"，很为大连《新商报》总编辑马力同志和她的团队创造性地完成"指令性报道"的作为所感动，也很认同马力的一些观点，特别是她关于"媒体要传播正能量"的理念，一下子抓住了笔者的眼球，引发了笔者的一些思考。

"媒体要传播正能量"，这是在我们这个时代，媒体作为党和人民"喉舌"与工具的基本职责和神圣使命，这个职责和使命一点也不因为媒体要走入市场而被"缩水"（这一点是在媒体登记注册时就确定了的，是先天性赋予的品质）。从根本上来说，我们社会的各类媒体，不论其业务范围被大致限定在什么空间或领域，也不论它是日报、晚报或是行业报、企业报什么称谓，统统都应在"传播正能量"的旗帜下，履行自己的职责，彰显自己的作用，同时也求得自己的生存和发展，赢得自己的社会地位与形象。马力同志的这个理念，说明了她是一位清醒的媒体"掌门人"和称职的总编辑。

就此而言，那种消极地对待"指令性报道"的心态及举措，就值得讨论一番：有的同志有一种逆反心理，总觉得报纸怎么办、采写什么、不采写什么、报道什么、不报道什么、采取什么方式报道、选择什么时机报道，这是媒体自己的事情，至多也是新闻单位老总的事情，毋须上级机关"指手画脚"，因而往往采取一种比较消极的态度，徒然地丧失了一些重要的机遇和可能。一般来讲，上级机关从工作大局出发，向其所统辖的部门包括媒体单位发出相应的工作部署及任务要求，是有其客观根据和社会需求的，也是其社会责任使然。媒体采取一种积极的、主动配合的态度，甚至是一种创造性贯彻落实的态度，是必要的，也是必须的。当然，作为上级机关在向媒体发出指令性报道计划之前，亦应有一个充分调研、科学决策的过程。否则，媒体会受到损害，上级机关的威信及工作也一定会受到损害。

何谓"传播正能量"？用马力同志的话讲，就是"一张报纸的版面上总要让人看到阳光、空气和绿地"。如何传播正能量，则仍有讨论一番的必要。传播正能量不是一种单向传播，不是你传播、我接受，不是你说我听、你打我通，而是双向传播、多向传播，出谋划策，共同应对我们面临的困境和问题，共同打造我们生于斯、长于斯的家园，这就是大连《新商报》"城市家书"的真谛所在，精魂所在，经验的核心价值所在。

双向、多向传播正能量，实际上是对媒体老总的一种考验，也是对媒体人的一种历练。仅就构思出这种"城市家书"的形式，把"大连"作为自己至亲至爱的亲人，和他沟通，为他点拨，急他所急，想他所想，做他所做，就是一个很不简单的创意。而且，对能否得到发出指令性报道任务的上级机关、乃至上层领导同志的认可，他们"心怀忐忑"。读到此处，很愿意向大连的市委、市政府主要领导说上一句，像你们有着可爱的市民一样，你们有着十分可爱的信得过的新闻媒体，你们要继续善用媒体啊！

2012 年第 10 期

品牌是新与旧的结合
——兼谈期刊品牌

品牌是给拥有者带来溢价、产生增值的一种无形的资产，品牌增值的源泉来自于消费者心中形成的关于其载体的印象。期刊品牌是人们识别期刊的分辨器，不同期刊品牌代表了不同的期刊特性、不同的文化背景、不同的设计理念、不同的心理目标，可以供读者根据自身的需要进行选择。一个良好的期刊品牌同时还是质量和信誉的保证，品牌代表期刊、代表了期刊的信誉。品牌以质量取胜，品牌常附有文化、情感内涵，所以品牌给产品带来了附加值。此外，期刊品牌还是一个期刊核心价值的体现，良好的期刊品牌能使读者对一本期刊产生好感，形成品牌忠诚。

对于期刊品牌，中国期刊协会原会长张伯海先生有过精辟的论述，他指出，期刊品牌就是指期刊媒体里面那些由内在的丰富底蕴与外在的完美风采结合而成的高智力产品的特定形象。期刊品牌是期刊的办刊理念、经营理念、服务理念、行为理念、视觉理念的高度抽象和概括，是刊社精心打造的具有先进的文化内涵、鲜明的传播风格和独到的装帧设计，并为特定的读者群体广泛认同的期刊总体形象。

与图书和报纸品牌相比，期刊品牌创造具有很强的独特性。相比而言，期刊是最适合创造品牌的媒体类别。因为期刊是旧瓶装新酒，是新与旧的结合，在继承之中有创新。如果只是简单地因袭旧的风格、模式就成了"炒冷饭"，只有既旧又新，才能生生不息。作为期刊，刊名、开本、栏目、装帧都有连续性、稳定性，这是旧的方面，不旧就割断了历史。同时，每期期刊都有新内容，栏目不变，内容常新，这期是铁凝的作品，下期是莫言的作品，这就使读者对刊物产生"恋情"，形成品牌，深入人心。

而作为图书，每本都是新内容、新面孔、新设计，就难以形成品牌。因此图书要打造品牌就得学期刊，做成连续性的丛书，如《布老虎》丛书。报纸作为每天或每周出版的出版物，新闻性是其核心诉求，而新闻本身很难是具有独创性的产品，因此报纸品牌也相对难以建立，而更多的是通过地域独特性形成差异。

打造期刊品牌，首先是要确定服务对象，进行精确定位。只有找准了自身的位置，才能确定期刊的发展方向和风格。没有准确的定位，不知道自己是谁，就很难有正确的办刊理念和思路。只有经过科学、充分的市场调查，期刊的定位才能比较准确、合理；有了读者对象定位，还需要对读者的需求进行细化。

另外，名刊必有名编辑、名记者，必须能有满足不同栏目需求的编辑、记者，善于策划别出心裁的选题，能让人阅读时感觉既在情理之中，又在意料之外才行。创建一个名牌期刊，无非是靠打造影响力、经营影响力而已。只有不断锐意创新才能跟上时代的步伐，才能不断满足读者日益增长的阅读需求，才能在品牌战中保持不败之势。被称为"中国人心灵读本"的《读者》杂志，正是通过不断创新，才使其品牌影响力得以成功巩固和不断延伸的。

当期刊有了初步影响力之后，还要通过开展活动，进一步打造品牌、经营品牌、扩展品牌。国外一些名牌杂志，通过品牌延伸，扩大经营半径，创造了极好的效益。在数字化的浪潮下，传统期刊的出版模式受到严峻挑战，同时也对期刊品牌建设提出新的挑战。品牌期刊要想在新的历史条件下不贬值、不褪色，做好数字化转型是必由之路。

2012年第11期

唱盛不唱衰

——评介贾长华和他的今晚报团队

今晚传媒集团社长贾长华在办报之余写了不少书,其中有一本叫作《如何把报纸做强做大》,前不久在中国书籍出版社出版,中国新闻出版研究院为该书的出版组织了一个座谈会。座谈会开了整个一下午,应该赶着去十八大报到的中共新闻出版总署党组书记、副署长蒋建国同志在会前会见了贾长华一行,肯定了他们的经验,提出了增强引导、传播、经营能力的要求。十八大新闻中心主任、中国记协党组书记翟惠生在主持新闻中心的会议之前赶来发表了很有内涵的讲话。笔者作为主持人,参与了会议的全过程,为这次会议的思想撞击和精神砥砺所感染,写下了如下一些文字。

会议一开始就报纸的唱盛还是唱衰问题展开了议论。贾长华介绍说,即便在新媒体挤压的形势下,今晚传媒集团去年和今年的传统报纸广告收入仍有20%左右的增长率。报纸的发行量在天津是第一大户,两个效益总体上是稳步上升的。稳步上升的原因也是多方面的,但其中一个重要的原因是对集团所属报刊的优势资源充分挖掘和发挥的结果。贾长华认为报纸至少有四个优势:一是领导优势,即领导同志和领导机关对有影响力报纸的高度重视;二是新闻优势,作为每一个机关或企事业单位,总有其工作的亮点或难点需要报道和传播;三是品牌优势,报纸一旦形成品牌,就相应地会产生无形资产和影响力,对这种资产和影响力的使用是一种本事;四是关系优势,在报道和被报道过程中,形成一种具有生产力性质的关系优势,不可忽视。正是基于对至少四个方面优势的借助与运用,贾长华说,他对报业发展持唱盛不唱衰的观点。在他看来，一些报刊新闻单位端着金饭碗讨饭吃，或者日子过得凄凄惨惨，主要是对报刊长期形成的优势缺乏认识，从而在理念上陷入悲哀，在实践上陷入困境。

贾长华和他的团队的第二条体会是：一定要把导向与市场有机地结合起来，这恰恰是社会主义市场经济体制的本质所要求的。在一些同志的意识深处，往往把导向与市场对立起来，认为要坚持正确导向，就必须牺牲市场；而要取得市场回报，就必须走低俗路线，打擦边球。在贾长华和他的团队看来，恰恰与之相反，越坚持正确导向，报纸就越有市场；越有市场，坚持正确方向就越有力量。关键是要真坚持导向，对导向的理解不能过窄、过偏，在坚持正确导向方面作总安排，用大气力，下真功夫，写深文章。"人间正道是沧桑"，缺少这一条，不在主旋律上舍得投入，只在旁门左道上用心思，即便有效也是短时期的，难以为继，甚至会适得其反。

今晚报的实践还提出一个"个人作用与体制机制关系问题"。体制、机制当然重要，我们的改革从某种意义上来讲，就是解决体制机制影响新闻出版生产力发展方面的问题，我们说以改革为动力的基本含义也正在于此。但是最重要的还是人本身，还是新闻报刊单位的带头人的素质及其素质的发挥程度，如果没有带头人，没有贾长华同志这样的，对新闻本质功能及其天然优势的深刻理解及淋漓尽致的发挥的领头人，今晚报传媒集团能够有如此辉煌的今天吗？这就把新闻单位人才工作的特殊重要性提了出来。这就有必要研究一下贾长华社长的成长过程。他是从初级编辑到高级编辑，从采编部门的副主任、主任、副总编辑、总编辑到社长，一路走过来的。虽然不敢断言，新闻报刊单位的领军人物一定要走每个台阶，但是认真地走好每一个台阶，仍然是新闻领军人才的重要成长规律，这不能算是墨守成规吧！

总之，贾长华和他的团队的业绩和经验，给了我们诸多的启示和感悟，我们应该充分地借助和利用这笔宝贵的财富！

2012 年第 12 期

☞ 2013 年

新闻出版工作是我们护身看家的法宝

　　胡锦涛同志在党的十八大报告中，说到文化建设的主要门类时，把"新闻出版"放在第二位。其实，放在第一位的哲学社会科学，没有新闻出版也是实现不了创新的，即便实现了，也是难以确认的；放在第三位的广播影视和放在第四位的文学艺术，其中既有对新闻的依赖，又有对出版的借助，试问如果没有剧本和脚本，如果不成为作品和出版物，何以体现自己的担当？

　　这是从十八大报告作出的一个肤浅简单的推理。其实，从更深邃的历史观点来看，从更广袤的社会空间来看，新闻出版是我们党和国家护身看家的法宝。

　　在建党过程中及党作为革命党的历史时期，新闻出版是我们发动群众、组织队伍、攻坚克难、争取胜利的法宝。党的早期发起者和领导者，严格讲都是新闻出版人，李大钊、陈独秀、毛泽东、李达等既是主编，又是主笔，他们本身就是新文化运动的倡导者和参与者。党一开始就对自己的新闻出版工作做出了重要部署，瑞金时期我们有中央出版局，延安时期那么困难，还是要办报社、办出版社、办电台、办刊物、办新华书店。解放战争开始时，在中央纵队与胡宗南部队周旋时，毛泽东割舍不下自己的书刊和笔墨纸砚，他对部下讲，我就是要用我的文房四宝打垮蒋家王朝。当时，我党对新闻出版工作的高度重视和长期投入已成为我们党争取人心，争取国民党上层，争取最后胜利的有力工具。

在新中国成立后党成为执政党的历史时期,新闻出版更是我们护身、看家的法宝,是改革开放的重要内容,也是改革开放成功的重要条件和基础。新中国成立后到"文化大革命"前,无论是抗美援朝,还是"一化三改造",没有新闻出版战线的推波助澜和深度参与,其成就是不可想象的。当时整个社会的风清气正与当时的大批优秀出版物互为影响,"文化大革命"后思想解放运动也首先是报刊引发的。在整个改革开放的进程中,新闻出版扮演了十分重要的角色,起到了十分重要的作用。它是改革开放的先导和保障,它自己也在改革开放中完成了自身的凤凰涅槃,占领主阵地,成为主力军和领跑者。

尤其在今天,新闻出版战线更是我国软实力中最硬的实力。今天,我们所了解到的世界,几乎没有原生态可言,严格讲都是经新闻出版包装后的信息。新闻出版与我们党和人民的福祸命运息息相关,与社会的稳定和谐深度关联。

这些年,我们新闻出版的改革与发展总体上是成功的,成功的最主要标志就是新闻出版作为向导、服务和保障,为经济建设、政治建设、文化建设、社会建设作出了巨大贡献,取得了举世瞩目的成就,这一点,连我们的对手也不予否认。

当然,新闻出版战线在差异化、个性化方面,在遵循新闻出版规律方面,在文风的改进等方面仍有大量工作要做。

2013 年第 1 期

论"春晚"的功能

——在 2013 年研究院春节联欢会上的致辞

风雨送春归,飞雪迎春到,又是春晚联欢时,心潮逐浪高。此时此刻,我谈三点感悟。

第一,春晚是满怀着丰收喜悦的庆功会。2012 年,我院承担和完成的重大课题多、重大项目多,既有人文科学方面的课题,又有经济科学方面的课题,还有技术科学、公共服务、对外传播的课题。从课题的类型看,既有国家交付的,又有总署下达的任务,更有业界委托的项目。这些课题和项目彰显了研究院在业界不可替代的特殊作用,也进一步巩固了研究院在业界的已有地位。当年曾国藩向朝廷写奏折,保护左宗棠免受一斩时,说过一段经典的话:是中国就不可一日没有湖南,是湖南就不可一日没有左宗棠。我仿照着讲这么一句话:是文化强国,就不能没有新闻出版,是新闻出版就不可没有日益崛起的研究院。我们院的出版战线精心打造精品,不断拓展市场,办好品牌会议,履行重要职责,总体上取得了良好的双效益。我们的管理部门,在党建、廉建、人才、计财、对外合作、党群工团、后勤基建等方面都做出了骄人业绩。过去的一年,有新的优秀团队加盟研究院,我们的队伍壮大了;开办了海峡分院,我们的地盘扩张了。我们是总署系统执行预算最好的单位之一,我们在人员增加、薪酬增加的情况下,财务结余实现了翻番;在总署的各项活动中,我们是获取荣誉最多的单位,所有这些构成了我们开好庆功会的基础,我们才有底气来欢度这一年一度的春节联欢晚会。

第二，春晚是载歌载舞的艺术盛会。庄户人家有一句话：宁穷一年，不穷一节。我们可以说冷静一年，但必须热闹一节，这一节就是春节。春节是我们中华民族珍贵的非物质文化遗产，是凝聚民族精神的又一处神圣的家园。过好春节，除了物质生活的改善之外，关键是精神生活的丰富，这就不能没有载歌载舞的春晚，连农村都还要唱大戏呢，何况我们这样的科研文化机关。

正是出于这样一种考虑，我院的各部门、各单位，从领导到员工，从男生到女生，从科研到经营，对春晚这次演出都给予了高度重视。先是编好剧本，然后是秘密排练，牺牲了大量的休息时间、双休时间，有的提前进入，有的请高手指导，我们发现我院干部职工对艺术的追求也是如痴如醉，舍得投入的。相信会给大家若干意外的惊喜！

另外，繁重的科研、出版、管理等工作主要使用的是抽象思维、理性思维，呈现出一种抽象思维过度使用、形象思维使用不足的偏颇，就希望借着春晚把形象思维释放出来，让艺术细胞充分地张扬一次，达到思维的全面发展，促进我院员工素质的全面提高，各项事业的全面发展。

第三，春晚是迈向新征程、争取新业绩的动员会。首先，团聚是一种力量。为什么每逢春节，尽管交通如此紧张，人们还是要从四面八方回到家乡，与父老乡亲团聚？因为团聚会增加亲情，补充能量。同样道理，对于研究院来讲，借助春晚这种方式比起以往其他方式，更能把这个部门、这个单位与那个部门、那个单位之间，把干部与职工之间，干部与干部之间，职工与职工之间紧密地团聚在一起，增进了解，增加友谊，产生 1+1>2 的力量，推动深度合作、协作。

还有，由于科学、艺术、哲学是相通的，由于科研、出版、管理、经营等业务与艺术也是相通的，因此，通过艺术表演释放出的艺术智慧和艺术能量，会转化成新的科研生产力、出版生产力、管理生产力、经营生产力，这是毫无疑问的，也是我们孜孜以求的。

同志们，朋友们，回顾 2012 年我们有一种成就感，展望 2013 年，我们既看到前程似锦，又感到压力如山，任重道远。无论在科研能力、理论造诣、科研队伍及科研成果方面，无论在出版规模和出版品牌方面，无论在管理水平和管理体制方面，无论在经营人才和经营效益方面，我们都还有不少的差距。但是，任何一位看过今天晚上我们研究院同仁精湛演出的同志，一定会坚信，我们的研究院一定能够继续做大、做强、做优，一定能够成为国内一流、国际上有重要影响的科研院团。我们的目的一定要达到，我们的目的一定能够达到。

最后，预祝今晚同仁的演出成功！祝愿今天大家都能有一次极好的艺术享受！祝贺研究院的大团结、大进步、大发展。

2013 年第 2 期

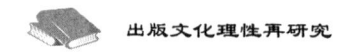

你能娴熟运用祖国的古典诗词吗？

——谈改进文风的一个重要方面

由中国新闻出版研究院等单位承办的中央国家机关"强素质，作表率"读书讲坛活动第四十六讲（已经坚持了差不多四年的光景），主题是"古典诗词的阅读和欣赏"，演讲嘉宾是北大中文系著名教授葛晓音女士。

选这个主题，最初是出于两个方面的考虑：一方面，中央国家机关公务员长期处在一种紧张的工作状态和精神状态之中，承受着多方面压力。阅读和欣赏作为民族文化瑰宝的古典诗词可以调剂神经，缓解疲劳，进而修身养性，增加几分情趣；另一方面，这种阅读和欣赏如果能坚持下来，则会潜移默化地提高机关公务员的写作能力、办文能力和表达能力，使写出的文章富有文采和感染力。但是，当笔者在为主持词做准备的过程中（读书讲坛多是由笔者主持的），突然发现仅有这两方面的考虑还是很不够的。至少，还有两方面的意义。

其一，阅读、欣赏乃至引用古典诗词应该是改进文风的一个重要方面。其实，我们在文风方面存在的问题不仅是假话、空话、套话的问题，也不只是"穿靴戴帽"，王顾左右而言他的问题，还存在着"语言贫乏，面目可憎，像个瘪三"的问题。这样的文章方向和内容可能是正确的，但是缺乏吸引人的内在元素，缺乏感染力，达不到文章所要求的效果。从这个意义讲，改文风，不但要善于破，更要善于立。习近平总书记最近在观看《复兴之路》大型历史展览时，引用了三句诗来形容中华民族伟大复兴的昨天、今天和明天，分别是"雄关漫道真如铁""人间正道是沧桑""长风破浪会有时",从而产生了较强的文风效果,一下子,使得国人对我们的中国梦有了深刻的印象。由此建议,把对我国古典诗词的阅读欣赏和娴熟运用,作为改进文风的一项重要内容和重要标志,至少也应作为改进文风的一个重要的努力方向。

其二,对古典诗词的欣赏、引用及借用,也不限于文风方面的重要作用,应该说,它也是我们强化文化软实力的重要方面。当年毛泽东主席在重庆谈判时,一首《沁园春·雪》发表以后,一时间山城重庆洛阳纸贵,征服了很多国民党上层人士和陪都知识分子的心。"得人心者得天下",这就是历史和现实的逻辑。

阅读欣赏、引用借用古典诗词的功用如此必要和重要,那么如何才能进入到这个神圣的殿堂而有所作为呢?诗词大家葛晓音教授给我们指点迷津:老一辈先生们的写作,无论是普通文章还是大文章,其实很多东西都是信手拈来,因为他们脑子里装的东西很多,我们现在主要是脑子里没有东西,空空如也。所以,我们首先得有计划地少而精地读几本这方面的书,要真正地读进去。在此基础上,才可以研习一点祖国古典诗词的形成和发展的规律,以及欣赏和运用的门道。比如,就题材而言,中国古典诗词的题材是从少到多,逐渐增加的。然后相应形成某一种题材作品的内容主题及艺术风格的传承性。此外,中国古典诗词还有一种拟古的传统,这就促使其在表现艺术方面不断进步。就体裁而言,古诗中就有古体和近体两大类,古体包括五古、七古、五七言古绝、三言四言六言、乐府,近体包括五律排律、五七言律绝等,词则有小令、长调之分,等等。不同的体裁有不同的鉴赏标准,比如歌行长于铺叙,要求层次复迭、波澜起伏,欣赏时或取其奔放跌宕,或取其委婉多姿;绝句则以含蓄为上,留有不尽之意。如有可能,还可通过学习诗词理论来提高欣赏水平,比如自然与人工的关系,非人工没有诗词,非自然没有境界;又比如形神关系,推崇写意,贬低写形。"澄怀观道,静照忘求",是中国山水诗独特的审美观照方式。由于中国山水田园诗中的文化内涵受老庄思想和禅宗思想的影响较多,也可以通过适当研读中国古典哲学来增强自己这方面的欣赏能力。

而当前最重要的是，我们能否减少浮躁，为自己打造一种接近"宁静致远，淡泊明志"的环境。真正地而不是虚幻地，长期地而不是临时地作这方面的努力，增加这方面的修养，提升这方面的能力。如此去做，则文风幸甚，文章幸甚，文化幸甚。

2013 年第 3 期

请陈平原教授讲讲读书的学问

3月30日中央国家机关"强素质，作表率"主题读书讲坛活动，特别邀请到北京大学中文系教授（同时是香港中文大学讲座教授、教育部"长江学者"特聘教授）陈平原先生演讲"读书的立场、趣味与方法"。与他的演讲相配套的图书是由北京大学出版社出版的、由他本人撰写的一本佳作叫作《读书的"风景"》。

向大家推荐这本书，请陈教授主讲这个题目，出于三个方面的考虑。

第一，习近平总书记最近在纪念中央党校建校88年的大会上的重要讲话及出访金砖国家之前，又特别地强调了学习和读书的使命。他讲：一个党要上进，一个国家要上进，一个民族要上进，就必须大兴学习之风。而学习的核心就是读书。这次出访之前，当有人问及他工作之余的个人兴趣及爱好时，他的回答很简洁、明快，就是读书。这使人想起他在中央党校多次强调领导干部的读书问题。作为党的领袖和国家元首能够如此一以贯之地强调读书，如此身体力行地醉心于读书，这真是我们国家和民族的幸运。也不能不使我们深入思考读书和一个人成长的内在联系。

第二，和最近的一系列阅读形势呼应一下。"两会"期间，受斌杰同志和建国同志委托，时任新闻出版总署副署长邬书林委员联合114位政协委员递交了关于"实施国家全民阅读战略"的重要提案。就阅读立法、阅读规划、阅读基金、阅读节的设立等一系列问题提出了重要的构想和建言。前天，总局出版管理司司长也是全民阅读办公室主任吴尚之同志和总局法规司司长王自强同志加上研究院同志与国务院法制办沟通，启动了《全民阅读条例》的起草工作。作为全民阅读一个重要方面的"强素质，作表率"读书活动的各位参与者，也有责任从更深的层次和更广袤的空间来思考阅读问题。

第三，我们的"强素质，作表率"读书活动及主题讲坛马上就要四周年并进入第五个年头了。在这承上启下、继往开来的重要时刻，作为领导干部和国家民族一起来思考研究什么是读书，为什么读书，读什么书，如何更科学有效地读书，不能不是一件十分有意义的事情。对读书的认识也有必要从感性认识上升到理性认识。毛泽东同志说：感觉到了的东西，我们未必能够更深刻地去理解它，只有理解了的东西，我们才能更深刻地去感觉它。

陈教授的演讲在明确了读书的立场、读书的目的的基础上，至少给我们提出了三个很有针对性的问题：一是读什么书的问题；二是书选好后，能否读进去的问题；三是读进去以后能否有实际收获的问题。

关于读什么书。陈教授讲，过去是书到用时方恨少，现在则是书到用时方恨多。一不小心，茫茫书海会把人淹没掉。用他的话讲，开卷未必有益。他讲到，经典著作确实值得推荐，讲到读家的审美趣味及研究的方向与经典著作的关系，从这里是否可以启示我们从三个方面来选择图书：首先看这本书是不是经典，是不是公认的重要书目；如果这本书是经典了，还要看我们有没有对这个经典的需求；我们虽然有需求，还要看有没有足够的条件来消费这本书、阅读这本书。经过这三层过滤，一般说就完成了选书的过程。当然也有专业性阅读与业余性阅读的结合、随便翻翻与精读细读的关系、甲书与乙书比较阅读的问题，等等。

关于选好书后能否真正读得进去。陈教授讲，过去古人面对一部经书可以字斟句酌，穷经皓首；而今人却是"发散性思维"，是"知道分子"。这确实是我们今天面临的普遍性问题。怎么办？需要我们把读书作为一种生活方式，要确立"把一本（重要书）读完"的信念。可以学习曾国藩，这本书读不完绝不去改读另外一本书。

关于读进去以后，能否有实际收获的问题。陈教授讲到：获取知识固然很重要，但重要的是保持一种思考、反省、批判和上下求索的姿态，这是朱熹的方法，与毛泽东主席"尽信书，不如不读书"的遗训，有着异曲同工之妙。我们应持一种与作者对话、向历史追溯的读书姿态，从作者的真理性描述中汲取营养，从作者的缺陷性描述中寻求思想成长的新空间。

2013 年第 4 期

梦想与辉煌

这里的梦想，实际上是一种理想，是对未来事物有根据的合理的想象和渴望。它与狂想、幻想相对立，与追求和目标相统一。一个社会的进步，离不开一批志士仁人提出源于现实、又高于现实的梦想，及其为实现梦想所付出的艰苦卓绝的努力。一个人的事业发展，离不开其立足当前、又超越当前的梦想，及其为实现这种梦想所经历的坎坷不平的道路。

梦想是人类社会进步的引擎，梦想是个人事业发展的风帆。是社会主义的梦想孕育并产生了中国特色的社会主义社会；是"上九天揽月，下五洋捉鳖"的梦想，催生了中国的航天事业和潜海工程；是关于作家的梦想，激励莫言先生成为著名作家，成为诺贝尔奖获得者。梦想孕育成就，缔造辉煌。这是一条被历史反复检验过的真理。

党的十八大闭幕后不久，习近平总书记就提出了"中国梦"的重大命题，并强调了这一命题的深远意义。"两会"期间，他又提出"中国梦"的核心内容是"实现国家富强，民族振兴，人民解放"；"中国梦"的本质属性"归根到底是人民的梦，必须紧紧依靠人民来实现"；"中国梦"的实施路径是"坚持中国道路，弘扬中国精神，凝聚中国力量"；"中国梦"的战略步骤是先建成小康社会，再建成富强、民主、文明、和谐的社会主义现代化国家，然后再进入主要发达国家行列，实现中华民族的伟大复兴。

"中国梦"与新闻出版事业相辅相成，水乳交融。20世纪初的中国共产党人就是一批办报办刊的新闻出版人，中华民族最初的翻身求解放的梦想，就是作为先进知识分子的新闻出版人提出的。在漫长的推翻反动统治、赶走民族敌人的伟大历史进程中，又是新闻出版人和新闻出版事业始终伴随着"中国梦"的不断实现与发展。可以说，新闻出版与"中国梦"的内在联系是与生俱来的。

当今时代，新闻出版事业的功能不断扩张和延展，新闻出版事业的社会地位与作用日益凸现。国家要富强，既必须有物质硬实力，也必须有包含新闻出版在内的文化软实力；民族要振兴，既必须有完备舒适的社区家园，也必须有包括新闻出版在内的精神家园；人民要幸福，既必须有物质条件的保证，又必须有源源不断的优秀精神食粮的供给。

"中国梦"的实现路径，更是须臾不可离开新闻出版的独特作用和特殊地位：没有新闻出版对于科学理论的探讨与研究，何以坚持中国道路？没有新闻出版的强势传播，何以弘扬中国精神？没有对新闻出版提供的优秀出版物的认真、持久地阅读吸收，何谈凝聚中国精神？

我们要从"中国梦"的坐标系来框定新闻出版业的担当与使命，就是要建立起社会主义新闻出版强国，或者叫作"要实现新闻出版的强国梦"。新闻出版的"强国梦"既是"中国梦"的有机构成，又是实现"中国梦"的重要支撑。新闻出版战线担负着双重的历史使命，它既要对国民综合文化素质的提高负责任，对社会主义价值观的深入人心负责任，对整个社会的道德伦理水平的养成负责任；还要对新闻出版产业的快速发展负责任。文化产业要成为国民支柱产业，新闻出版业至少承担着3万亿元产值的艰巨任务。其实，经济建设、政治建设、社会建设、生态建设和党的建设都离不开文化建设，而新闻出版又在文化建设中起着基础性、前瞻性和主体性的作用，所以站在新闻出版的角度，"中国梦"包含着新闻出版业的重要板块，建设社会主义新闻出版强国又是"中国梦"的重要目标之一。可以说，作为新闻出版人，要追求"中国梦"的最终实现，就必须比以往任何时候更加一心一意地谋求新闻出版业的改革与发展；而谋求新闻出版业的再度设计与快速发展，其实就是在履行"中国梦"的伟大使命。

让另一个舆论场更好地释放正能量
——怎么看待社会化媒体的地位与作用

最近一段时间，关于社会化媒体的资料接触得比较多。《光明日报》发表长篇文章谈到自助出版对传统编辑工作的挤压现象。《中国新闻出版报》载文讲"微博有资格登上新闻评奖殿堂"，报道了河南决定把微博平台纳入到明年的新闻评奖序列中来，该报还载文主张"从社交媒体'寻宝'也须有度"，列举了一些社交媒体有意无意地发表不真实消息的情形。一些颇有主流媒体管理运作经历，同时兼具新闻理论修炼的专家、学者则提出了"两个舆论场"的观点：在党报党刊、国家广电台站、国家通讯社为主体的"主流媒体舆论场"之外，还存在着一个事实上的"民间网络舆论场"，它有诸多方面的资讯。由此看来，研究社会化媒体如何更好地传递正能量，不仅是十分必要的，而且是相当重要的。人民日报社社长张研农认为"中国目前确实存在着两个舆论场，如果我们只关注一个而忽略另一个，对中国国情的认识都会有失偏颇"，这是很有见地的。

其实无论叫作社会化媒体，还是叫作自媒体，叫作民间舆论场，它已经是且将继续是一种客观存在，又不只是一种客观存在。它首先是基于互联网这种先进的信息传播生产力，而自发产生的一种社会新闻现象。最初只是一种社交工具，后来在反腐、灾难报道、维权与救助中逐步地彰显出特别的功能，为经济文化社会的建设作出了重要的贡献。这其中蕴涵着一个更深层、也是更本质的内容：人民群众是我们这个社会的主体力量，他们自然而然地借助这种新型的便捷的媒体，行使自己作为主人翁的权利。

当然，也不限于这些，他们还要充分地利用这种工具来从事生产和进行生活，于是他们在这个平台上成倍地扩大了自己的社交圈，有了自己新颖的使用体验，开始了不可或缺的商务交换，使自己既成为新闻人，又成为一定意义上的出版人。实事求是地讲，国有主流媒体进入到微博、微信等新媒体领域也受到了社会化媒体的强势作为及快速发展的启发和挑战，是社会化媒体把主流媒体引入到新媒体轨道上来的，社会化媒体功莫大焉。

当然，凡事都有两个方面。社会化媒体在自己的发展进程中，目前也存在着一些需要特别注意的问题："噪音"干扰问题、功能过乱问题、安全隐患问题等，最突出的还是其公信力问题。在新媒体条件下，任何人都可以成为消息的发布者，又没有相应的约束机制，也就容易出现乱象，有时甚至乱象丛生。比如喜欢发布一些道听途说的东西，热衷转载若干哗众取宠的东西，甚至编造诸多不着边际的东西，以吸引眼球，混淆视听；或者颠倒黑白，以泄私愤；或者挑起事端，影响社会的和谐稳定。这种现象的背后是新闻传播的价值观发生了蜕变，本来新闻应坚守真实性原则、时效性原则、正能量原则，但是在为数不少的新媒体人那里却是以新闻的轰动性为原则，以新闻的爆炸性为标准，以吸引公众眼球为目标，以狭隘的短期的广告效益为皈依。看来在主流媒体向社会化媒体学习借鉴的同时，社会化媒体也应向主流媒体学习管理经验与管理机制，以约束自己的行为，更好地释放出正能量来，同时管理部门方面也应有相应的举措加以监管和引导。

2013 年第 6 期

有限还是无限，崩溃还是发展？

——也谈"互联网走在崩溃边缘"

终于看到了一篇关于"互联网走在崩溃边缘"的文章（载《光明日报》6月29日第五版）。人类进入互联网时代，这绝对是一场伟大的技术革命，是一次生产力的质的飞跃，至少对信息的生产、传播和消费的规模、频次是史无前例的，至少对笔者所供职的新闻出版传媒业来讲是一次颠覆性的变革。但是，当我们每天、甚至每时每刻都被互联网所裹挟、所浸泡、所渗透、所支配的时候，甚至到了言必称互联网，行必靠互联网，离开互联网就寸步难行的地步，又使人产生深深的困惑：难道人类真正要变成被互联网统治的奴隶？难道人类获得自由的代价就是变得更不自由了？《光明日报》的这一组文章总算发出了这样的警告。

其实，与过去时代传统条件下信息生产、传播、消费的有限性相比较，网络、数字条件下信息的生产、消费、传播的确是具有无限性特征。正是这种无限性，产生了长尾理论及它的实践效能。与传统条件下一本书、一场剧、一支歌的销售和发行市场受到空间和时间条件的限制相比，互联网冲破了原有的物理半径以及由物理半径所产生的时间延续的限制，实际上使得这个市场具有空间的无限性和时间的永恒性。正是这种无限性和永恒性，使得我们的精神生产总量不知比以往时代要翻了多少倍。一个盛大文学一天要生产出多少部小说？A8音乐公司一天要推出多少首"草根"歌曲？正是这种无限性和永恒性，使得我们的各种统计数据进入了一个全新的时代，同样的资讯和数字可以在瞬间变成若干个不同门类的数据，服务于不同人群的不同用途，以至于我们真的是进入了一个"大数据时代"。

然而，上述所讲到的无限性和永恒性仅仅是相对于以往时代的情形而言的。真正从辩证法的宇宙观来看，其实还是有限的，也并非永恒的，正如地球的有限性、月球的有限性和偌大太阳系的有限性一样。当然有限性与有限性之间的内涵和外延也许相差不只是十万八千里，而是光年和准光年的概念。其实互联网的有限性已经在实践中开始显现出来，网络故障、网络瘫痪、网络堵塞的事件频频发生，"卡顿"现象已是司空见惯。由此引发的社会生产与生活的紊乱和损失也不断地向我们发出警告，这与我们对一些矿产资源、能源资源的过度开发及无规则非科学开发的问题何其相似。

不仅如此，即便是在未崩溃的情形下，人类在借助互联网发展生产和改善生活的同时，也已经制造出和正在制造出诸多的负能量，影响了和继续影响着人类的自我生存和社会的健康运行。譬如互联网对人类记忆能力的消融，对人类抽象思维能力的损害，对人类价值观的某种颠覆，对人类精神成长环境的某种破坏，已经引起人们的不安，甚至恐慌。这真是回应了恩格斯的一个重要思想：当我们为对自然界的某种征服而狂欢的时候，自然界正准备惩罚我们呢。

温家宝同志曾多次疾呼：要守住中国人18亿亩农田的红线（底线），因为土地是劳动之母，是我们的生命线。与此相类似，互联网比起我们已有的信息空间，不知道扩张了多少倍，但现在看来，它仍是一个有限的空间，不可以过度占有、占用，过度的占有、占用肯定会车满为患、人满为患、文满为患；也不可以过度开发，过度开发会寅吃卯粮，也难为我们的子孙后代保留下互联网的"青山绿水"。现在看来，过度占有、占用及过度开发、开采，不仅难以保证未来，就是今天也已经出现了崩溃的征兆。恐怕全社会都应有正确的理念，然后宏观层面得做出科学的规划，微观层面得有相应的举措，否则，近不能维护当前，远不能寄托未来。

2013年第7期

负面报道与"坏消息综合征"

《中国青年报》7月10日的版面上有一篇文章叫作《微博上的"坏消息综合征"》,讲的是3年前一位河南考生,因对计算机操作不熟练,没有通过上网填报志愿,而是填了纸介质的志愿表交给县招办微机人员,不巧被锁进抽屉遗忘掉了,后来在微博曝光后,终于拿到了进入大学的"绿卡"。然而就在最近,此条旧闻又在微博上被"炒"了个不亦乐乎。该当事人已因为被骚扰对微博发出了警告。文章说这表明"坏消息综合征"仍然在延续着。美国尼尔森发布的一份调查报告指出,在整个亚太地区,中国网民最喜欢在网络上发表与产品相关的负面评论,约有62%的中国网民表示他们更愿意分享负面评论。

无独有偶,作为《人民日报》子报的《环球时报》在它的《国际论坛》上也发表了一篇时评,叫作《适应负面新闻,保持整体理性》。文章说以负面报道为主的新闻价值观在西方社会大行其道,甚至处于主流地位。以普利策新闻奖为例,除解释性报道奖、批评性报道奖和社论写作奖属于中性报道之外,其余11项大奖,均属纯粹的负面新闻,占获奖总数的78.6%。文章还谈到,随着微博的加盟,问题传播成为常态,负面新闻成为主流。

这就提出一个十分尖锐的问题:我们究竟如何对待负面新闻和"坏消息综合征"?

笔者以为还是应该坚持正面宣传为主的方针。因为在社会主义制度条件下,所有媒体存在和发展的主要根据就是为了维护最大多数人的利益,就是为了使我们生于斯、长于斯的这个国家和社会更加美好，更加富于人性，更加趋于和谐，而绝不是相反。负面报道为主和"坏消息综合征"，其实是现代资本主义对新闻报道的一种长期的商业渗透所形成的，当然还有现代选举制度的助力。只要重温中国共产党的根本宗旨和社会主义国家的本质属性，以及我们改革开放的终极目标，那么就应该承认"以正面宣传为主"方针的真理性及其正确性。

如果不是如此这般地坚持正面报道为主，不妨想一想，那会是一幅什么样的情景？我国是世界第一人口大国，相当于100多个欧洲中等以上国家，正处在工业化与城镇化的关键时期和传统社会向现代社会转型阶段，从绝对数看，可能是世界上矛盾最多的国家之一。如果任其负面报道为主，甚至形而上学地坚持所谓真实性原则，那就会造成社会领域的浓重雾霾，就会使我们的人民看不到阳光明媚和前进方向，处在压抑和郁闷之中，最终损害国家和民族的整体利益与长远利益。

毋庸置疑，我们的新闻媒体，无论是传统媒体，还是新型媒体，抑或是自媒体，都应体现出对产业的追求，这是社会主义市场经济体制所要求的，但必须接受社会主义核心价值体系的约束和引导，这也是社会主义市场经济体制所要求的。超出这个范围，就不属于社会主义的媒体或媒体人了，换句话说，它必须在服务于、服从于党和国家的根本任务和根本目标的前提下运行。

当然不是说不要负面报道，或者压制负面新闻，其实负面新闻是我国社会主义传媒事业的有机构成，缺少它是不完整的，也是不可以的，但负面报道的确有一个质的提高与量的适度的问题，有一个真实性服从于导向性和本质属性的问题。

所谓量的适度，就是不可能把所有发生的负面新闻都报出来，只能有所选择，有所舍弃，把报道重点放在那些有倾向性、有普遍性的事件上。另外还可以把握版面的适度，一般不宜集中在一个版面上、一个时段上，用耸人听闻的大标题，进行地毯式轰炸，那就会把人打蒙了，甚至会有"末日来临"的感觉。

所谓质的提升，就是做负面报道时，注意捕捉事件中的正能量和积极元素，如上海《文汇报》在报道一个犯罪嫌疑人的乱砍乱杀行为的过程中，专门报道了一个市民拿起大拖把追打犯罪嫌疑人的镜头，这就使报道中有了亮点，而多家媒体并无对此情节的报道。此外，还要注意挖掘负面报道中的深层原因，以便社会更好地防范和杜绝，或减少和缓解此类恶性事件，而不是津津乐道于血腥情节和怪异现场的描述。至今为止，美国关于枪击案的报道，多是一种循环和重复式的报道，而于制止无多少补益，我们的报道也有此类现象。

总之，我们应该根据社会主义新闻事业的本质要求和改革开放的总方向，来科学把握负面报道，来有效治理"坏消息综合征"。

2013 年第 8 期

其他文章

不辱使命 负重前行

——关于《中国出版通史》研究编纂和出版情况的汇报

作为《中国出版通史》编委会的一位负责人，作为统筹这项重大出版文化工程的中国出版科学研究所负责人，请允许我代表研究所的老所长余敏同志简要报告这项学术工程的研究进程、主要内容、突出特点和质量保障工作的有关情况。

一、《中国出版通史》研究编撰的大致进程

1996年中国出版科学研究所根据一些老同志的建议，提出要编撰一部《中国出版通史》。中国是一个文明古国，历史悠久，其文明的发生与发展离不开出版业的贡献，但系统的出版通史之前还没有，这就是研究编撰这部通史的最初动因。2000年，在社会各界的大力支持下，在出版史学界专家学者的努力与参与下，《中国出版通史》研究编撰工程开始运行。2002年，《中国出版通史》被列为国家社会科学基金重点项目，同时列入新闻出版总署"十五"国家重点图书出版规划，并获准顺延为"十一五"规划重点图书项目。自本项目启动以来，《中国出版通史》编委会组织召开了18次学术研讨会，先后讨论解决了分卷提纲、分卷主笔人选、个别卷变更主笔、分卷和卷名调整、各卷中少数民族部分的研究撰写和衔接等问题，决定将明代卷单列，将清代卷分为上下两册，将近现代卷、当代卷改为《中华民国卷》和《中华人民共和国卷》，确定了少数民族部分的研究和撰写以少数民族文字出版为主，兼顾少数民族出版和少数民族地域性出版的原则。

此外，还对全书的体例、写作风格、总序框架、起止时间等一系列重大问题进行了讨论并达成了共识。2005 至 2006 年，各卷的初稿基本完成并相继进入史学专家和编辑专家的审读程序；2006 年底各卷修改完毕定稿后，项目编委会提出结题申请并将 9 卷本、近 400 万字的书稿呈报全国哲学社会科学规划办公室；2007 年 3 月，最终通过国家哲学社会科学规划办公室的审核并获"优秀"等级；此后，全部书稿移交中国书籍出版社进入编辑出版环节，2008 年 12 月统一出版。

《中国出版通史》的研究编撰工作得到了新闻出版总署历届领导的全力支持。于友先同志对课题的启动给予了诸多关注；石宗源同志提出了"打造精品力作，传承出版文化"的研究宗旨和撰写要求；龙新民同志亲自主持党组会，研究解决《中国出版通史》编撰过程中的困难和问题；柳斌杰同志担任总顾问，多次强调《中国出版通史》研究撰写对于保存、弘扬中华文明的重大意义，并欣然为之作序；石峰同志受党组委托，全程主持了《中国出版通史》编委会的工作；宋木文同志在"出版起源"的讨论及民国出版史的研究撰写中起到了重要的协调和推动作用；邬书林同志参加了《中国出版通史》稿件的终审工作；阎晓宏同志帮助解决了项目启动时的经费困难问题；李东东同志分管研究所工作后，也对这项成果的推广、宣传提出了要求；还有出版管理司、财务司、商务印书馆的同志们在项目申报、重点图书出版规划列选、经费拨付等问题上，也都给予了大力支持。可以说，总署的大力支持和具体指导，为《中国出版通史》项目顺利完成提供了多方面、强有力的保障。

二、《中国出版通史》的主要内容

《中国出版通史》是关于中国出版历史的通史性著作，旨在梳理中国出版事业的源流、演变及其发展脉络，总结中国出版事业繁荣发展的规律，展示中华民族对世界文明所作出的巨大贡献。这部书共 9 卷，分别是：《先秦两汉卷》《魏晋南北朝卷》《隋唐五代卷》《宋辽夏金元卷》《明代卷》《清代卷（上）》《清代卷（下）》《中华民国卷》《中华人民共和国卷》。研究时段上起商周，下迄公元 2000 年，以研究我国历史上出版事业的产生、发展及其规律为基本内容，在对中国出版历史科学分期的基础上，将全部研究分为古代、近代、现代、当代四部分，涵盖以下十个方面的基本内容：

第一，各个历史时期出版事业发生发展的社会、文化背景，包括时代特点、学术思潮、文化政策。

第二，各个历史时期的出版业概貌，包括各朝代历史阶段的划分、区域概况、出版数量统计。

第三，各个历史时期的出版管理与出版机构，包括管理机构及制度（有关著作权、出版、流通等法规，审查制度与禁书）、政府出版机构（中央和地方）、民间出版机构（书坊、私家、寺院、书院）、官修私撰的编撰活动和校勘整理。

第四，各个历史时期的出版业分布，包括出版中心、重要出版地区、各地出版特色分析。

第五，各个历史时期的重要出版人物和社团，包括编辑家、出版家与出版思想、发行家、刻书家（印刷术发明前的以抄书为业的书佣和经生以及印刷术发明后的私人刻书家、书坊刻书世家及刻工）、出版群体、出版社团、文化团体。

第六，各个历史时期的重要出版物，包括类型分析、各个时期的代表著作、选题分析、畅销书现象和机制分析。

第七，各个历史时期的出版技术和装帧设计，包括复制技术（刻画、抄写、印刷、光电新技术）、书籍制度（简策、卷轴、册页）、装帧设计（字体、字号、版式、结构、封面、扉页、插图及演变）。

第八，各个历史时期的出版物流通与经营，包括流通渠道（聚书地、市场、读者）、版本记录（题记、牌记等）、经销策略（定价、稿酬、印数）、作伪与粗制滥造（制假、剽窃）。

第九，各个历史时期的中外出版交流活动，包括中外出版物交流、中外版权交流、中外技术交流、技术的外传（造纸术、印刷术的外传）。

第十，各个历史时期出版业发展的总体特点及影响，包括编辑思想及实践、出版策略及分析、出版研究及成果、优良传统及经验教训、对当时及后世的影响。

三、《中国出版通史》的突出特点及创新

《中国出版通史》在实证研究的基础上，力图突出一个"通"字，避免流于专史的简单拼盘，注重时代精神对出版活动的整体影响和整合作用，注重出版内外系统的内在联系及其发展，于沿革流变之中体现中国出版自身的发展规律，并在其中贯穿以下基本观点：

第一，"以史为鉴"的学术追求。《中国出版通史》将出版活动放在当时社会经济和文化的背景下进行研究，以出版活动与社会经济文化的关系为切入点，深入探讨了出版发展的规律；既注重研究政治、经济、科技等诸方面对出版历史的影响，也研究出版对社会发展的推动作用，力图探寻并揭示中国出版事业发生发展过程的某些规律性，实现"以史为鉴"的社会价值。

第二，世界史的眼光。充分研究中国出版史对世界出版史和文明史的促进作用，研究出版、印刷、造纸技术的对外传播和出版物的对外交流及其影响；同时也注意研究国外出版技术、出版物在中国出版史上的作用，使中国出版史的研究兼具世界出版史的功用。

第三，统一的多民族国家的整体观点。全面反映各少数民族出版在中国出版史中的重要作用和伟大贡献及港澳台地区出版事业的发展情况，从而使《中国出版通史》成为一部名副其实的完整的"统一的多民族的出版通史"。

第四，大出版的视野。不仅反映编辑、印刷、管理、发行、版权及书籍装帧等图书出版活动的各个环节及其之间的相互联系，关注文字、复制技术、载体的发明和发展对出版事业所起的巨大推动作用，而且将报纸、期刊、电子出版、网络出版等多种出版形式的发展史纳入研究的视野；同时，对以前研究相对薄弱的版权保护、经营管理、出版教育等问题，也有比较系统的描述，开辟了出版史研究的新领域，拓宽了出版史研究的对象

和范围。

第五,"史从考出、论从史出"的史料学观点。在中国出版史史料发掘方面用功尤深,考证、补充了许多鲜为人知的重要史料。如俄罗斯黑水城发现的以西夏文字印刷的书籍,为研究西夏的活字印刷提供了珍贵的依据;又如挖掘了太平天国时期农民起义军所控制区域内出版活动的史料,等等。这些新史料和新发现,对于拓展中国出版史研究的视野,对于中国文化史学等相关学科的研究,均具有重要的文献价值。

第六,加强学科整合及建设的努力。以历史的客观性为中国出版史研究的基础,在充分吸收已有研究成果的同时,对中国出版史上一系列重大史实及理论问题进行了总结性研究,并作出了具有说服力的回答;在充分发掘史料的基础上,将出版活动放在不同时期的社会大背景下进行考察,对中华文明发展史进行了全面的解读,把图书史、印刷史、文字史等各个出版史分支学科整合到"出版史"的轨道上,由此在立意、结构、行文等方面形成了出版史所独有的学术风格,初步确立了出版史研究的新范式。

作为首部有关中国出版发展的通史性著作,《中国出版通史》在以下五个方面取得了开拓性成果:

第一,首次系统地梳理了历代出版活动,时间跨度上起商周、下迄公元2000年,叙述的出版史长达3000余年,这不仅是中国,也是世界上"最长"的出版通史。

第二,首次对少数民族的出版史进行了梳理,各卷的内容都涉了不同时期少数民族出版的发展状况,是中华民族完整的出版通史。

第三,首次囊括了港澳台地区的出版史,是真正意义上中国的出版通史。

第四,首次对现当代出版史进行系统梳理,叙述的下限直至公元2000年,填补了现当代出版史研究的空白。

第五,首次对"文化大革命"时期出版史进行了系统梳理。

四、为确保项目质量所做的工作

《中国出版通史》研究编撰项目于2000年1月正式启动。一开始,我们就意识到它的神圣性、艰巨性及历史延续性,恪守三个"至少"(至少让编撰者自己满意,让专家学者满意,让读者满意)和三个"对得起"(对得起国家,对得起人民,对得起历史)的底线,在新闻出版总署历届领导的关心支持和社会各界的帮助下,筹措资金,克服困难,保证了《中国出版通史》的研究经费;遴选、邀请了国内一流的专家学者担纲主笔和副主笔,担纲分阶段把关的副总主编(后因体例缘故改任编委会副主任),构建并执行了比较严格苛刻的管理制度,使整个研究编撰工作最大限度地有序进行;把《中国出版通史》作为研究所这几年工作的重中之重,在编委会领导下,成立了编委会办公室,整合全所资源,尽最大努力凝聚社会力量,做好协调、组织、服务工作,确保了《中国出版通史》作为科研课题在2006年内顺利完成,在2007年内获得了验收通过,在2008年底出版问世。

为了保证这项国家社科基金重点项目和国家"十一五"重大出版工程的内容质量、史料质量、文字质量和图片质量等,我们主要采取了如下一些措施。

第一,建立了良好的把关机制,打造了课题质量的坚实基础。在总的成稿过程中,实施了编委会对副总主编、副总主编对分卷主笔、编委会办公室对副总主编及分卷主笔的责任机制。在成稿前,实行"三不"规制,即没有充分了解和掌握《编撰手册》要求,不能进入起草明细提纲阶段;明细提纲未经编委会讨论认可,不能进入试撰写阶段;试撰写章节未经编委会讨论批准,不能进入正式撰写阶段。通过签订一对一的责任合同,开始进入研究撰写阶段。在成稿后,我们实行了编委会、史学专家、编辑专家三级审读制度,除了编委会委员之外,我们还邀请了清华大学、北京师范大学、中国社会科学院、中华书局、人民出版社等单位资深的史学专家和编辑专家对稿件进行审读,从研究思路、研究框架的调整,到文字的斟酌推敲,层层把关,从不同的角度查找问题,编委会办公室将有关问题汇总,返回给各卷作者加以修改完善。如此反复,有的作者甚至十多次修改其稿,才有了我们今天看到的阶段性成果。

第二,调动了多方面的科研力量,保证课题权威性。《中国出版通史》

是一项综合性交叉性的课题，涉及出版学、历史学、文字学、文化史、思想史等多个学科领域，为此我们组织了史学界、出版界等多个领域的专家学者参与研究、撰写，邀请权威专家担任主笔。在《中国出版通史》的主笔中，有海内外知名的版本学家、目录学家和书史研究专家、国家图书馆发展研究院前院长李致忠先生，有民族史学、民族学研究专家、中国社会科学院学部委员史金波先生，有编辑出版史、年鉴学研究专家、北京大学肖东发教授，有出版史研究专家、中国出版科学研究所老所长方厚枢先生，等等，可谓尽一时之选。

为了提高课题质量，我们还邀请多个相关领域的专家对项目的进展提意见，对已完成的文稿进行审读，其中包括中国社会科学院学部委员、中华人民共和国史学会副会长喻权域教授，中国社会科学院《历史研究》杂志社副主编、民国史学者李洪岩研究员，中国社会科学院《中国史研究》主编、先秦史学者彭卫研究员，清华大学人文学院博士生导师、魏晋史学者王晓毅教授，等等。如果算上后期的出版编辑及审核人员，参与这项学术工程的专家有近200人。他们为《中国出版通史》付出了重要的劳动，贡献了自己的心血和智慧，我在这里向他们表示衷心的感谢。

第三，发扬实事求是的学风，把统一编撰体例与尊重学术个性结合起来。《中国出版通史》项目不是一个单纯的编纂活动，它首先是一项富有原创性的重大学术工程，是建立在一系列扎实的专题研究之上的综合性研究。为此，我们充分发扬学术民主和实事求是的学风，先后召开了18次规模不等的学术会议，参加会议人数达500余人次，印发简报及纪要30多期，邀请了王益、宋木文、刘杲、戴文葆、潘吉星、李致忠、吴道弘、邵益文、叶再生、方厚枢、汪家熔、刘光裕、王建辉、肖东发、曹之、缪咏和、王余光、周少川、朱赛虹等顾问、编委和作者，就研究撰写过程中不同阶段出现的问题展开讨论，对一系列的重大学术理论问题进行了深入的研究和探讨，初步奠定了《中国出版通史》具有原创性的学术著作的基础。

在坚持统一编撰体例的前提下，我们充分尊重作者的学术个性和学术风格。注意尊重和保护学者们的积极性和创造性。

在史学专家、编辑专家审读书稿过程中，也形成了一种良好的风气，大家都能本着对学术、对历史、对后人负责的精神，认真提出修改意见，甚至很严厉的批评意见，很大程度上减少了《中国出版通史》研究编撰过程中的错误与遗憾。为了确保研究质量，我们甚至下决心对不够负责任的情况进行了审慎调整（该项目的延期也与此有很大关系）。可以说，这种求真务实的风气，贯穿于整个《通史》撰写的始终。

第四，实行了编辑出版责任制度，打造图书精品。作为"十一五"国家出版规划重点图书，为了确保《中国出版通史》能够经得住读者的检验、历史的检验，真正成为精品图书，我们进入后，又成立了《中国出版通史》出版工作委员会，全权负责《中国出版通史》的编辑出版工作；制定了《中国出版通史编辑体例》，要求各个编辑加工环节严格执行，以确保各卷体例的统一；聘请中华书局、人民出版社、商务印书馆、天津人民出版社等兄弟出版社有丰富实践经验的编辑专家（都是从事编辑工作20年以上，同时也是这一学术领域且在出版行业中的权威人士或学者）担任特约编审。这些特约编审业务扎实、态度极为认真负责，发现并改正了书稿中的不少错误，提出了很好的意见和建议，实际上是再一次的深度加工。有些资深专家审读过程中的眉批、修改及贴上去的小条子，甚至可以作为艺术品保存下来，以备后用。我们对这些专家表示崇高的敬意！

上述措施，有力地推动了《中国出版通史》研究撰写和编辑出版工作的顺利开展。2003年4月，在全国哲学社会科学"十五"重点项目检查会议上，中国社会科学院文献信息中心主任、国家图书馆学、情报学与文献学学科规划评审组组长黄长著研究员，对中国出版科学研究所围绕《中国出版通史》项目所做的一系列工作给予了充分肯定。同年9月在国家哲学社会科学规划办公室召开的全国重点规划项目会议上，我们应邀介绍了组织《中国出版通史》研究编撰的经验。2007年3月，作为《中国出版通史》的最终成果，全部9卷、近400万字的书稿呈报国家哲学社会科学规划办公室并被评为"优秀"等级。

《中国出版通史》是一项巨大而艰难的出版学术文化工程，在新闻出版总署党组的直接领导与关怀下,在业界的全力支持下,在专家学者的积极参与下,终于出版问世,我们感到莫大的安慰与踏实。同时,又为它存在的不足和问题感到惶恐和不安。究竟如何做好《中国出版通史》的宣传与发行工作,使它发挥应有的效应和功能,如何把这部《通史》的研究编撰工作提高到一个新的水平,如何借助这部《通史》的问世,把中国出版史的研究推向一个新的阶段,都需要继续付出艰辛的劳动和不懈的努力。为此,我们愿意一如既往地向各位领导、各位专家讨教,也期待大家不吝赐教。

《出版发行研究》2009 年

追溯曾经的光荣和梦想

——《出版文化丛书·出版60年》序

2009年是新中国60周年华诞，这是一个举国同庆、万众欢欣的年份，我们出版界同仁与全国各行各业同胞一样，既有抚今追昔的感慨和激动，亦有继往开来的憧憬和热情。回顾过去60年我国出版业发展的历程，我们能够清晰地看到一个行业前行的豪迈脚步，也可以领略到我们中华民族奋发昂扬的精神风貌。从铅与火到光与电，从纸质阅读到手机网络阅读，从建国初期的艰苦创业、开拓进取，到改革开放年代的迅猛发展、繁荣兴旺，新中国出版业与时代同步，在积累精神财富，推动文化发展，满足人民群众多层次、多样化需求，支持国家现代化建设方面，作出了自己应有的贡献。可以说，新中国出版业60年的历史，既是百废待举、百花齐放、遭受挫折、高歌猛进的特殊时期，又是整个国家发展、变迁的生动见证，更是我们民族孕育生机、蓬勃向上的重要支撑。

正是在这样的背景下，我国出版界匠心独运，推出了大量的行业或非行业的庆祝和纪念图书。中国出版科学研究所和中国书籍出版社也从自己的定位和职能出发，精心筹划，广泛动员，组织近百位作者，编写了三本相关图书，名为《名著的故事》《编辑的故事》《书店的故事》，共同构成"出版文化丛书"的子系列"出版60年"。这三本书从不同的角度为我们展示了新中国60年出版业的艰难探索和辉煌成就，也反映了新中国出版、发行人对出版事业的执着、热爱和开拓精神，是我们出版人献给共和国60周年的一份礼物。

最能反映出版成就的无疑是作品，特别是那些脍炙人口的著名作品。在新中国60年的历史上，出版人为几代读者奉献出一批又一批精品佳作，在社会上产生了巨大反响，并且为历史延伸下来。许多人就是因为读了其中的某一本书，受到感染、震撼，从此确立了自己的人生理想和价值追求。一直到今天，这些作品或曰出版物还在悄然中滋养着人们的心灵，影响着我们的生活。不过这些名著是怎样产生的，不要说一般读者，就是业界的绝大多数人也并不知晓。《名著的故事》一书告诉读者的，就是名著出版过程中那些鲜为人知的情节，就是名著诞生的时代机遇和个人经验，这种时代机遇和个人经验，会跨越时间和空间，继续成为我们实施精品工程的珍贵借鉴。而将这些故事串联起来，又会呈现出新中国国民阅读发展的脉络，折射出60年思想文化的演进轨迹和大众时尚的变迁路径，且出版人在文化建设中的作用则得以淋漓凸显。《星火燎原》《青春之歌》《红岩》等"红色经典"作品，是对过去年代艰苦卓绝斗争的回顾，反映了革命先辈对理想的坚定追求，它们得以问世和流行，固然缘于历史的必然和时代的召唤，但其中也渗透着出版人的特殊智慧及超值奉献。陪伴无数青少年成长的《十万个为什么》丛书，凝聚了许多科学家的妙思，也凝聚着许多出版人的策划和设计，在一个特定的年代，那么多一流的学科专家和编辑专家走到一起，精诚合作，共同打造科普读物精品，真是一种罕见的编辑景象，让今天的我们钦羡不已。这里体现的是对国家科技发展的高度责任感，也是对青少年成长的殷切关心。"文化大革命"期间，出版机构和出版工作处于停滞状态，出版生产力受到极大破坏，但即使在那种艰难的环境下，仍然有一些出色的作品得以出版问世，这其中的因缘际会令人感叹。如果说《李自成》的顺利出版主要得益于领袖的关心和厚爱，那么，《现代汉语词典》的编纂成功，依靠的就完全是一批学者的不懈坚持和一群出版人的雄心壮志。

改革开放以来，经济迅猛发展，文化日益繁荣，一批新的知名作品应运而生，畅销一时。从早期的《高山下的花环》《芙蓉镇》《平凡的世界》，到后来的《文化苦旅》《哈利·波特》《于丹〈论语〉心得》，新时期的名著有着自己的诞生机制和畅销理由，这其中包含着作者的才情和创造力，包含着作品本身的艺术魅力和思想价值，但毋庸置疑的事实是，出版人对时代脉搏的准确把握、对社会心理的敏锐感知，是名著诞生的强力催化剂，甚至是决定性的前置要素，这与新时期编辑策划作用的日益强化有着必然的因果关联。《名著的故事》一书，通过许多亲历者的回忆，把其中的曲折波澜追溯出来，记录下来，不仅能满足读者的好奇心，也会给我们提供许多有益的体验，引发我们去寻觅规律性的经验。

出版行业的核心是编辑，编辑的理想、劳作和创意，不仅在很大程度上决定了图书的内容品质，也在很大程度上决定了图书的风格、品相和市场价值。可以这么说，如果没有一大批出色的编辑，没有他们的认真负责、无私奉献和杰出创造，新中国60年的出版业不会是我们今天所能看到的这样一种辉煌景象。而优秀编辑身上所体现的那些高尚品质和职业精神，本身就是一道瑰丽的风景，令人崇敬和向往。《编辑的故事》一书，虽是片段记忆和点滴感悟，但足以让我们感受到几代编辑的成长心路，体会那种投身历史、不辱使命的责任和担当，也让我们看到了编辑人员在出版工程中的主导作用和儒者风范。陈原"但开风气不为师"，脚踏实地，锐意进取，重振老店"商务"雄风，体现的是老一代出版家的大气和从容。罗竹风主持修订编纂《辞海》，为我国的辞书事业殚精竭虑、奋斗不已，反映的是事业上的高尚追求，也是做人的高贵节操。张守义为了一个设计的创意，两度远赴长白山，在祭拜天池的体验中寻找灵感，看上去更像是一种艺术的沉醉。周振甫以一流学者的见识和功底从事编辑工作数十年，一直兢兢业业，默默耕耘，为读者奉献了大量精品读物，堪称编辑行业的楷模。

随着时代的发展、形势的变化，新时期的编辑面临着更多的挑战，他们不仅需要继承老一代人的严谨作风、执着精神，还需要具备敏锐的市场眼光、超前的策划能力、高超的宣传推广手段。在这方面，新时期涌现出了一批优秀出版人，他们以自己的智慧、意志和辛勤探索，打造出一个个出版精品，给读者带来许多惊喜和期待，他们自己也在这个过程中经历了许多，收获了许多。周百义在长江文艺出版社的职业经历，一步一个脚印，从容、稳重而充满探索精神，因为他坚信："一切的物质财富都会消失，但精神的财富却会流传千古。"陈昕果断决策，推出"当代经济学系列丛书"，将如今赫赫有名的大牌经济学家几乎"一网打尽"，在中国现代经济学术著作出版史上竖起了一座里程碑，其宏大气魄和敏锐眼光，令人感佩不已。金丽红策划、制作了一系列畅销书，被业界视为打造畅销书的"魔术师"，但她自己告诉我们，她的那些大胆的决策其实来自理性的分析、精确的调查数据，来自她对市场运作模式的娴熟运用。聂震宁、李朋义和王建辉是当代中国出版界的几位领军人物，他们分别讲述了自己编辑生涯中的精彩段落，发表了自己精辟的见解。这些或平凡或传奇的故事，让人领略到新时期编辑大家的智慧和胆略，也让人感受到编辑生涯的丰富内涵和独特魅力。

生产是为了消费，出版必须依赖流通。优秀的编辑编出好书，出版社推出精品佳作，自然是为了让读者阅读、学习。作为联系图书和读者之间的通道，作为整个出版产业链条的最后一环，书店承担着实现图书社会价值和经济价值的重要使命，所以《书店的故事》一书，也是"出版60年"系列不可分割的组成部分。全书从不同的角度，立体地呈现出新中国成立至今书业发展的脉络，勾画出60年来我国图书销售领域的风云变幻。这里有新华书店从战火纷飞中走来的壮烈和慨然，也有普通店员在鸡鸣三省之地售书的勤勉和专心，还记录了"公社书店"的盲目实验和沉痛教训。而新时期以来新华书店的改革和探索，民营书业的兴起和生机盎然，都在书中有具体、生动的反映。正是在这本书里，我们读到了风入松书店创始人王炜的感悟："开书店，首先是一种文化行为，其次才是一种商业行为。"我们理解了三味书屋在长安街边坚守的艰辛和意义。至于"孔夫子旧书网"、当当网的故事，则让我们看到互联网技术给图书销售模式和人们阅读方式带来的巨大变化，为我们展示了图书销售业态未来的愿景。

《名著的故事》《编辑的故事》《书店的故事》是三本关于书业的书，讲述的是书业的历史，三本书的作者又多是历史的亲历者、参与者，他们从不同角度对我国出版业60年间发生的事情、积淀的作品、涌现的人物进行记录，留存了大量珍贵的第一手资料，很有史料价值，既可以作为出版学、编辑学研究的文献资料，也可以让出版业内人士从中汲取智慧、获得启迪，帮助大家在今后的工作中取得更大的成绩，创造新的辉煌。为此我们应该感谢每一位作者，感谢他们帮我们把历史留下，将瞬间放大，凝聚成闪光的思想，为我们奉上如此丰厚的精神之宴。我们也希望这三本书的出版，能让更多人了解出版行业的历史和价值，了解出版发行人为祖国文化建设所作出的贡献，从而更加有力地支持出版事业，推动我国出版产业的跨越式和超规模发展。

《出版发行研究》2010年

一幅延续数千年的绚丽多彩的画卷

——《中国彩印二千年》序

前几日,作者邀我为她的新书作序,乍一看书名,心里油然生出一种欣喜。在我的印象中,讲印刷史的书不在少数,但从彩印角度写印刷史的却并不多见。的确,时至今日,还没有一部专著对中国彩色印刷技术的发明和发展作出全面而系统的介绍。过去,说到中国四大发明之一的印刷术,人们似乎只有白纸黑字的印象,而《中国彩印二千年》(李英著,江西科学技术出版社出版)则为我们展现出一幅延续数千年的绚丽多彩的画卷,读之如"从山阴道上行,山川自相映发,使人应接不暇"。

出版人对印刷是有感情的,在我看来,印刷之于出版如同发动机之于汽车,没有印刷技术的进步,就难有出版的发展。纵观出版的历史,每一步的前行都可以说与印刷密不可分。

3000多年前,人们就开始用木简和竹简刻写文字,装订成册后就是最早形式的图书。春秋战国时期,中国的科技文化出现了第一次大繁荣,同时也是中国出版的第一次高潮,教育、天文、历法、历史、军事、农业、医学、文学各个方面都呈现出百花齐放、百家争鸣的局面。但是那时的出版受限于复制手段的匮乏,多为刀刻手抄,耗时费力,难成规模,使文化的传播只局限在少数贵族群体中。

出版真正得以发展,应该说源于唐宋雕版印刷术的产生。它使《元和郡县制》《通典》《史通》等历史地理著作,以及王维、李白、杜甫、白居易等诗人的诗文集可以广为刊布。雕版印刷术的发明有力地推动了唐代文学艺术、科学技术的进一步普及与发展，甚至可以说成就了大唐盛世。难怪雕版印刷术被称为人类的"文明之母"。

北宋庆历年间，毕昇潜心钻研，在雕版印刷术的基础上，发明了活字印刷，对印刷来说这不仅是革命性的创新，也带来了出版的快速发展和繁荣。其间不仅儒家经典、历史、地理、天文、历算、农业、医药以及佛经、道经大量印刷，而且从春秋战国到隋唐五代的学术著作也陆续出版。《太平御览》《册府元龟》《文苑英华》和《太平广记》就是当时编辑整理的四大类书。

随后的元明清三朝，伴随活字印刷技术从官方到民间的普及以及技术的不断改良，出版业得到了规模化发展。单是元代刻印、流通的图书经部就有804种，史部有477种，子部有763种，集部有1098种，成就斐然！

在印刷史上，中国人的发明是多方面的。除了人们熟知的雕版印刷术、活字印刷术外，彩色印刷术同样也是中国人民对世界印刷史的一项重大贡献。而对于这方面的传统和成就，人们知道的确实不多。

其实，早在六七千年前的新石器时代，我们的祖先就能够用赤铁矿粉末将麻布染红。居住在青海柴达木盆地诺木红地区的原始部落，能把毛线染成黄、红、褐、蓝等色，织出带有条纹色彩的毛布。进入商周以后，先民已经掌握了利用多种矿物、植物染料染色的技术，这是我国最早的、具有相当水平的染色技术。一些出土文物表明，周代时已经创造出了套染，即将织物分几次先后浸入溶有一种或多种不同色彩染料的容器内，从而得到某一颜色的不同深度的近似色或其他各种新的颜色。隋唐以后，中国的彩色印刷更是大放异彩，隋代的敷彩佛像，唐代的蜡缬、灰缬和敷彩印刷品，宋代的纸币彩印技术中的交子、钱引、会子、关子等，元代的织物印花与印金、彩印壁画，明代的朱蓝印本、套色书籍印刷、木刻版画，清代的套色印书、彩印版画、木版年画、石版彩印技术等等，琳琅满目，万紫千红。

感谢作者为我们了解和领略中国彩印之美所作的辛勤努力，尤其要感谢作者在书中插入了许多难得一见的精美的图片，既让人对书中的内容更易理解，又增加了阅读的舒适感，在读者面前缓缓展开了一幅长达2000年的墨香四溢、璀璨明丽的历史画卷。此外，除了回顾和总结我国古代彩印的辉煌成就之外，作者还对印刷史上雕版、活字、信息处理技术这三次技术创新用通俗的语言进行了深入浅出的介绍。

自宋代以后，中国在印刷领域越来越落后于世界，但是，20世纪80年代，王选发明的汉字信息处理技术开启了汉字印刷技术数字化的进程。汉字信息处理技术与激光照排机的结合，使中国的印刷技术从此"告别铅与火，迎来光与电"。王选的发明，使我们又一次看到了中国印刷技术腾飞的曙光。我们有理由相信，在信息时代，中国印刷业将会迎来新的春天。

相信这部科普读物不仅对印刷领域的人会有所帮助，对出版人也会大有裨益，尤其对青少年了解中国灿烂的古代文明，启迪智慧，增强民族自豪感，将会起到积极的作用。我也同作者一样，希望本书能激励后人为我国印刷业的科技创新作出新的贡献。

是为序。

（注：本文标题系编者所加）

《出版发行研究》2010年

继往开来，潜心科研，
为由新闻出版大国迈向强国作出新贡献

中国出版科学研究所是改革开放的大潮催生的。"文化大革命"结束后，特别是党的十一届三中全会以后，出版事业急剧复苏，出版科学研究的必要性、重要性日益凸显，建立出版科研机构被提上议事日程。1983年6月，中共中央、国务院在《关于加强出版工作的决定》中明确提出"要建立出版发行研究所"，加强对出版发行业的研究。1985年2月，中宣部向中央报送关于建立中国出版发行科学研究所的报告，很快得到了中央领导同志的批示。同年3月21日，劳动人事部发出通知，正式同意设立中国出版发行科学研究所；1989年，经领导机关批准，更名为中国出版科学研究所。

25年来，研究所在艰苦中创业，在实践中探索，在创新中跨越，走过了一条极不平凡的奋斗之路，推出了一系列有影响、有实效的重要科研成果，培养了一批素质较高、业务较强、作风较好的科研人才队伍。研究所已经成为我国出版科研事业的重要基地，在服务科学决策、服务产业发展、引领学术研究、推动科技进步方面，发挥着越来越重要的作用。

研究所注意把导向研究与业务研究结合起来。我们先后开展并完成了"毛泽东、邓小平的编辑出版思想""刘少奇、周恩来、朱德、陈云的编辑出版思想""马恩列毛论新闻出版"等重点研究课题，丰富了马克思主义新闻出版观，服务了行业"三项学习教育"等重要活动；着力挖掘老一代出版家、编辑家的编辑出版思想和出版工作实践，组织编纂出版了胡愈之、叶圣陶、王益、王子野、许力以、边春光、王仿子、宋木文、刘杲等出版文集，编纂出版了多卷本的《中华人民共和国出版史料》和一批重要辞典、手册，为业界的理论建设和学术研究奠定了坚实基础，提供了重要资讯。

研究所注意把基础研究与争取项目结合起来。我们先后推出了"出版集团研究""发行集团研究""中国出版蓝皮书""国际出版蓝皮书""数字出版年度报告""民营书业年度报告"等基础性科研成果，为行业的集团建设，也为行业的基础数据库建设做出了努力，初步形成了品牌；组织并加快推进九卷本《中国出版通史》的科研、编纂工作，项目获得了国家社科基金办公室优秀等级的质量评估；承担了国家重大社科委托项目《小康社会出版业指标体系》的科研工作，获得了高分通过；借鉴西方发达国家，连续开展了作为行业基础工程的"全国国民阅读与购买倾向抽样调查"项目，产生了广泛而持久的影响。

研究所注意把学理性、资料性研究与政策性、实证性研究结合起来，在服务党组科学决策方面格外用心，十分投入。这几年我们参与或主要参与了总署有关深化改革、加快发展的一系列重要文件的调研、起草工作，参与或主要参与了"国家版权战略""新闻出版人才测评体系及人才库建设研究"等重要方案的研究、设计工作，参与或主要参与了《新闻出版执政能力建设》《新闻出版公共服务体系建设》等重要文稿的研究、起草工作，参与和主要参与了"九五""十五""十一五"，特别是"十二五"规划的研究和编制工作，产生了实效，得到了好评。大家有一种心思和目标：研究所就是要成为总署党组和行业信得过、用得上、用得好、比较得心应手的一支科研部队。

研究所注意把人文科学研究与经济科学研究结合起来，在服务产业发展方面做出积极努力。研究所承担的由国家版权局和世界知识产权组织委托的"中国版权相关产业经济贡献调研"项目，比较准确地描述了我们版权产业发展的水平和版权保护制度的作用，得到了国内外业界专家的充分肯定；研究所接受总署委托完成的《2009年新闻出版产业分析报告》，比较准确地分析了我国新闻出版产业的实际规模和水平，以及在整个产业格局中的地位与作用，实现了几个第一，受到了普遍关注，产生了强烈反响。

研究所和兄弟单位为中国出版集团公司所做的建设国际一流出版传媒集团的战略规划，用户比较满意；为湖南天舟集团所做的上市论证，已获得证监会批准。

研究所注意把社会科学与技术科学相结合，在推动传统出版向数字出版转型方面，彰显了作用，服务了发展。我们对数字出版的概念进行了界定和规范，每年推出数字出版年度报告，发布数字出版产业总值；承担了"国家'十一五'时期文化发展规划纲要"中"版权技术平台研发工程"的总体组工作和"国家知识资源数据库"的立项论证工作；承担了科技部"新闻出版标准体系研究"课题，组织制定《出版术语标准》《网络出版标准》，我们的国家多媒体实验室对国内外主要电子书技术参数的测试结果得到了全行业认可，新闻出版标准化研究取得了重大进展。

研究所注意把国内研究与国际研究相结合，承担了总署国际新闻出版资料数据库的建设、维护和拓展工作；聘请了多位外籍研究员实际参与了我所的科研工作，在金融危机时期，提供了国外比较可靠有用的行业分析报告；主要参与了"中国出版走出去中长期战略规划"的研究与制定工作；首次在美国出版了反映中国出版科研成果的《出版研究·中国专号》等。

研究所注意把出版科研工作与科研出版工作相结合。科研成果需要相应的发布平台，作为出版专业类的出版社和刊物也需要出版和发表有分量的研究论文成果，来提升自己的核心竞争力。我们所属的中国书籍出版社形成了"出版类专业旗舰、英语类畅销精品、社科类长销品牌"的选题定位，出版了以《中国出版通史》、"出版文化丛书"为代表的一批精品图书，同时，出版社也基本上完成了转企改制工作。《出版发行研究》杂志形成了理论性、前瞻性、权威性、指导性的鲜明特点，先后获得国家第二、三届国家期刊奖"百种重点期刊"荣誉，并在《光明日报》发布的中国人民大学报刊资料复印中心收录转载率中，多次名列同类报刊之首。《出版参考》杂志切实提高信息采集能力，加大海外报道力度，已经成为我国主要的出版信息期刊之一。《传媒》杂志在注重内容质量的同时，以活动策划与资源拓展为手段，为整个传媒行业的理论创新和经营发展搭建了一个崭新的平台。由研究所独立创办的中国出版网，成为新闻出版行业信息发布与交流的重要集散地，成为行业人士经常查阅和参考的重要资讯库。

研究所注意把科学研究与科研成果转化相结合。我们多年来主办或承办了中国数字出版博览会、中国数字出版年会、深圳文博会（新闻出版馆数字出版部分）、中国传媒创新年会、中国期刊创新年会、中国民营书业论坛、输出引进版年度评奖、出版业网站建设年会等大型会展活动，推动了事业、产业的发展，扩大了新闻出版科研成果转化平台，产生了比较强烈的品牌效应；为中央国家机关工委和总署承办的"强素质，作表率"读书活动，较好地服务于中央国家机关学习型党组织的建设，形成了一票难求的局面；由研究所管理的中国印刷博物馆是世界印刷行业最大的博物馆，在展示中华文明传统、进行爱国主义教育、丰富展会内容方面作出了突出的贡献。

研究所注意把科研工作与人才培养结合起来，强调既出成果，又出人才。25年来，中国出版科学研究所努力坚持人才兴所、人才强所的方针，不断提高队伍素质，不拘一格培养和使用人才，形成了比较合理的人才结构，锻炼出了一支虽然超负荷、亚健康但是不怕吃苦、能打硬仗的人才队伍，初步成长起来一批在行业的不同领域、不同环节有一定影响的骨干人才，为研究所的持续稳步发展提供了强有力的智力保障。同时，受总署委托，研究所主持的行业资格准入考评工作也不断扩大影响，受到了人力资源和社会保障部的较高评价。

研究所注意把科研业务建设与党风廉政建设相结合。我们始终紧抓党风廉政建设不放松，坚持把思想建设、组织建设、制度建设作为党建工作的重点，把廉政文化作为廉政建设的基础，为此，我们被评为新闻出版总署惩防体系建设先进单位，主要领导干部连续多年被授予新闻出版总署优秀领导干部、优秀公务员称号。

研究所注意把科研业务与加强内部管理相结合。我们不断加强自身建设，特别是与"创先争优"活动相结合，开展了以"认真化理念、制度化建设、精细化管理"为主题的"三化"主题教育活动，编写了小册子，培养全所同志求真务实的优良工作作风，提高大家的科学管理素质，保障全所科研、出版、管理等各项工作的质量与可持续发展。党组巡视组、署直机关党委肯定了这些做法。

研究所注意把出版科研与院所文化建设相结合。25年来，我们十分重视院所文化建设，注重广大职工的精神文化生活。广播操、合唱团、舞蹈队、摄影比赛、联欢会等各项文体活动的开展，使全所职工的才艺得以展现；乒乓球、羽毛球、台球以及专业健身器材的添置，为全所职工锻炼身体提供了条件。此外，我们还定期组织老干部活动，工会给困难职工"送温暖"，团委组织开展青年读书活动，后勤严抓内部管理，不断改善食堂服务质量。为此，我们连续多年获得新闻出版总署精神文明单位和中央国家机关文明单位荣誉。

25年来，我们之所以能够取得这些成就，首先是因为我们赶上了改革开放的好时代。不但研究所是新时期改革开放的伟大任务催生的，而且研究所的成长壮大，也一直伴随着改革开放事业的恢弘进程。25年来，我国经济社会飞速发展，人民群众的文化需求日益增长，中国特色的新闻出版事业快速推进，这些不仅向出版科研工作提出了一系列重大课题和项目，而且为深入研究这些课题、获得相应的科研成果准备了充分的条件，这是一个总的前提和基础。

25年来，我们能够取得这些成就，离不开各级领导的高度重视、正确指导和信任关怀。25年来，我们的发展得到了中央领导的亲切关怀，一些重要的研究课题、出版物和科研学术活动，得到了中央领导的批示和指导，中宣部、中央国家机关工委、中央编制办公室、科技部、国新办等部门都给予我们诸多指导和支持，体现了党和国家对新闻出版科研事业的高度重视。新闻出版总署、国家出版局的历届领导，特别是柳斌杰署长和总署各位领导对研究所充分信任，厚爱有加，不断地给我们压担子、下任务、提要求、给条件，为科研人员提供了展现作为的平台和用武之地，激励科研人员不断发挥潜能、拓展视野、超越局限。这是研究所事业发展的根本原因和有力保证。

25年来，我们取得的这些成就，也得益于业界同仁的鼎力相助和大力支持。总署各司局、各直属兄弟单位认真指导、帮助研究所的工作，使研究所的许多科研、出版和学术交流活动得以顺利展开、及时有效；各省市区新闻出版局，各出版集团、报业集团、发行集团、期刊集团等方面，还有新兴媒体集团和民营书业文化公司集团的朋友、同仁，长期以来热情关注研究所的发展与进步，并在项目调研、信息咨询、课题设立等方面给研究所提供了充分、宝贵的协助；中国社科院、北京大学、清华大学、北京印刷学院、上海理工大学、武汉大学、中国传媒大学等高校和科研院所，在研究生培养、课题研究等方面与我所进行了积极、深入、卓有成效的合作，对提升我们的科研能力和学术层次起到了显著作用。

25年来，我们取得的每一项成就，关键还在于研究所同志的辛勤工作和不懈努力。研究所25年的历程并非一帆风顺，而是充满了艰难曲折。创业阶段经费短缺，条件简陋；转型时期困难重重，势薄力单；新时期任务艰巨，挑战不断，研究所同志面临着一次又一次的严峻考验。但大家以事业为重，以奋斗为荣，殚精竭虑，攻坚克难，靠自己的辛劳、智慧和创造热情，共同开创了研究所科研、出版、经营工作的崭新局面，也共同打造出了研究所朝气蓬勃、奋发有为的精神风貌。可以毫不夸张地说，这么多年来，研究所员工忠诚于党的新闻出版科研事业，已经把研究所当作自己生命的家园，已经把出版科研事业当作自己安身立命的根本。而这种深沉的情怀，正是研究所赖以发展壮大的支点，是研究所取得骄人业绩的牢固基石。

盘点研究所曾经取得的丰硕成果，我们心中充满了喜悦和自豪。但同时也看到，这些年我们在工作中还存在许多不足和问题，有些问题还非常突出：譬如我们对科学精神的弘扬还不够充分，对基础理论的研究还不够到位，对研究领域还没有充分覆盖，所完成的一些科研成果还达不到要求，目前的科研队伍，无论是数量还是质量都还不够理想，中长期的发展规划也还没有完全形成，等等。

提出这些问题有助于我们始终保持清醒的头脑，保持谦虚谨慎、实事求是的作风。解决这些问题有可能成为提升我们工作的新的亮点，成为新的工作方向。我们将继续坚持解放思想，坚持改革开放，倡导科学精神，加强基础研究，拓展业务领域，整合相关力量，提升人才队伍，再创新的辉煌。

25年已经过去。站在今天这个历史的节点上，我们心潮澎湃，感慨万千。25年的艰苦奋斗，25年的拼搏进取，凝聚成一幅清晰的画面，那就是一个以出版科研为核心竞争力，以出版经营为重要支撑，以高素质专业人才为基础，以全方位服务为保障，集产、学、研于一体的高端科研院团的雏形。这是研究所持续发展所具备的综合实力的集中体现，也是中国出版科学研究所更名为中国新闻出版研究院的坚实基础。更名既是对以往奋斗和成就的一种肯定，更是对未来更加宏伟任务的一种昭示。处在新闻出版业深化体制改革、转变发展方式、调整产业结构的关键时期，又适逢所改院这个重要契机，我们备感责任重大，使命光荣。压力与动力并存，机遇与挑战同在。我们要高举邓小平理论、"三个代表"重要思想和科学发展观的伟大旗帜，在中共新闻出版总署党组的正确领导下，继承老一辈专家学者的优良传统，珍惜我们自己的已有经验、教训，团结全院干部职工，群策群力、做好规划、聚精会神、努力拼搏、奋发有为、不断开拓，要力争实现跨越式发展，使研究院成为科研实力强大、核心优势突出、组织文化和谐的国际一流科学研究院，为我国新闻出版事业的繁荣昌盛，为我国从新闻出版大国向新闻出版强国迈进，作出应有的贡献。

（注：本文系笔者11月25日在中国出版科学研究所25华诞暨中国新闻出版研究院挂牌大会上的讲话，刊发时有所删节）

《出版发行研究》2010年

我国学术著作出版如何由"大"到"强"

翻译海外学术精品是商务印书馆的传统,20世纪初商务就曾推出由严复翻译的《原富》《天演论》等海外学术名著。这一出版传统延续至今,商务印书馆推出了"汉译世界学术名著丛书"珍藏本。

就规模而言,我国已经是学术出版大国,但还没有成为学术出版强国。我国的学术出版还存在不少问题,这些问题集中表现在内容和规范两个方面。

就内容而言,学术出版整体质量不高,鱼龙混杂,泥沙俱下。一些学术类出版物印制精美,规模庞大,却没有多少创新观点,学术含量很低;个别所谓学术书东拼西凑,粗制滥造;选题雷同、重复出版的现象比较突出,甚至有学术抄袭和学术造假的行为。凡此种种,不仅造成出版资源的浪费,也败坏了学术出版的声誉和形象。

就规范而言,目前我国学术出版的技术规范还不尽完善,没有与国际标准全面接轨,学术出版机构对规范的执行意识不强,力度不够,对引文、注释、参考文献、索引等要件的处理很随意,缺乏制约,严重影响了学术出版物的严谨性和权威性。这既给读者带来不便,也影响到国际上对我国学术成果的承认。

当前学术出版存在这些问题,原因是多方面的。从源头上讲,社会风气的浮躁,急功近利的思想,对学术研究和学术活动产生了诸多不利影响,很多专家学者不是踏踏实实做学问,搞研究,而是忙于跑各种关系,做表面文章,将学术研究变成了名利博弈,将学术论著变成了职称晋升、待遇提高的筹码。现行的学术考评机制,过于重视数量,对学术质量重视不够,也从客观上助长了这种不良风气。而作为学术成果发布的重要环节，学术出版对学术著作理应起到遴选和把关作用，但现实情况是，一些出版机构选题评审制度不严，内部审编人员水平不足、缺乏学术背景，学术出版规范意识不强，把关不力，导致学术出版门槛过低，专业性和规范性严重缺失，让许多平庸之作得以出版，使学术出版这一出版机构重要的文化建设功能严重扭曲、受损。

正是为了解决上述问题，新闻出版总署经过认真调研，提出了加强学术著作出版规范的要求，于去年9月发出了《关于进一步加强学术著作出版规范的通知》，严格界定了学术著作的范围和学术著作出版的功能，明确要求出版单位强化学术著作选题论证，保证学术著作内容质量，完善并执行有关引文、注释、参考文献、索引等要件的技术规范，切实保障内容、编校、装帧设计、印制方面的质量。总署的通知切中要害，反映了出版界、学术界的一些基本共识，也体现了出版单位的内在需求。

在当前的背景下，加强学术著作出版的规范，具有多方面的意义。

一是彰显学术研究价值。从本质上说，学术出版是学术研究的物化形式，是学术成果的展示、传播平台。这个形式是否恰当，这个平台是否牢固，将在很大程度上反映出学术研究的价值。如果学术出版门槛很高，出版规范完善，执行到位，将保证优秀的学术研究成果得到优先的传播，使学术研究的价值得到充分的彰显。反之，如果出版门槛太低，势必使平庸之作充斥坊间，严重损害学术尊严，而出版规范混乱，形式粗糙，即便是较好学术成果的价值也将被严重消减。我们可以设想，一本富有创新观点的学术论著如果没有参考书目和索引，它的学术价值必定要大打折扣，其作为严肃学术作品的身份甚至会受到质疑。

二是倒逼学术水准提升。学术出版和学术研究，是一种互动、能动的关系。学术出版是学术创造过程的最后一个环节，但学术出版的标准和要求，又在很大程度上规范和引导着整个学术创造过程。绝大多数学术成果最终是要以出版物形式呈现的，出版环节的遴选尺度、规范要求，对研究、创作环节起着明显的倒逼作用。当前学术研究水准不高，很多研究者态度不端正，除了风气、考评体制等原因，某种程度上也是由于学术出版的门槛太低，让他们感受不到应有的压力。学术出版规范的完善和加强，可以从一个重要侧面倒逼学术研究者端正自己的研究态度，提升自己的研究水准。因为在一个健康、正常的学术出版环境下，研究者将不得不面对一个严肃的事实，那些平庸低劣、粗制滥造的所谓学术著作，将再也找不到发表的平台。

三是净化研究和出版风气。我们大家都对目前学术界、出版界的浮躁之气深感忧虑，这个问题不解决，学术出版就很难有真正的繁荣，学术就很难有真正的发展。加强学术出版的规范，从内容和形式两个方面提升学术出版水准，从引文、注释、索引这些细节入手，切实提高学术出版物质量，是净化研究和出版风气的有效路径。当学者们按照出版规范的要求，认真研究问题，致力探索创新，耐心细致地编制索引，认真客观地处理引文、罗列参考书目时，其急功近利之心会得到有效的遏制。这样的研究者多起来，整个学术界的风气就会发生可喜的改观。当出版机构坚持学术原则，严格按照规范要求遴选书稿，处理书稿时，其自身应有的清正、高尚文化追求就落在了实处。

四是促进学术成果的交流与传播。目前我国学术出版作品在国际上的引用率和影响力还比较低，其中有语言障碍问题，但与学术出版内容创新性不足、规范性不强有很大关系，加强学术出版规范，制定严格的学术出版评审制度，制定与国际出版规范兼容的国家和行业标准，是我国学术作品"走出去"，与国际学术界加深交流，获得国际学术界认同的必由之路。

由于历史和现实的种种可以想见的原因，学术著作出版的规范化也是长期的任务，我们对此应该有清醒的认识。对出版单位来说，要加强学术规范，主要应该处理好以下几种关系。

一是处理好经济效益与社会效益的关系。目前出版业竞争激烈，经营压力很大，存在重经济效益、轻社会效益的倾向，有时为了追求出书数量和出书速度，便放松了质量和规范的要求。事实上，社会效益与经济效益是一种正相关关系，真正把社会效益放在首位，经济效益也有可靠的保证。

真正在学术出版方面做出成就，做出品牌，经济上一定会有可观的回报。国内外许多知名出版社，为我们提供了成功的范例。

二是处理好短期利益与长远利益的关系。有些出版人过于急躁，只想"短平快"，马上见效益，没有"十年磨一剑"的耐心。但学术著作的出版有其固有的规律，常常是急不得的。不论选题的筛选和评判，书稿的编校加工，还是学术编辑素质的提升，都需要时间。而打造一个有文化底蕴、有良好口碑的学术出版社，更需要长期的积淀。作为出版人，既要考虑短期目标，更要有长远打算，要付出艰苦的努力，培养优秀编辑，参与学术创造，塑造文化品牌。

三是被动服务与主动参与的关系。现在，学术研究的总体气氛欠佳，学术出版染上了过多的功利色彩，很多科研项目"不差钱"，"只差学术"。在这种背景下，出版社不能被动服务、来者不拒，不能丧失自己的主体性，而要主动参与学术研究进程，把关口前移，及时发现优秀的学术人才，及时跟踪一流的研究项目和课题，只有这样，才能让自己占领学术出版的高地，才能充分发挥出版人、出版机构的独特作用，促进学术事业的繁荣兴旺。

四是处理好作者和出版者的关系。好的学术著作，是作者和出版者共同创造的产品，处理好两者之间的关系至关重要。出版学术著作要跟学者衔接，这就要求编辑在学术见解和学术视野上有一定的层次，要了解学术史，了解学术研究动态。只有这样，编辑才能保证与学者有共同语言，才能顺畅地同专家交流和沟通，真正发现书稿的价值点和创新点。在具体出版过程中，出版者既要尊重作者的原创劳动，又要自觉担当出版人的学术责任，坚持出版规范的要求，不能无原则地迁就对方。特别是对一些名家、大家，如果其著作不符合学术出版的规范，也要坚持原则，严格要求。当然也要注意沟通的方式和方法，尽力帮助对方解决问题。对作者提出的具体意见，要认真分析，科学对待。不能简单应付，生硬拒绝。我们的最终目的，是让出版物达到学术规范的要求，成为合格乃至优秀的学术产品。

《光明日报》2013年01月29日13版

图书在版编目（CIP）数据

出版文化理性再研究/郝振省著. — 北京：中国书籍出版社，2016.3
ISBN 978－7－5068－5473－3

Ⅰ．①出… Ⅱ．①郝… Ⅲ．①出版工作－文集 Ⅳ．①G23－53

中国版本图书馆 CIP 数据核字（2016）第 052642 号

出版文化理性再研究

郝振省　著

责任编辑	庞　元　许艳辉
责任印制	孙马飞　马　芝
封面设计	方　波
出版发行	中国书籍出版社
地　　址	北京市丰台区三路居路 97 号（邮编：100073）
电　　话	（010）52257143（总编室）　　（010）52257140（发行部）
电子邮箱	eo@ chinabp. com. cn
经　　销	全国新华书店
印　　刷	廊坊市三友印务装订有限公司
开　　本	787 毫米×1092 毫米　1/16
印　　张	19
字　　数	260 千字
版　　次	2016 年 3 月第 1 版　2016 年 3 月第 1 次印刷
书　　号	ISBN 978－7－5068－5473－3
定　　价	66.00 元

版权所有　翻印必究